市场营销的理论分析与战略创新路径研究

叶蔚萍　著

湘潭大学出版社
XIANGTAN UNIVERSITY PRESS

前　言

在快速变化的商业环境中，市场营销作为企业与消费者之间的桥梁，其重要性日益凸显。本书旨在全面深入地探讨市场营销的理论基础，同时结合当前的市场趋势和技术发展，为读者展现市场营销战略的创新路径与实践。

本书首先回顾了市场营销的基本概念、观念演变及管理任务与过程，为读者提供了市场营销的宏观视角。紧接着，通过深入分析市场营销环境的特点、构成及其对企业的影响，以帮助读者能更好地理解市场营销决策的外部环境。在此基础上，本书还进一步探讨了市场营销战略的核心内容，包括市场调研、市场细分、目标市场选择及市场定位等关键环节。

随着互联网的普及和数字化技术的飞速发展，市场营销正面临着前所未有的变革。本书特别聚焦了互联网营销、新媒体营销及数字化营销等新型营销方式，并分析了它们的特点、策略及实践案例，旨在引导读者把握市场营销的新趋势和新机遇。

创新是市场营销永恒的主题。本书不仅深入剖析了体验营销、服务营销、文化营销、创新营销、关系营销及整合营销等前沿理念，还结合绿色营销的全球趋势，探讨了如何将这些创新理念融入市场营销策划中。此外，本书还展望了市场营销战略的创新升级与未来趋势，提出了具体的创新实施路径，包括满足消费者个性需求、实施深度市场调研与大数据分析、利用信息技术拓宽营销渠道及构建持续创新的市场营销生态体系等。

本书适合市场营销专业的师生、企业营销人员及对市场营销感兴趣的广大读者阅读。在编写过程中，作者力求语言流畅、逻辑清晰，并通过丰富的案例和实践经验，增强内容的实用性和可操作性。希望本书能够成为读者在市场营销领域的宝贵参考和灵感源泉。

由于市场营销理论和实践的不断发展，本书难免存在不足之处。恳请广大读者和专家批评指正，以便作者在未来的修订中不断完善和提高。

叶蔚萍　云南能源职业技术学院副教授

目　录

第一章　市场营销概述

第一节　市场与市场营销的相关论述

一、市场的定义与类型

（一）市场的定义

市场在经济学中被定义为买卖双方进行商品与服务交换的场所。这一定义不仅包括了物理的交易场所，如商店、超市、股票交易所，也涵盖了虚拟的市场，如在线电商平台。市场的存在对于促进资源的有效配置具有至关重要的作用。通过市场机制，资源可以被配置到价值最大化的用途上。市场的类型多样，按照不同的标准可以分为多种不同的类别。

根据交易对象的不同，市场可以分为商品市场和服务市场。商品市场是指买卖双方进行物质产品交易的市场，如食品、服装、电子产品等。服务市场则涉及非物质的利益交换，如教育服务、医疗服务、金融服务等。这两种市场共同构成了整个经济体系的基础。

按照市场的范围划分，市场可以被分为本地市场、国内市场和国际市场。本地市场通常指的是小范围内的交易，如同一城市或镇的市场。国内市场则是在一个国家范围内的市场活动，涵盖了全国的买卖交易。国际市场则跨越国界，涉及全球范围内的商品与服务交换。

从市场结构的角度来看，市场可以分为完全竞争市场、垄断竞争市场、寡头竞争市场和纯粹垄断市场。完全竞争市场是理想状态下的，市场中存在大量卖家和买家，单个参与者对价格没有影响力。垄断竞争市场中，虽然有许多卖家，但是他们提供的产品是差异化的。寡头竞争市场则是少数几家大企业主导市场，每个大企业的决策都会影响到其他企业。纯粹垄断市场是指市场上只有一个提供者，没有竞争对手。

市场的重要性体现在多个方面。首先，市场是资源配置的基本机制。通过市场价格的变动，反映出供需关系的变化，引导资源向更有效的用途流动。其次，市场促进了技术进步和创新。在竞争激烈的市场环境中，企业为了保持竞争优势，不断投入研发，推动技术创新。此外，市场还是经济增长的重要推动力。市场交易活动的增加，可以促进生产扩大，增加就业，提高国民收入。

市场不仅是经济活动的场所，也是信息交流的平台。市场价格反映了商品和服务的稀缺程度，帮助消费者和生产者做出合理的决策。同时，市场也是社会和文化交流的场所，不同地域和文化背景的人通过市场活动相互影响，促进文化的融合与发展。

综上所述，市场及其类型对于经济体系的运行具有重要意义。了解市场的定义及其重要性，有助于更好地把握市场营销的本质，从而在激烈的市场竞争中占据有利地位。通过分析不同类型的市场特点和结构，企业可以制定出更为精准的市场战略，有效地提升其产品和服务的市场竞争力。

（二）市场的分类

市场的定义既广泛又多样，基本上可以被理解为买卖双方进行交易的任何形式的场所或机制。这种定义下，市场不仅仅是传统的实体市场，如菜市场或商场，还包括线上市场、金融市场、服务市场等。市场的类型与特性则根据不同的分类标准有着多种不同的划分方式。

一种常见的分类方法是根据交易对象的不同，市场可以分为商品市场和服务市场。商品市场指的是买卖具体物质产品的市场，如食品市场、服装市场等。服务市场则是指提供非物质利益的服务交换，如教育服务市场、金融服务市场等。这两种市场的主要区别在于交易的对象不同，一个是有形的，一个是无形的。

另一个分类标准是根据市场的参与者，可以将市场分为消费者市场和企业市场。消费者市场主要是指最终产品或服务的用户，这里的交易主要满足个人或家庭的需求。而企业市场则是指产品或服务的买家是其他企业，这种市场的交易通常用于进一步生产活动或业务运营。

市场还可以根据地理范围来分类，如本地市场、国内市场和国际市场。本地市场通常指的是小范围内，比如一个镇或城市的市场。国内市场则是指一个国家范围内的市场。国际市场涉及跨国界的交易，这里的市场更为复杂，需要考虑不同国家的法律、文化、经济和政治因素。

从交易方式来看，市场可以划分为传统市场和电子市场。传统市场是指实体的交易场所，如商场、超市等，而电子市场则是通过互联网运作的虚拟市场，如电子商务平台。电子市场的兴起极大地改变了市场的运作方式，使得交易更为便捷，范围更广。

每种类型的市场都有其独特的特性。例如，商品市场的特性包括产品的物理属性、品质差异和价格竞争等；服务市场强调服务的质量、个性化和顾客体验；消费者市场的特性是需求的多样性和个性化；企业市场更注重产品的功能性和成本效益；国际市场的特性包括复杂的贸易规则和文化差异的挑战。

市场的类型与特性对市场营销策略有着重要的影响。了解不同市场的特点可以帮助营销人员制定更有效的市场定位、产品开发、促销策略和价格策略。例如，在消费者市场进行营销时，可能需要更多地关注品牌建设和顾客关系管理；在企业市场，营销策略可能会更加关注产品的技术优势和成本效益；在国际市场上，跨文化的沟通能力和对不同市场环境的适应能力变得尤为重要。

总的来说，市场的多样性和复杂性要求营销人员不仅要深入理解各种类型的市场特性，还需要根据不同市场的特点灵活调整营销策略。

二、市场营销的核心概念

市场营销是一种社会和管理过程，通过这个过程，个人和团体通过创造、提供和交换产品来满足他人的需求和欲望。它不仅仅是推销商品或服务的行为，更是一种确保消费者需求得到满足并创造价值的综合性策略。

（一）市场营销的意义

首先是满足需求和欲望。市场营销的核心目标是识别和满足消费者的需求和欲望，这不仅仅是提供产品或服务，更是提供解决方案和体验。通过研究市场，营销人员可以了解消费者的需求，然后设计产品来满足这些需求，从而在市场上获得竞争优势。其次是创造价值。市场营销过程中的每一个环节都旨在为消费者创造价值。从产品开发到定价，再到促销和分销，每一步都需要考虑如何为消费者提供更大的价值。这种价值不仅体现在产品本身，还体现在购买过程、售后服务等方面。通过提供超出消费者期望的价值，企业可以建立长期的客户关系，促进品牌忠诚度。再次是交换机制的核心。市场营销涉及的不仅仅是买卖双方的交易，还包括了一种价值的交换。消费者通过支付金钱、时间、信息或其他资源，以换取企业提供的产品或服务。这种交换是建立在双方都感到满意和受益的基础上的，是市场经济的基石。

此外，市场营销也是一种社会过程。它不仅影响消费者和企业，还影响整个社会。通过市场营销活动，可以促进产品和服务的创新，提高生活质量，同时也可以通过促销活动等形式，传播社会价值观和文化。

市场营销的战略性也不容忽视。成功的市场营销策略需要基于市场研究，了解竞争对手，识别目标市场，然后设计出符合目标市场需求的产品和营销组合策略。这要求营销人员不仅要具备深厚的市场知识，还要有创新思维，能够在变化莫测的市场环境中迅速适应和调整策略。

市场营销的成功不仅体现在短期内的销售增加，更重要的是长期的品牌建设和客户关系管理。通过持续的市场营销努力，企业可以建立起强大的品牌形象，深化消费者的品牌认知，促进消费者与品牌之间的情感连接，从而实现长期的客户忠诚度和品牌价值的提升。

市场营销的重要性在于它不仅推动了企业的经济增长，也促进了社会的进步。通过有效的市场营销策略，企业不仅可以实现自身的利益最大化，也可以为消费者提供更好的产品和服务，满足社会的需求，促进经济和社会的健康发展。因此，市场营销作为一门科学和艺术，需要不断地学习和创新，以适应不断变化的市场环境。

（二）4Ps 理论初步介绍

市场营销的 4Ps 理论，即产品（Product）、价格（Price）、渠道（Place）、促销（Promotion），是市场营销中最为核心的概念之一。该理论由麦卡锡于 1960 年提出，至今仍是市场营销策略制定的基石。

产品是市场营销的出发点，它不仅指的是实体商品，还包括服务、品牌、包装、质量及客户服务等。在市场营销中，了解和满足消费者的需求和欲望是产品开发和管理的核心。企业需要不断创新，提供能够解决消费者问题的产品和服务，以满足市场的多样化需求。

价格是消费者购买产品或服务时需要支付的金额。它直接影响消费者的购买决策，以及企业的盈利能力。价格策略包括定价方法、折扣政策、支付条款等，需要考虑成本、消费者的支付意愿、竞争对手的价格策略及市场的供需状况。

渠道涉及产品从生产者到消费者的传递过程。它包括选择合适的分销渠道、物流管理、库存控制等，确保产品能够高效、准确地到达消费者手中。渠道管理的有效性直接关系到客户满意度和企业的市场份额。

促销是用来提高产品知名度、促进销售和建立品牌形象的一系列活动。它包括广告、公关、销售促进、直接营销等多种形式。通过有效的促销策略，企业可以更好地与消费者沟通，激发购买兴趣，增强品牌忠诚度。

4Ps 理论强调了市场营销活动中产品、价格、渠道和促销四个方面的相互关系和协调一致性，指出企业应当全面考虑这四个方面，以实现市场营销目标。随着市场环境的变化和消费者行为的演变，4Ps 理论也在不断被丰富和发展。例如，服务营销的 7Ps 理论在 4Ps 理论的基础上增加了人员（People）、过程（Process）和物证（Physical Evidence）三个元素，更加全面地反映了服务营销的特点。

在实际应用中，企业需要根据自己的市场定位、目标消费群体及竞争环境，灵活运用 4Ps 理论，制定出具有针对性和创新性的市场营销策略。通过对 4Ps 理论元素的精细化管理和优化组合，可以有效提升市场竞争力，实现企业的长期发展目标。

三、市场营销的重要性与作用

（一）市场营销的重要性

市场营销的重要性在于它能够帮助企业了解和满足消费者的需求和欲望，从而实现企业的销售目标和盈利目的。通过有效的市场营销活动，企业能够更好地了解市场趋势，消费者偏好，以及竞争对手的策略，从而制定出更符合市场需求的产品和服务，提高市场竞争力。

市场营销不仅关乎产品的销售和推广，它还涉及市场研究、品牌建设、顾客关系管理等多个方面。市场研究可以帮助企业把握市场动态，识别目标消费者，了解他们的需求和偏好，从而指导产品开发和市场定位。品牌建设则是通过塑造独特的品牌形象和价值主张，建立和消费者之间的情感联系，提高品牌忠诚度和市场份额。顾客关系管理则着重于通过各种渠道与顾客建立和维护良好的关系，提高顾客满意度和忠诚度，从而促进重复购买和口碑传播。

在当今竞争激烈的市场环境中，市场营销的作用尤为显著。它不仅帮助企业在众多竞争者中脱颖而出，还能够促进企业的长期发展。通过有效的市场营销策略，企业能够建立起良好的企业形象和品牌形象，提高市场知名度和影响力，吸引更多的顾客。此外，市场营销还能够帮助企业拓展新市场，开发新客户，从而实现销售增长和市场份额的提升。

市场营销还具有社会功能。它通过满足消费者的需求，提高人们的生活质量，同时也促进了经济的增长和社会的进步。例如，通过市场营销活动，企业可以向消费者传达有关健康、安全、环保等社会责任的信息，引导消费者做出更加负责任和可持续的消费选择。

然而，市场营销的成功不仅依赖于企业的内部努力，还受到外部环境因素的影响，如经济状况、法律法规、技术发展等。因此，企业在制定和实施市场营销策略时，需要对这些因素进行仔细分析和考虑，以确保市场营销活动能够适应外部环境的变化，实现最佳效果。

通过持续的市场营销活动，企业可以不断增强与消费者之间的互动和沟通，收集反馈信息，不断改进产品和服务，满足消费者的变化需求。这种以消费者为中心的市场营销理念，有助于企业建立起稳固的市场地位，实现可持续发展。

企业应该认识到，市场营销不是一次性的活动，而是一个持续的过程。它需要企业不断地调整和优化市场营销策略，以应对市场的变化和挑战。通过有效的市场营销，企业不仅能够提高销售业绩和市场份额，还能够在消费者心中树立良好的企业形象，赢得市场的长期信任和支持。

（二）市场营销的作用

市场营销的作用在当代商业实践中扮演着至关重要的角色，它不仅是企业战略规划的一个重要组成部分，也是推动企业持续增长和竞争力提升的关键驱动力。市场营销通过识别和满足消费者需求，建立和维护企业与客户之间的关系，促进产品和服务的销售，进而实现企业的商业目标。

在深入探讨市场营销的作用之前，我们需要明确市场营销的基本目标：了解和满足消费者需求。通过市场研究和消费者行为分析，企业能够洞察市场趋势和消费者偏好，据此设计和优化产品特性、价格、分销渠道和促销策略，以更好地满足目标市场的需求。这种以市场为导向的策略，不仅有助于提高消费者满意度和忠诚度，也为企业创造了稳定的收入来源和增长潜力。

市场营销在塑造品牌形象和提升品牌知名度方面发挥着重要作用。通过有效的营销传播，企业能够在目标消费者心中建立独特的品牌印象，增强品牌识别度和品牌忠诚度。良好的品牌形象不仅能够吸引新客户，还能促进老客户的重复购买，从而为企业创造更大的市场份额和更高的利润率。

此外，市场营销在促进产品创新和技术进步方面也起着不可忽视的作用。通过持续的市场调研和消费者反馈收集，企业可以及时了解市场需求的变化和技术发展的趋势，据此调整产品开发和创新策略，推出更符合市场需求的新产品或服务。这种以市场为导向的创新机制，不仅有助于提升企业的竞争力，也是推动行业进步和社会发展的重要力量。

市场营销还对经济发展和社会福祉产生了积极影响。通过促进商品和服务的流通，市场营销有助于提高资源配置的效率，刺激消费需求，促进经济增长。同时，通过社会营销和公益营销活动，企业还能够承担起社会责任，解决社会问题，提高公众的生活质量。

综上所述，市场营销通过满足消费者需求、塑造品牌形象、促进产品创新、刺激经济增长和提升社会福祉等多方面的作用，成为企业成功不可或缺的部分。在日益激烈的市场竞争中，掌握和应用有效的市场营销策略，对于企业来说是赢得竞争优势、实现长期发展的关键。因此，无论是对于企业还是对于整个社会而言，深入理解和正确应用市场营销的原理和方法都具有重大意义。

第二节　市场营销观念的形成与发展

一、传统市场营销观念

（一）传统市场营销观念的发展与特征

传统市场营销观念的来源可以追溯到20世纪初，随着工业革命的深入发展和生产能力的大幅提升，企业开始面临产品过剩的问题。这一时期，市场从卖方市场转变为买方市场，消费者的选择权大大增加。企业为了在激烈的市场竞争中生存下来，开始寻求更有效的销售方法，从而催生了传统市场营销观念的转变。

在传统市场营销观念中，产品的销售被视为一切活动的中心。企业主要关注如何将产品销售给消费者，而较少关注消费者的实际需求和满意度。这种观念认为，通过大规模的生产和广泛的分销网络，以及强有力的推销活动，可以实现产品的销售目标。因此，传统市场营销的核心是 4Ps 营销组合理论，即产品、价格、渠道和促销。

产品策略在传统市场营销中占据核心地位。企业侧重于产品的生产和改进，力求通过提高产品的质量和功能来吸引消费者。价格策略则关注如何通过竞争性定价来吸引消费者，同时确保企业的利润最大化。渠道策略则关注产品的分销渠道，确保产品能够高效、广泛地分布到消费者手中。促销策略集中于通过广告、销售促进和公共关系等手段，增加消费者对产品的认知度和兴趣。

这种以产品为中心的市场营销观念在 20 世纪中叶达到了顶峰。随着时间的推移，市场环境继续发生变化，消费者变得更加关注产品的附加值、服务和体验。然而，传统市场营销观念在很长一段时间内都对营销理论和实践产生了深远的影响。它为后来的市场营销理论的发展奠定了基础，尤其是在营销策略的制定、消费者行为分析及市场细分和目标市场的选择等方面。

尽管如此，传统市场营销观念也面临着诸多批评。批评者认为，这种观念过于关注销售过程中的交易，忽视了与消费者建立长期关系的重要性。此外，它也未能充分考虑到市场环境的变化及消费者需求的多样性。随着市场竞争的加剧和消费者偏好的不断变化，企业开始意识到单纯依赖传统市场营销观念已经无法满足市场的需求。这促使企业寻求新的营销策略，比如关系营销、社会营销和绿色营销等，以更好地适应市场的变化。

回顾传统市场营销观念的发展历程，可以看到市场营销理论和实践是如何随着社会经济环境的变化而进化的。从以产品为中心到以消费者为中心，再到今天强调可持续发展和社会责任的营销策略，市场营销的理论和实践都在不断地发展和完善。尽管传统市场营销观念已经不再适应当今复杂多变的市场环境，但它在市场营销历史上的地位和作用仍然值得我们深入研究和回顾。通过理解传统市场营销观念的来源和发展，能够更好地把握市场营销的本质，为创新营销策略提供思考和启发。

（二）传统市场营销观念的局限性与现代市场的变化

传统市场营销观念是市场营销理论与实践发展的重要基石，它基于过去几十年商业环境的特定需求与挑战而形成。这一观念着重于产品的销售推广，以实现销售最大化为主要目标。在这一框架下，消费者需求被视为已知且相对稳定的，企业的任务是通过各种促销策略和广告手段，提高消费者对现有产品的认知度和购买欲望。

传统市场营销观念强调四个基本元素，即产品、价格、渠道和促销，这一模型被广泛认为是市场营销活动的核心。在这个模型中，产品指的是企业提供给市场的物理商品或服务；价格是消费者为获取产品或服务愿意支付的金额；渠道是产品或服务从生产者传递到消费者手中的途径；促销是指企业用于通知、劝服和影响消费者的所有活动。

在传统市场营销观念中，市场研究主要用于识别消费者的基本需求和偏好，以及监控竞争对手的行为。基于这些信息，企业将设计符合市场需求的产品，通过合理定价、有效推广和高效分销渠道等策略，以达到销售目标。这一过程中，重点放在如何通过促销活动和广告来激发消费者对产品的兴趣，而非深入挖掘和满足消费者更深层次的需求或创造新的需求。

然而，随着市场环境的变化和消费者行为的演变，传统市场营销观念也面临着挑战。现代消费者更加注重产品的质量、服务、品牌价值和个性化体验。因此，仅仅依赖于推广和广告的传统方法已经无法完全满足现代市场的需求。

尽管如此，传统市场营销观念在某些情况下仍然具有适用性。例如，在消费者对产品了解较少、市场竞争不激烈的新兴市场或者是产品生命周期的初期阶段，传统的市场营销方法可以帮助快速建立产品知名度和市场份额。此外，对于一些依赖大规模生产和分销的传统行业，如快速消费品，传统市场营销的策略和方法依然是有效的。

总的来说，虽然传统市场营销观念在现代市场环境中遇到了新的挑战，但它在市场营销理论和实践中仍占有一席之地。它提醒我们，在追求创新和适应市场变化的同时，不应忘记市场营销的基本原则和方法。在某些情况下，结合传统市场营销观念和现代市场营销策略，可能是实现市场成功的最佳途径。

二、现代市场营销观念

（一）现代市场营销观念的核心要素

现代市场营销观念的核心要素体现了随着市场环境和消费者需求的变化，市场营销理论和实践也在不断进化。在深入探讨现代市场营销观念时，我们不可忽视以下几个关键要素：

顾客导向是现代市场营销的首要原则。与过去以产品或销售为中心的营销观念不同，现代营销更加注重从顾客的需求出发，强调企业活动要以顾客满意为核心目标。这意味着企业在进行市场定位、产品开发、定价策略、渠道管理和促销活动时，都需要紧紧围绕顾客的需求和偏好来展开。

价值创造与交付。现代市场营销观念强调通过提供高质量的产品和服务，为顾客创造价值。这不仅仅是从物质产品本身出发，更包括产品或服务所能带来的附加价值，如品牌形象、顾客服务和消费体验等。企业需要通过有效的内部运作管理和市场交付过程，确保顾客能够感受到这些价值，并愿意为之支付。

持续的关系营销是现代市场营销观念的又一特色。在这个观念下，营销不再是一次性的交易行为，而是强调与顾客建立并维护长期的关系。通过了解和记录顾客的偏好、购买历史和反馈信息，企业可以提供更加个性化的服务和产品，从而增强顾客忠诚度和提高顾客终身价值。

市场细分和目标市场选择。现代市场营销认识到不同的顾客群体有着不同的需求和偏好。因此，通过市场细分，识别出具有相似需求和特征的顾客群体，然后选择一个或几个作为企业的目标市场，专门为这些群体提供定制化的产品和服务，这是实现市场营销效率和效果的关键。

集成营销传播。随着媒体和通信技术的发展，现代市场营销需要利用多种渠道和工具来与顾客进行交流和互动。这包括传统的广告、公关、直销和促销活动，以及社交媒体、电子邮件营销、内容营销等新兴手段。集成营销传播强调通过统一和协调各种传播渠道，以确保信息的一致性和效率，从而有效提高品牌影响力。

在竞争激烈的市场环境中，企业的社会责任和可持续发展也成为现代市场营销不可或缺的一部分。这不仅包括在经营活动中遵守法律法规、保护环境，还涉及通过公益活动、社会投资等方式，积极承担企业公民的角色，增强品牌的社会形象和公众信任。

通过上述分析可见，现代市场营销观念的核心要素围绕着顾客导向、价值创造与交付、持续的关系营销、市场细分与目标市场选择、集成营销传播，以及企业的社会责任和可持续发展等方面展开。企业只有全面理解和有效实施这些核心要素，才能在竞争日益激烈的市场环境中获得成功。

（二）现代市场营销观念在企业实践中的应用与挑战

现代市场营销观念在企业实践中的应用与挑战体现在多个维度，涵盖了市场定位、消费者行为分析、数字化营销手段的运用，以及持续创新等方面。这一观念强调以消费者为中心，追求长期的客户关系管理，而非着眼于一次性的销售交易。企业在将这些现代观念应用到实践中时，需要面对和解决一系列的挑战。

在市场定位方面，企业需识别并选择其目标市场，这要求企业对市场进行细分，了解不同细分市场的需求与偏好。然而，市场环境的多变和消费者偏好的不断演化带来了显著的挑战。企业需要通过持续的市场研究，利用数据分析工具来捕捉市场趋势和消费者行为的变化，以便及时调整其市场定位策略。

在消费者行为分析方面，现代市场营销观念强调利用大数据和人工智能技术来深入了解消费者的需求和行为模式。通过分析消费者的在线行为、购买历史和社交媒体活动等数据，企业可以更准确地预测消费者的未来行为，从而制定更有效的营销策略。但是，数据收集和分析的复杂性，以及消费者对隐私保护的日益关注，都是企业在实施这些分析时必须克服的难题。

数字化营销手段的运用是现代市场营销观念的另一大特点。通过社交媒体、搜索引擎优化、内容营销等方式，企业可以更直接、更个性化地与消费者互动。然而，数字营销领域的激烈竞争和技术的快速变化要求企业不断学习和适应新的营销工具和平台，这对许多企业来说是一项挑战。

持续创新是现代市场营销观念的核心要求之一。企业需要不断推出新产品、新服务和新营销方式，以满足消费者不断变化的需求和期望。然而，持续创新不仅需要企业投入大量的资源进行研发，还需要建立一种鼓励创新的企业文化，克服内部阻力，这对许多企业来说都是不小的挑战。

总的来说，现代市场营销观念的实践要求企业在多个方面进行战略性的思考和操作，包括但不限于市场定位、消费者行为分析、数字化营销和持续创新。企业需要不断学习和适应，采用创新的方法和技术，以保持在竞争激烈的市场中的保持领先地位。在这一过程中，对市场的深入理解、对消费者行为的精准把握、对新兴技术的有效利用，以及对创新的持续追求，是企业成功实施现代市场营销观念并克服挑战的关键。

三、市场营销观念的演变趋势

（一）市场营销观念的起源与历史演变

市场营销观念的起源与早期发展是一段漫长而复杂的历史进程，其根基深植于人类早期的交换活动之中。在这一过程中，随着社会的发展和经济的演变，市场营销的理念也经历了从简单的商品交换到复杂的市场战略规划的转变。

在古代，市场营销活动的主要形式是以物易物，这是最原始的交换形式。人们通过直接交换获取他们所需的商品或服务，这种形式的交换缺乏效率，但它奠定了市场营销最基本的原则——满足需求。随着货币的发明和使用，交换变得更加便利，市场活动开始更加频繁和复杂，出现了专门的市场和交易场所。

进入工业革命时期，大规模的生产使得商品过剩成为可能，企业开始寻求新的方法来促销他们的商品，市场营销的观念开始发生根本性的变化。这一时期，生产导向的营销观念占据主导地位，企业关注的是如何生产更多的商品，而不是消费者真正需要什么。

20世纪初，随着经济的发展和消费者市场的扩大，企业逐渐意识到仅依靠增加生产并不能解决所有问题。市场营销的观念开始向销售导向转变，重点从生产转移到了如何销售这些产品。这一时期，广告和促销活动开始广泛使用，目的是刺激消费者的购买欲望，增加销量。

随着社会的发展，销售导向的营销观念也逐渐显示出局限性，企业开始寻求更加持久和有效的市场策略。于是，市场营销观念进入了一个新的阶段——市场导向。这一阶段，企业更加关注市场需求和消费者偏好，强调研究市场，了解消费者，从而生产出真正满足消费者需求的产品和服务。这标志着市场营销观念的一个重要转变，即从以企业为中心转向以消费者为中心。

伴随着信息技术的发展，市场营销观念又迎来了新的发展机遇。互联网的普及和数字技术的应用使得市场营销方式更加多样化，也使得企业能够更精准地了解和满足消费者的需求。社交媒体的兴起进一步推动了这一变革，企业开始利用社交网络进行品牌传播和客户互动，市场营销变得更加个性化和互动性。

回顾市场营销观念的起源与早期发展，可以看到其不断适应经济和社会变化的过程。从最初的以物易物，到生产导向，再到销售导向，最后转向市场导向和数字化营销，每一次转变都是对早期观念的扩展和深化。这一历史进程不仅展示了市场营销观念的演变趋势，也反映了人类社会经济活动的发展和进步。

（二）现代市场营销观念的转变与现代化进程

市场营销观念的转变与现代化进程是一项复杂而深远的议题，它涉及从传统营销观念向现代营销观念的演进，这一转变不仅反映了市场环境、消费者需求和技术进步的变化，而且也体现了企业理念和营销策略的根本性调整。在探讨这一主题时，可以从以下几个关键的方面来进行深入分析。

在早期，市场营销的核心集中在产品销售上，企业主要通过大规模生产和广泛分销来实现利润最大化，这一时期的营销观念主要是以产品为中心的。然而，随着市场竞争的加剧和消费者需求的多样化，这种以产品为中心的营销观念开始显现出局限性。企业意识到，仅仅依靠产品的优势已经无法保证市场的成功，必须更加关注消费者的需求和偏好。

这种认识的转变催生了市场营销观念的第一个重大演变——从以产品为中心到以市场为中心的转变。在这一阶段，市场调研成为企业营销活动中的重要组成部分，企业开始通过深入了解市场和消费者来指导产品开发和营销策略，力图更好地满足消费者的需求。

随着信息技术的发展和全球化进程的加快，市场营销观念再次迎来了新的演变。这一时期，数字化营销成为趋势，互联网和社交媒体的兴起极大地扩展了营销的渠道和手段，使得企业能够更精准地定位目标市场和消费者。同时，数据分析的应用使得营销活动更加基于数据驱动，提高了营销的效率和效果。

在现代市场营销观念中，可持续性和社会责任也成了重要的组成部分。企业开始意识到，长期的成功不仅依赖于经济利润的实现，还需要考虑对社会和环境的影响。因此，越来越多的企业开始将可持续发展和社会责任融入他们的营销策略中，通过提供环保产品、支持社会公益项目等方式来增强品牌形象和消费者的信任度。

除此之外，个性化营销和体验营销也成为现代营销的重要趋势。在信息过载的今天，消费者更加渴望获得与众不同的产品和服务体验。因此，企业不仅要提供高质量的产品，还需要通过个性化的营销策略和创造独特的消费体验来满足消费者的个性化需求。

这些转变和现代化进程不仅要求企业必须具备灵活的市场应对能力和创新的营销策略，而且还需要企业在快速变化的市场环境中不断学习和适应。市场营销观念的演变和现代化进程是一个持续的过程，它要求企业在理解过去和现在的基础上，不断预测未来的趋势。

第三节　市场营销管理的任务与过程

一、市场营销管理的任务

（一）市场营销管理的核心任务

理解市场营销管理的核心任务是掌握市场营销成功的关键。市场营销管理不仅仅是推广产品或服务，更是一种确保企业战略目标与市场需求相匹配的综合活动。这一过程涉及对市场机会的识别、目标市场的选择、营销组合的制定及营销活动的执行和控制。核心任务围绕着以下几个重要的方面展开。

首要任务是市场研究和市场情报的收集。企业需要了解并预测市场趋势，识别消费者的需求和偏好，以及监控竞争对手的动态。通过收集和分析市场信息，企业能够制定出更为精确和有效的营销策略。确定目标市场和定位战略同样至关重要。企业必须明确其服务或产品的目标顾客群体是谁，这些顾客的特征和购买行为如何。在此基础上，企业还需要确定其产品或服务在市场中的定位，即它们与竞争对手相比的独特优势和价值主张。

营销组合策略的制定是另一个核心任务。营销组合通常包括产品、价格、渠道和促销四个方面。企业需要开发合适的产品，制定有竞争力的价格策略，选择有效的分销渠道，以及设计吸引人的促销活动，以满足目标市场的需求并实现销售目标。

此外，实施和控制营销计划也非常关键。企业需要确保营销活动的执行与计划一致，及时调整策略以应对市场变化。通过对营销活动的监控和评估，企业可以了解营销策略的效果，识别问题所在，并作出必要的调整。

在整个市场营销管理过程中，客户关系管理是一个不断贯穿的主题。企业需要建立和维护与客户的长期良好关系，通过提供优质的客户服务和支持，增加客户的忠诚度和满意度，从而在竞争激烈的市场中脱颖而出。

技术的运用也是现代市场营销管理中不可或缺的一部分。随着数字化和网络化的发展，社交媒体营销、移动营销、大数据分析等技术手段为企业提供了新的市场机会和挑战。企业需要有效利用这些技术来更好地理解和满足顾客需求，提高营销效率和效果。

在追求市场营销成功的同时，企业还应关注社会责任和伦理道德。负责任的营销不仅有助于建立企业的良好形象，还是实现可持续发展的重要基础。企业需要确保其营销活动对消费者、社会和环境负责，遵循公平竞争的原则。

（二）市场营销管理任务的效果评估与优化

市场营销管理任务的效果评估与优化是确保市场营销活动达到预定目标的关键环节。这一过程不仅涉及对市场营销策略和活动效果的监控与评估，还包括根据评估结果对策略进行调整和优化，以提高市场营销的整体效能和效率。

在进行市场营销管理任务的效果评估时，需要采用量化和定性相结合的方法，通过数据分析和市场反馈来衡量营销活动的实际表现与预期目标之间的差异。这包括销售数据、市场占有率、品牌认知度、顾客满意度等关键指标的跟踪和分析。通过这些指标的系统评估，可以全面了解营销活动的成效，识别存在的问题和不足。

评估过程中，重要的是要建立一个持续的反馈机制，将评估结果反馈给相关的市场营销决策者和执行团队，以便及时调整营销策略和执行计划。这种反馈机制有助于组织快速响应市场变化，灵活调整营销策略，以适应不断变化的市场环境和顾客需求。

除了对已实施营销活动的效果评估之外，优化过程还涉及基于评估结果对未来的市场营销管理任务进行规划和调整。这可能包括策略的重塑、营销组合的调整、资源的重新分配等。优化的目的在于提高资源的使用效率，增强市场竞争力，最终实现销售增长和品牌价值提升。

为了有效地进行市场营销管理任务的效果评估与优化，需要构建一个综合的评估框架，该框架应当包括明确的评估目标、合理的评估指标体系、有效的数据收集和分析方法及灵活的调整机制。此外，还需要建立跨部门的协作机制，确保信息的流通和共享，促进内部一致性和外部适应性。

实施效果评估与优化的过程中，还需注意以下几点：首先，确保评估指标与组织的整体战略目标一致，以确保营销活动的方向与组织的长远目标相匹配。其次，采用科学的方法和技术进行数据分析，避免主观偏见的干扰，确保评估结果的客观性和准确性。再次，注重从顾客的角度出发进行评估，了解顾客的需求和满意度，以顾客为中心进行策略的调整和优化。最后，还应关注竞争对手的动态，分析竞争环境的变化，灵活调整市场策略，以保持竞争优势。

通过系统的市场营销管理任务的效果评估与优化，不仅可以提升营销活动的效果，增强市场竞争力，还可以促进组织学习和持续改进，提高市场营销的整体效能。这一过程要求组织不断地审视和调整其市场营销管理的实践，以适应不断变化的市场条件和顾客需求，实现可持续的业务增长和品牌发展。

二、市场营销管理的过程

（一）前期策划

市场营销管理的前期策划是确保营销活动成功的关键步骤，涉及对市场环境的深入分析、目标市场的明确界定、营销目标的设定及策略的制定。这一阶段要求营销人员不仅要有敏锐的市场洞察力，还要具备将理论知识转化为实际操作策略的能力。

在进行市场营销管理的前期策划时，首要任务是对市场环境进行全面而详细的分析。这包括宏观环境因素如经济、政治、社会文化趋势的考察，以及行业内的竞争状况、潜在客户的需求和偏好等微观环境因素的研究。通过这些分析，营销人员可以对市场的现状和未来趋势有一个清晰的认识，这对于制定有效的营销策略至关重要。

明确目标市场是前期策划的另一个重要环节。这涉及对潜在客户群体的细分和选择，目的是确定最有可能购买产品或服务的消费者群体。这一过程通常需要依据消费者的地理位置、人口统计特征、心理特征及购买行为等多个维度来进行。明确了目标市场之后，营销活动就可以更有针对性，从而提高效果和效率。

设定具体、可衡量、可达成、相关性强和时限明确的营销目标是前期策划不可或缺的一部分。这些目标不仅为营销活动提供了方向和焦点，而且还可以作为评估营销效果的标准。营销目标可以是提高品牌知名度、增加市场份额、提升客户满意度或推动特定产品的销售等。

在上述基础上，制定营销策略和计划就成为前期策划的核心内容。这包括产品策略、价格策略、渠道策略和促销策略等多个方面。产品策略要求明确产品的核心价值和差异化特点；价格策略需要考虑成本、竞争对手定价和目标客户的支付意愿；渠道策略涉及产品的分销渠道选择和管理；促销策略则是确定促销活动的类型、时间和预算等。这些策略的制定必须基于之前的市场分析和目标市场的界定，以确保营销活动能够有效地达到既定目标。

此外，风险管理也是市场营销管理前期策划的重要组成部分。这要求营销人员识别可能面临的内外部风险因素，并制定应对措施，以减少不确定性和潜在损失的影响。

在完成这些策划工作后，编制详细的营销计划书是将策划阶段的工作成果形式化的关键步骤。这份计划书不仅概述了营销目标和策略，还包括了实施计划、预算分配及效果评估的具体安排。

通过这样全面而细致的前期策划，市场营销管理可以确保在执行阶段能够有序高效地进行，同时也为实现营销目标和提升整体营销效果奠定坚实的基础。

（二）执行阶段

市场营销管理的执行阶段是整个市场营销过程中至关重要的一环，它涉及将市场营销计划转化为实际行动，并确保这些行动能够有效实施以达成营销目标。这一阶段要求营销团队不仅要有深刻的市场洞察力，还要有强大的执行力。在执行过程中，需要关注以下几个核心环节：

明确执行目标：执行阶段的首要任务是将营销策略和计划转化为具体的执行目标。这些目标应该是明确、可量化的，并且与总体营销目标紧密相连。通过设定具体的销售额、市场份额、顾客满意度等指标，可以让团队明确方向，集中资源，高效执行。

资源分配：资源的合理分配对于执行阶段的成功至关重要。这包括财务资源、人力资源，以及其他必要的物质资源。根据执行目标和计划的要求，合理分配资源可以确保各项活动得到足够的支持，同时也能提高资源的使用效率。

活动安排与实施：根据营销计划，细化每一项营销活动的实施方案，包括活动的时间、地点、目标群体、预期效果等。执行阶段要求团队能够灵活应对市场变化，及时调整活动策略，确保每一项活动都能有效贴合市场需求和公司目标。

沟通与协调：在执行过程中，保持团队内部以及与其他部门之间的有效沟通与协调至关重要。良好的沟通机制可以帮助团队成员及时了解项目进展，解决执行过程中遇到的问题，同时也能增强团队的凝聚力和执行力。

监控与评估：执行过程中需要建立一套有效的监控和评估机制，定期检查执行进度和效果。这不仅包括对营销活动的监控，也包括对预算的监控、市场反应的监控等。通过对执行过程的持续评估，可以及时发现问题，调整策略，确保营销目标的实现。

应对挑战与调整策略：市场环境的不断变化给执行阶段带来了许多挑战。面对竞争对手的策略调整、消费者需求的变化，以及外部环境的不确定性，营销团队需要保持高度的灵活性和应变能力。根据实际情况调整执行策略，确保营销活动能够适应市场变化，实现预定目标。

客户反馈与持续改进：客户反馈是执行阶段不可或缺的一部分。通过收集和分析客户对营销活动的反馈，企业可以更好地了解客户需求，评估营销活动的效果，进而对产品或服务进行持续的改进和优化。

市场营销管理的执行阶段要求企业不仅要有清晰的目标和计划，还需要具备高效的执行力和灵活的应变能力。通过对资源的合理分配、活动的精心安排、团队的紧密协作及对执行过程的严格监控和评估，确保营销目标的实现。

（三）监控与调整

市场营销管理的监控与调整是确保营销活动能够有效、高效地实现既定目标的关键环节。它涉及对市场营销活动的持续观察、评估和必要时的调整，以适应市场环境的变化，满足消费者需求的演变，以及应对竞争对手的策略变化。监控与调整不仅帮助企业更好地理解市场动态，还能够提高决策的质量，确保资源的有效利用，从而提升整体的市场竞争力。

监控是市场营销管理过程中的一项持续性任务，它要求企业定期收集和分析关键性能指标和市场反馈信息。这些数据来源可以是内部的销售数据、客户反馈、产品使用数据，也可以是外部的市场趋势报告、竞争对手活动分析及宏观经济指标。通过对这些数据的深入分析，企业能够及时发现营销策略执行中的问题，识别市场机会和潜在威胁，从而为调整策略提供依据。

调整策略是基于监控数据和分析结果进行的。它可能涉及营销组合的各个方面，包括产品、价格、渠道和促销策略的调整。例如，如果监控发现某一产品线的销售低于预期，企业可能需要考虑调整产品特性、改变定价策略、增加促销活动或优化分销渠道。调整的目的是确保营销策略能够更好地适应市场变化，满足目标客户的需求，同时有效应对竞争压力。

有效的市场营销管理监控与调整还需依赖于强大的信息系统和数据分析能力。当前，大数据和人工智能技术的应用使得市场监控更加精细化、实时化，数据分析更加深入、准确。企业可以通过数据挖掘和机器学习等技术，从大量数据中提取有价值的信息，预测市场趋势，识别消费者行为模式，从而在策略调整中更加主动、精准。

此外，有效的沟通机制对于监控与调整过程同样重要。这包括内部的跨部门沟通和协作，以及与外部利益相关者如供应商、分销商、客户的沟通。良好的沟通能够确保信息的流通和共享，增强决策的透明度和执行的一致性，从而提高策略调整的效率和效果。

监控与调整是一个动态的、迭代的过程，它要求企业不仅要对市场有深入的了解和敏锐的洞察力，还要具备灵活调整策略的能力。通过有效的监控与调整，企业能够确保其市场营销策略始终保持活力，适应不断变化的市场环境，从而在激烈的市场竞争中保持领先。

三、市场营销管理的挑战与对策

市场营销管理在当今多变的商业环境中面临着众多挑战，这要求管理者不断探索并实施有效的解决策略来应对。在这个过程中，理解市场营销管理的核心任务与挑战至关重要，同时，制定出具有针对性的对策和战略创新也是实现市场成功的关键。

市场营销管理的主要任务包括市场研究与分析、目标市场的选择、营销组合策略的制定与执行，以及营销效果的评估与控制。面对这些任务，管理者必须考虑到市场的复杂性和不确定性，这包括消费者需求的多样化、技术进步的速度、全球化竞争的加剧及社会文化因素的影响等。

市场营销管理的挑战主要源自外部环境的快速变化和消费者行为的复杂性。这些挑战不仅影响着企业营销策略的制定，还可能对企业的长期发展带来深远影响。以下是市场营销管理中常见的几个主要挑战：

1. 消费者行为的变化与多样化

随着社会的快速发展，消费者的需求和行为模式变得越来越多样化和个性化。消费者更加注重体验和个性化服务，而非仅仅产品的价格和功能。同时，消费者的购买决策受到社交媒体、在线评论、同伴影响等多方面因素的驱动。面对这种趋势，企业必须及时捕捉消费者行为的变化，制定相应的个性化营销策略，才能有效吸引并留住目标客户。

2. 科技进步的冲击

新技术的发展（如人工智能、大数据、物联网等）正在改变市场营销的游戏规则。企业面临着如何快速应用这些技术进行营销创新的挑战。比如，人工智能可以帮助企业在广告投放、客户服务、数据分析等方面提高效率；大数据则为企业提供了深度的市场洞察。然而，这些技术的引入也带来了新的管理问题，如技术应用成本、数据安全与隐私保护等问题的挑战。

3. 全球化竞争的加剧

随着全球市场的进一步开放和互联网的普及，企业不仅要面对本地的竞争对手，还需要应对来自全球市场的竞争压力。这就要求企业在制定市场营销策略时，不仅要考虑本地市场的情况，还要有全球视野，进行国际化的品牌和产品推广。此外，不同市场的文化差异、法律法规、消费者偏好等也是企业在全球化背景下面临的额外挑战。

4. 市场饱和与产品同质化

在很多行业，市场逐渐饱和，产品同质化现象严重，导致企业之间的竞争愈加激烈。在这种情况下，企业很难仅通过价格竞争赢得市场份额，而必须通过产品创新、服务差异化或品牌建设等方式来实现竞争优势。如何在一个趋于饱和的市场中突破并脱颖而出，是许多企业必须面对的难题。

5. 营销成本的上升

随着市场竞争的加剧，获取客户的成本持续上升，特别是在数字化营销领域。线上广告的费用逐年上涨，尤其是在热门平台上，企业的广告投放费用急剧攀升。此外，客户获取成本（Customer Acquisition Cost, CAC）不断提高，使得企业在营销预算分配和成本控制上面临巨大压力。

6. 消费者对企业社会责任的期望

当今的消费者越来越注重企业的社会责任表现，如环境保护、社会公益、道德采购等。这使得企业不仅要专注于产品和服务的推广，还需要关注如何在营销中融入社会责任的内容。如何在追求商业利润的同时承担社会责任，并通过营销传达这种责任感，这是企业面临的另一个挑战。

7. 数据隐私与安全问题

随着大数据的广泛应用，企业可以更精准地了解和定位目标客户。然而，数据的广泛收集和应用也引发了越来越多的隐私和安全问题。消费者对数据隐私的关注日益提升，全球范围内的监管要求也越来越严格（如欧盟的《通用数据保护条例》），企业需要应对如何在合规的情况下利用数据进行有效的营销，避免法律风险并赢得客户信任。

面对这些挑战，有效的市场营销管理策略应当包括以下几个方面：

（1）深入的市场洞察与研究：持续的市场研究与分析可以帮助企业更好地理解消费者需求、市场趋势及竞争对手的状况，为制定营销策略提供数据支持。

（2）灵活的营销组合策略：在营销组合（产品、价格、渠道、促销）的制定上，企业应保持灵活性，根据市场的变化及时调整，以满足目标顾客的需求。

（3）客户关系管理：建立和维护良好的客户关系对于提高客户满意度和忠诚度至关重要。利用先进的客户关系管理系统收集客户数据，分析客户行为，从而提供更加个性化的服务和产品。

（4）数字化营销策略：随着互联网和社交媒体的发展，数字化营销成为企业不可忽视的一环。有效的数字化营销策略可以帮助企业更精准地定位目标客户，提高营销效率和效果。

（5）可持续发展与社会责任：在市场营销活动中融入可持续发展和社会责任的理念，不仅有助于构建企业的良好形象，也是满足越来越多消费者对企业社会责任要求的一种方式。

（6）创新与差异化：通过产品、服务或营销方法的创新，实现与竞争对手的差异化，是获得市场竞争优势的重要途径。

在实施上述策略时，管理者应综合考虑企业的内外部环境，制定出既符合企业资源和能力，又能适应市场变化的营销管理策略。同时，应不断监控和评估营销活动的效果，以便及时调整和优化策略，确保企业在竞争激烈的市场中能够持续发展和成长。

通过上述对策和战略的实施，企业可以更好地应对市场营销管理过程中遇到的挑战，实现市场目标，提高市场竞争力。

第二章　市场营销环境探析

第一节　市场营销环境的含义

一、市场营销环境的定义

市场营销环境是企业外部的各种力量和因素的总和，这些力量和因素会直接或间接影响企业的市场营销活动和决策。它包括微观环境和宏观环境两个层面。微观环境是指企业直接面对的，能够相对直接控制或影响其市场活动的因素，如顾客、供应商、竞争对手、中介机构等。宏观环境则是指在更广泛的范围内影响企业市场营销决策和活动的社会经济力量，包括经济、技术、政治、法律和文化等因素。

市场营销环境的分析是企业制定市场营销策略的基础。通过对市场营销环境的深入了解，企业可以更准确地把握市场动态，识别机会和威胁，从而在复杂多变的市场环境中立于不败之地。企业需要建立起灵活的市场营销体系，以快速响应环境的变化，不断调整和优化市场营销策略，以实现持续的市场成功。

理解市场营销环境的重要性在于，它能够帮助企业准确把握市场动态，制定出更为有效的市场策略。市场营销环境是指企业在进行市场营销活动时所处的内外部环境，包括经济环境、技术环境、政治法律环境、社会文化环境及自然环境等。这些环境因素对企业的市场营销战略有着直接或间接的影响。因此，深入理解市场营销环境，能够使企业在面对市场变化时，能够迅速做出反应，调整市场策略，以适应市场的变化。

市场营销环境不仅包括企业外部的宏观环境，也包括企业内部的微观环境。宏观环境的变化往往是不可预测的，如政策的变化、经济的波动、技术的进步等，这些都可能对市场营销策略产生重大影响。而微观环境则更多涉及企业内部资源的配置、产品的特性、消费者的需求等方面，这些因素对于企业制定市场策略同样至关重要。

对市场营销环境的深入理解，可以帮助企业在制定市场策略时，更加精准地定位目标市场，了解目标消费者的需求和偏好，从而设计出更加符合市场需求的产品和服务。此外，企业还可以根据市场环境的变化，及时调整其市场策略，比如：在经济衰退时期，企业可能需要调整其价格策略，以吸引更多的消费者；在技术快速发展时期，企业则需要加快技术创新，以保持在市场竞争中的领先地位。

此外，理解市场营销环境的重要性还体现在风险管理上。通过对市场环境的分析，企业可以预见到可能的风险，并制定出相应的应对策略，从而减少不利因素对企业经营的影响。例如，通过分析政治法律环境，企业可以提前做好应对政策变化的准备，避免因政策调整而导致的经营损失。

在全球化的今天，市场营销环境的复杂度和不确定性进一步加剧，跨国公司在进入不同国家和地区的市场时，需要面对不同的文化、法律和经济环境。因此，对市场营销环境的深入理解，对于企业制定有效的国际市场策略，适应不同市场的需求，具有至关重要的作用。

通过深入分析和理解市场营销环境，企业可以更好地捕捉市场机会，有效应对市场挑战，提高市场竞争力。这不仅需要企业持续关注市场环境的变化，还需要企业具备灵活调整市场策略的能力，以及预见市场变化趋势的洞察力。只有这样，企业才能在激烈的市场竞争中立于不败之地，实现可持续发展。

二、市场营销环境的构成要素

（一）微观营销环境的要素

微观营销环境是指那些直接影响企业营销决策和活动的内部和近距离的因素。这些因素包括公司内部环境、供应链、客户、竞争对手及市场中介。每个因素都在不断变化，对企业的市场营销策略和成果产生影响。

公司内部环境是微观营销环境的第一个组成部分。它包括企业的资源、组织结构、企业文化、技术能力等。企业的资源如财务资源、人力资源、技术资源等，直接决定了企业的市场营销能力。组织结构和企业文化影响着企业决策的效率和执行力，而技术能力则直接影响产品的创新和市场竞争力。

供应链是微观营销环境中的另一个重要因素。它不仅包括供应商，而且涉及物流服务商等，这些都直接影响到企业产品的成本、质量和交货时间。良好的供应链关系能够为企业带来成本优势，增强市场竞争力。

客户是企业营销活动的直接对象，了解和满足客户需求是企业营销活动的核心。客户的偏好、购买行为及需求的变化都直接影响企业的产品开发、定价、推广和分销策略。因此，深入研究客户需求和行为，建立长期的客户关系，对企业至关重要。

竞争对手的战略和行为是微观营销环境中不可忽视的因素。企业必须对竞争对手进行持续的监控和分析，包括对手的产品、价格、渠道和促销策略等。这有助于企业在激烈的市场竞争中制定有效的对策，寻找差异化的竞争优势。

市场中介包括销售代理、分销商、广告公司等，它们在产品从生产者到消费者的过程中扮演着桥梁和纽带的角色。市场中介的选择和管理直接影响企业产品的市场覆盖率和客户满意度。因此，建立并维护与市场中介的良好合作关系，对于提高市场效率和效果至关重要。

在探索微观营销环境因素时，企业需要系统地分析这些因素如何影响营销策略和活动的设计与执行。这不仅包括对当前环境的评估，还包括对环境变化趋势的预测和应对。通过有效地管理和利用微观营销环境中的各种资源和力量，企业可以更好地适应市场变化，提高竞争力，实现可持续发展。

总的来说，微观营销环境包括公司内部环境、供应链、客户、竞争对手及市场中介，这些因素对企业的营销决策和活动产生直接而持续的影响。企业需要系统地分析和管理这些因素，通过优化内部资源、建立稳固的供应链关系、深入了解客户需求、有效应对竞争对手及选择合适的市场中介，来提升市场竞争力和运营效率。同时，企业还应密切关注微观环境的变化，及时调整营销策略，确保在动态的市场中保持竞争优势和实现可持续发展。

（二）宏观营销环境的要素

宏观营销环境因素是市场营销战略制定和实施过程中不可忽视的外部条件和力量，它包括经济环境、社会文化环境、政治法律环境、技术环境等多个维度，对企业的市场营销活动产生着深远的影响。

经济环境是宏观营销环境中最直接影响企业市场行为的因素。它涉及经济发展水平、经济结构、消费者收入水平和消费习惯等多个方面。经济增长率、通货膨胀率、失业率等宏观经济指标直接影响消费者的购买力和消费意愿，进而影响市场的需求量。例如，在经济繁荣时期，消费者收入水平提高，对高品质和高价值产品的需求增加；而在经济衰退时期，消费者倾向于节省开支，对价格敏感度提高。

社会文化环境反映了社会的价值观、信仰、习俗和生活方式，对企业的产品设计、广告宣传和市场细分策略有着重要影响。不同的文化背景和社会结构会形成不同的消费者行为和市场需求。例如，一个注重健康和环保的社会文化环境将促进有机食品和环保产品的市场增长。企业在进行市场营销时，需要深入了解目标市场的文化特征，以此来调整其产品和营销信息，以便更好地与消费者的价值观和期望相契合。

政治法律环境包括政府政策、法律法规、贸易限制等，这些因素通过影响市场准入条件、营业许可、税收政策等方面，对企业的市场营销活动产生影响。政府的政策导向和法律法规的变化可能会为某些行业带来新的机遇，同时也可能对其他行业构成威胁。例如，政府对新能源汽车的补贴政策可以刺激该行业的市场需求，而对烟草制品加强管制的法律法规则限制了这一市场的发展。

技术环境的变化是驱动市场营销创新和变革的重要因素。新技术的发展不仅影响产品的生产和服务的提供方式，还改变了消费者的购买行为和企业的营销手段。互联网和移动通信技术的普及使得数字营销成为企业连接消费者的重要渠道。社交媒体、电子商务平台和大数据分析等技术工具为企业提供了新的市场营销策略和手段，使得个性化营销和精准营销成为可能。

宏观营销环境中的经济环境、社会文化环境、政治法律环境、技术环境等因素，对企业的市场营销战略和活动具有广泛而深远的影响。企业在制定和实施营销策略时，必须密切关注这些外部环境的变化，充分理解它们对市场需求、消费者行为和行业规则的影响。通过灵活应对宏观环境中的各种变化和挑战，企业能够抓住新机遇，规避潜在风险，从而提升市场竞争力，实现可持续发展。

三、市场营销环境的影响作用

（一）对销售策略的影响

市场营销环境的影响力对销售策略的影响是多维度和复杂的。它不仅涉及直接的市场因素，如消费者需求、竞争对手行为，还包括宏观经济条件、技术进步、政策法规、社会文化趋势等多方面因素。这些元素共同构成了企业销售策略制定的背景和基础，要求企业必须具备敏锐的市场洞察力，能够准确把握市场营销环境的变化，以便及时调整销售策略，抓住机遇，应对挑战。

在市场需求方面，消费者的需求和偏好是影响销售策略的重要因素。随着消费者意识的提高和消费习惯的变化，企业必须不断研究市场，了解消费者的最新需求，以便设计符合消费者期望的产品和服务。此外，消费者对品牌的忠诚度、购买力的变化也直接影响销售策略的制定。

竞争对手的行为是另一个关键因素。企业需要不断监测竞争对手的市场动态，包括新产品的推出、价格策略的调整、营销活动的变化等，以便制定有效的竞争策略，保持市场竞争优势。通过对竞争对手的分析，企业可以发现市场机会，避免潜在威胁，甚至可以从竞争对手的策略中学习，改进自身的销售策略。

宏观经济条件对销售策略同样有着重大影响。经济增长率、通货膨胀率、失业率等宏观经济指标的变化会影响消费者的购买力和消费意愿，从而影响销售策略的制定。在经济繁荣时期，企业可能会采取扩张策略，增加生产和营销活动；而在经济衰退时期，则可能需要采取保守策略，减少成本和风险。

技术进步是影响销售策略的另一个重要因素。新技术的出现可以改变产品的生产方式、销售渠道和营销方法。例如，互联网和移动技术的发展使得电子商务成为可能，改变了消费者的购物习惯和企业的销售策略。因此，企业必须紧跟技术发展的步伐，利用新技术提高效率，创新销售模式，满足市场需求。

政策法规的变化也会影响销售策略。政府的政策，如税收政策、进出口政策、行业监管政策等，都会对企业的运营产生重要影响。企业需要密切关注政策变化，评估政策对销售策略的可能影响，并及时调整策略，以符合法规要求，避免潜在的法律风险。

社会文化趋势对销售策略的影响同样不容忽视。社会价值观的变化、消费者对健康和环保的关注等文化因素都会影响消费者的购买决策，从而影响销售策略。

企业需要理解和把握社会文化趋势，设计和推广符合社会期望的产品和服务，以提高市场接受度和品牌形象。

综上所述，市场营销环境的影响力对销售策略的制定至关重要。企业需要全面考虑市场需求、竞争对手行为、宏观经济条件、技术进步、政策法规及社会文化趋势等多方面因素，灵活调整销售策略，以应对市场环境的变化，把握市场机会，提高竞争力。这要求企业不仅要有敏锐的市场洞察力，还需要有强大的战略规划能力和执行力，才能在复杂多变的市场环境中脱颖而出，实现持续增长。

（二）理解市场营销环境的首要任务

对于企业而言，理解市场营销环境的首要任务是通过持续的市场研究和分析，收集关于市场环境变化的信息，包括消费者需求的变化、竞争对手的策略调整、法律法规的更新等。这些信息有助于企业及时调整其市场定位和营销策略，以满足市场的变化需求。例如，随着消费者对健康和环保意识的提高，企业可能需要调整产品线，开发更多绿色、健康的产品选项。

除了对外部环境的适应，企业还需要加强内部管理，提高组织的灵活性和响应速度。这包括优化供应链管理、提高生产效率、加强员工培训和激励等方面。通过提升内部管理水平，企业能够更快地响应市场变化，更有效地实施营销策略。

在应对市场营销环境变化时，创新也是企业不可忽视的重要策略。创新可以是产品创新、服务创新、营销手段创新等多个方面。通过创新，企业能够开发新的市场机会，满足消费者未被满足的需求，从而获得竞争优势。例如，利用数字化技术，企业可以开展社交媒体营销、移动营销等新型营销活动，吸引更多的年轻消费者。

同时，企业还应注重构建和维护良好的客户关系。在市场营销环境日益注重个性化和客户体验的今天，通过客户关系管理系统收集和分析客户数据，企业可以更好地了解客户需求和偏好，提供定制化的产品和服务，增强客户的忠诚度。

在应对策略上，企业还应考虑与其他企业建立合作伙伴关系，共同应对市场变化。通过战略联盟或合作，企业不仅可以共享资源，降低风险，还能相互补充优势，提升竞争力。例如，企业可以与上下游供应链伙伴合作，共同开发新产品，或者与非直接竞争的企业合作，共同开拓新市场。

综上所述，企业在市场营销环境影响下的适应与应对策略应当是多维度、多层次的，涉及外部市场环境的持续监测与分析、内部管理能力的提升、创新能力的加强、客户关系的深化及与合作伙伴的紧密合作等多个方面。通过这些策略的有效实施，企业能够更好地适应市场环境的变化，抓住市场机遇，实现可持续发展。

第二节　市场营销环境的特点

一、市场营销环境的动态性

市场营销环境的动态性是现代企业在制定市场策略和决策过程中必须面对的重要特点。这一特点反映了市场环境中各种因素（如消费者需求、技术进步、竞争对手策略及法律法规等）都在不断变化，且变化的速度越来越快。这种动态性要求企业必须具备快速响应市场变化的能力，以维持其竞争优势。

市场变化的速度与动态性体现在以下几个方面：

1. 消费者的需求和偏好是多变的。随着社会文化的发展和个人收入水平的提高，消费者对产品和服务的需求越来越多样化，追求个性化和高品质的趋势日益明显。企业需要不断研究市场，了解消费者的最新需求，以便及时调整产品策略。

2. 技术进步带来的影响是深远的。新技术的出现和应用，特别是信息技术和互联网技术，极大地改变了产品的生产方式、销售渠道和市场营销手段。企业要保持竞争力，就必须掌握最新技术，利用技术创新来提高产品的竞争力和市场的响应速度。

2. 竞争对手的策略也在不断变化。在激烈的市场竞争中，企业不仅要关注自身的发展，还要密切关注竞争对手的动态，包括新进入者的威胁、竞争对手的市场策略调整等。这要求企业具备良好的市场情报收集和分析能力，以便及时作出策略调整。

4. 法律法规的变化也会对市场营销环境产生重大影响。政策法规的调整，如消费者权益保护法、环境保护法等，会直接影响市场营销的策略和实践。企业需要密切关注相关法律法规的变化，确保营销活动的合法性和有效性。

面对市场营销环境的动态性，企业需要建立灵活的市场策略，强化市场研究和情报分析，加快产品和服务的创新步伐，提高对市场变化的适应能力和响应速度。这不仅包括对外部环境变化的快速反应，也包括内部管理和运营流程的优化，以提高企业的整体敏捷性和市场竞争力。

通过不断地学习和适应，企业能够更好地把握市场变化的脉络，预测市场趋势，制定出符合市场需求的产品和服务，从而在激烈的市场竞争中脱颖而出。这种对市场动态性的深入理解和应对，是企业实现持续增长和成功的关键。

动态市场环境对市场营销战略的影响显著而深远，这种影响体现在多个层面。市场环境的动态性意味着市场的变化是快速且不可预测的，这要求企业在制定市场营销战略时必须具备高度的灵活性和适应性。

1. 动态市场环境迫使企业持续监控外部变化，包括技术进步、消费者需求的变化、竞争对手的策略变动及法律法规的更新。这种持续的监控有助于企业及时调整其市场营销战略，确保其持续的相关性和有效性。例如，随着社交媒体的兴起，许多企业已将其作为与消费者沟通和品牌推广的重要工具，这反映了企业对市场营销环境变化的适应。

2. 动态市场环境促使企业采用客户导向的营销策略。在不断变化的市场中，了解并满足消费者的当前需求变得至关重要。这要求企业不仅要关注当前的消费者需求，还要预测未来的趋势，以便更有效地规划其产品开发和市场营销活动。因此，企业需要建立灵活的市场调研机制，以快速响应市场变化。

3. 动态性也促使企业在竞争策略上进行创新。在快速变化的市场环境中，传统的竞争策略可能很快就会过时。因此，企业需要不断创新，寻找新的竞争优势。这可能涉及探索新的市场细分、开发创新产品或服务，甚至重新定义企业与消费者之间的互动方式。

4. 动态市场环境要求企业具备强大的危机应对能力。市场的快速变化可能会带来突如其来的挑战，如新进入者的威胁、突发的供应链问题或突变的消费者偏好。企业必须具备快速识别和应对这些挑战的能力，以保持其市场地位和竞争力。

5. 在制定市场营销战略时，企业还需要考虑技术对市场营销工具和平台选择带来的影响。随着数字技术的发展，数字营销成为企业不可或缺的工具，使得营销策略的制定更加依赖数据分析和在线消费者行为的理解。

6. 企业在面对动态市场环境时，需要建立一种持续学习和创新的企业文化。通过鼓励创新思维和持续学习，企业可以更好地适应市场环境的变化，同时激发员工的创造力，推动企业不断前进。

综上所述，动态市场环境对市场营销战略的影响深刻而多方面。企业必须展现出极高的适应性、灵活性和前瞻性，以确保其营销战略的有效性和持续的竞争优势。通过持续监控市场变化、采用客户导向的营销策略、进行竞争策略创新、增强危机应对能力、利用技术进步，并建立创新文化，企业能够在不断变化的市场环境中蓬勃发展。

二、市场营销环境的复杂性

市场营销环境的复杂性源于多方面的因素，这些因素相互作用，形成了一个多层次、多维度的结构。环境中包含的元素极为广泛，包括经济环境、政治法律环境、技术环境、社会文化环境及自然环境等。每一种环境都对市场营销策略的制定和执行有着直接或间接的影响。

经济环境是影响市场营销最直接的因素之一。它包括宏观经济条件、行业经济特点、市场需求状况和消费者购买力等。经济增长率、通货膨胀率、失业率等宏观经济指标直接影响消费者的消费心理和购买行为，进而影响市场的需求量。

政治法律环境包括政策法规、政府活动和国际政治形势等。政府政策对企业经营活动有着极大的影响，如税收政策、贸易限制、环保法规等。这些政治法律因素不仅影响企业的市场策略，还可能直接影响产品的生产、分销和促销活动。

技术环境的变化速度极快，新技术的出现不断改变着市场营销的方式和手段。互联网、移动通信、大数据分析等技术革新为市场营销带来了新的机遇和挑战，企业必须紧跟技术发展的步伐，不断创新营销策略，以适应技术环境的变化。

社会文化环境涉及消费者的价值观、信仰、习俗和生活方式等。这些因素影响消费者的需求偏好和购买决策，对市场细分、产品定位和广告宣传等营销活动有着深远的影响。随着全球化的加深，不同文化背景的消费者之间的差异也对跨国市场营销策略的制定提出了更高的要求。

自然环境因素包括自然资源、气候变化、环境保护等，对市场营销同样有着不可忽视的影响。例如，气候条件会影响某些产品的销售季节性，环境保护法规会影响产品包装和广告宣传的内容。

市场营销环境的复杂性还表现在这些环境因素之间的相互作用上。经济环境、政治法律环境、技术环境、社会文化环境和自然环境等相互交织，共同影响着市场营销策略的制定和执行。这种复杂的相互作用使得市场营销环境具有高度的不确定性，增加了市场营销策略制定的难度。

应对市场营销环境的复杂性，企业需要建立灵活的市场策略，密切关注环境变化，及时调整营销策略。这要求企业不仅要有敏锐的市场洞察力，还需要具备跨学科的知识结构，能够从经济、政治、技术、社会文化等多个角度分析市场环境，以科学、系统的方法制定和执行市场营销策略。此外，企业应加强与消费者的沟通，了解消费者需求的变化，以更好地适应市场环境的变化，提高市场竞争力。

市场营销环境的复杂性体现在多个方面，包括经济、社会、技术、法律和文化等多个维度，这些因素互相交织，形成了一个多变且不易预测的市场环境。在这样的环境下，企业需要采取有效的策略来应对挑战，确保市场竞争中的优势地位。

面对市场营销环境的复杂性，企业可以通过以下策略来进行有效应对：

1. 对市场营销环境的检测和分析能力。企业需要建立一套有效的环境监测机制，通过持续的市场情报收集和分析，及时掌握市场动态和变化趋势。这包括对竞争对手的动态、消费者行为的变化、新技术的应用及法律法规的更新等方面进行深入的分析和预测。这样，企业可以在变化的市场环境中抓住机遇，规避风险。

2. 灵活调整市场策略。 在复杂多变的市场环境中，企业的市场策略也需要具有相应的灵活性和适应性。这意味着企业在制定市场计划时，需要考虑到市场环境的不确定性，预留出调整的空间和资源。当环境发生变化时，企业能够迅速做出反应，调整市场策略，以适应市场的新要求。

3. 加强与消费者的沟通与互动。在市场营销环境复杂的背景下，加强与消费者的沟通和互动显得尤为重要。企业可以利用社交媒体、在线平台等渠道，建立起与消费者之间的直接联系，及时收集消费者的反馈和建议，了解消费者的需求和期望。通过有效的沟通，企业不仅可以提升消费者满意度和忠诚度，还可以更准确地把握市场趋势，为产品开发和市场定位提供依据。

4. 强化创新能力。创新是企业应对市场营销环境复杂性的关键。这不仅包括产品和服务的创新，也包括市场策略、商业模式、管理方式等方面的创新。通过不断地创新，企业可以开发出满足市场需求的新产品和服务，找到新的市场机会，同时也可以提高运营效率，降低成本，增强竞争力。

5. 培养跨界合作的能力。在当前的市场环境下，单打独斗已经很难获得成功。企业需要通过跨界合作，与其他企业、研究机构，甚至是竞争对手建立合作关系，共同应对市场的挑战。通过资源共享、技术交流等方式，企业不仅可以提升自身的创新能力和市场适应性，还可以拓展新的市场领域，实现共赢。

总的来说，面对市场营销环境的复杂性，企业需要采取一系列综合策略来应对。这包括增强对市场环境的监测和分析能力，灵活调整市场策略，加强与消费者的沟通和互动，强化创新能力，以及培养跨界合作的能力。通过这些策略的实施，企业可以在复杂多变的市场环境中稳健发展，抓住机遇，应对挑战。

三、市场营销环境的不可控性

我们需要认识到市场营销环境是由一系列外部因素构成，这些因素影响着企业的市场营销决策和结果，但往往超出企业的直接控制范围。不可控因素主要包括政治法律环境、经济环境、社会文化环境、技术环境、自然环境等。这些因素的变化直接影响着市场的需求和供给，进而影响企业的市场策略和业务运作。

政治法律环境是指政府政策、法律法规等政治法律因素对市场营销活动的影响。例如，新的贸易政策、税收政策的变化，会直接影响企业的成本结构和市场定价策略。法律法规的变化，如消费者权益保护法的修订，也会影响企业的产品开发、推广和销售策略。

经济环境涉及宏观经济因素，如经济增长率、通货膨胀率、汇率变动等，这些因素会影响消费者的购买力和消费意愿。例如，经济衰退期间，消费者的购买力下降，对非必需品的需求减少，这要求企业调整其产品组合和营销策略，以适应市场变化。

社会文化环境包括人口结构、文化价值观、生活方式等因素。这些社会文化因素的变化（如人口老龄化、健康意识增强、环保意识提升），对企业的产品设计、推广活动和品牌定位产生重大影响。企业需要密切关注这些社会文化趋势，以便及时调整其市场策略。

技术环境的变化是当今市场营销环境中最为活跃且影响深远的因素之一。新技术的出现和应用（如互联网技术、移动通信技术、大数据和人工智能技术），不仅改变了产品和服务的开发、生产和分销方式，也重塑了消费者的购买行为和体验。企业必须紧跟技术发展的步伐，利用新技术创新其市场营销策略和业务模式。

自然环境因素包括自然资源的可用性、气候变化等，其也对市场营销活动产生影响。例如，气候变化引起的极端天气事件，可能影响产品的生产和供应链，甚至改变消费者的需求模式。企业需要考虑这些自然环境因素，制定灵活的应对策略，以保证业务的持续运营。

不可控因素在市场营销环境中的表现体现了市场营销活动的复杂性和不确定性。企业需要通过持续的环境扫描和分析，识别这些不可控因素的变化趋势，评估其对企业市场策略和运营的潜在影响。通过灵活的策略调整和创新应对措施，企业可以更好地应对市场环境的不确定性，抓住机遇，应对挑战，从而在竞争激烈的市场中取得成功。

市场营销环境由多个因素构成，包括经济环境、政治法律环境、技术环境、社会文化环境等，这些因素都在不断变化，给市场营销带来了不可预测性和不确定性。因此，企业在进行市场营销时，必须认识到环境的这种不可控性，并采取相应的策略来应对。

理解市场营销环境的不可控性首先需要分析各个环境因素对市场营销的影响。经济环境的波动如通货膨胀率、失业率的变化会直接影响消费者的购买力和购买意愿；政治法律环境的变化如新法规的出台可能会对产品的生产、销售方式造成限制；技术环境的快速发展带来的新技术、新工具可以为市场营销开辟新的渠道和方法，但同时也会淘汰那些无法适应新技术的营销方式；社会文化环境的变化如消费者偏好的变动、价值观的演进则直接影响市场营销策略的制定和调整。

面对这些不可控因素，企业需要采取灵活多变的策略来应对。首先，企业应加强市场研究和环境监测，通过收集和分析市场信息，及时了解环境变化对企业的影响，预测未来的市场趋势。这要求企业建立起一套有效的信息收集和处理系统，利用先进的数据分析技术，如大数据分析、人工智能等，来提高信息处理的效率和准确性。其次，企业需要提高自身的适应能力和灵活性。这可以通过多样化策略实现，比如通过产品和市场多元化来分散风险，或者通过灵活的价格策略、促销策略来迅速响应市场变化。同时，企业还应加强内部管理和流程优化，提高反应速度和操作效率，以便在市场环境发生变化时，能够快速调整战略和策略。

再次，企业应积极探索和利用新技术，以增强市场竞争力。新技术的应用不仅可以帮助企业优化现有的营销方式，提高营销效率和效果，还可以开发新的营销渠道和工具，以适应市场环境的变化。比如，数字营销、社交媒体营销等新兴营销方式就是在技术发展的推动下，逐渐成为企业营销策略中不可或缺的一部分。最后，建立与消费者之间的良好关系也是应对市场营销环境不可控性的关键。通过建立稳定的消费者关系，企业可以更好地理解消费者的需求和偏好，及时调整产品和服务以满足消费者的期望。这不仅能够增强消费者的忠诚度和满意度，还能够为企业提供稳定的市场基础，在不稳定的市场环境中保持竞争优势。

应对市场营销环境的不可控性，要求企业具备敏锐的市场洞察力、灵活多变的策略制定能力、高效的信息处理能力及坚实的消费者关系。通过这些策略和措施，企业可以在不断变化的市场环境中寻找到生存和发展的空间，实现持续的市场竞争力。

第三节　市场营销环境的构成

一、微观市场营销环境

（一）企业内部环境与竞争环境

企业内部环境对市场营销的影响极为重要，因为它直接关系到企业的营销策略、产品开发、品牌建设和市场定位等方面。企业内部环境主要包括企业的文化、组织结构、人力资源、技术能力、财务状况及生产能力等。

1. 企业文化是企业内部环境的核心，它决定了企业的价值观、使命和愿景，影响着员工的行为准则和工作态度。一个积极向上的企业文化能够激发员工的创造力和工作热情，从而提高工作效率和产品质量，增强企业的市场竞争力。相反，一个消极的企业文化可能导致员工士气低落，影响企业的整体表现。

2. 组织结构也是企业内部环境的一个重要方面。一个高效的组织结构可以确保信息在企业内部快速流通，促进部门间的协作和资源的有效分配。这对于市场营销活动的成功实施至关重要。例如：一个灵活的组织结构可以迅速响应市场变化，及时调整营销策略；而一个僵化的组织结构可能会延迟决策过程，错失市场机会。

3. 人力资源是企业的另一个关键资产。优秀的员工是企业成功的基石。企业需要吸引、培养和保留有才能的员工，尤其是营销团队的成员，因为他们直接参与到市场研究、产品推广和客户服务等活动中。员工的专业技能、创新能力和团队精神对提高企业的市场竞争力具有直接影响。

4. 技术能力是现代企业竞争中不可或缺的一部分。随着科技的发展，市场营销的方式和手段不断创新。企业需要持续投资于新技术，如数字营销、大数据分析和人工智能等，以提高市场响应速度和客户服务质量。技术的应用不仅可以帮助企业更好地了解和满足客户需求，还可以优化营销流程和成本结构。

5. 财务状况是企业进行市场营销活动的基础。充足的资金可以支持市场调研、产品开发、广告宣传和销售渠道建设等一系列营销活动。财务稳健的企业更能承受市场波动的风险，进行长期的市场投入和品牌建设。反之，财务问题可能限制企业的营销预算，影响营销活动的效果和企业的市场地位。

6. 生产能力是决定企业能否满足市场需求的关键因素。高效的生产流程和优质的产品是企业赢得市场份额和消费者信任的基础。企业需要持续优化生产工艺，提高产品质量和生产效率，减少成本和库存，以应对市场的快速变化。

市场竞争环境是企业营销活动中不可忽视的一部分，它直接影响着企业的市场策略和业务决策。在微观市场营销环境中，市场竞争环境的解析尤为关键，因为它涉及企业与其竞争对手之间的关系，以及市场上的竞争态势。市场竞争环境的构成较为复杂，主要包括竞争者的数量、类型、行为、策略等。从竞争者的数量来看，市场可以分为完全竞争市场、垄断竞争市场、寡头竞争市场和纯粹垄断市场。每种类型的市场竞争环境对企业的市场策略有着不同的影响。例如，在完全竞争市场中，由于竞争者众多，单个企业难以通过改变价格来影响市场，因此更多依赖于提高产品质量和服务来获取市场份额。

竞争者的类型也是企业需要分析的重点。竞争者不仅包括直接竞争对手，即提供相似产品或服务的企业，还包括间接竞争对手，即提供可以替代产品或服务的企业。了解不同类型的竞争者有助于企业更准确地识别市场上的竞争态势，制定有效的竞争策略。

竞争者的行为包括竞争者的市场定位、营销策略、价格政策、产品开发等方面。通过分析竞争者的行为，企业可以预测竞争者未来可能的动向，为自身的市场策略调整提供依据。例如，如果竞争对手加大了在某一细分市场的投入，企业可能需要加强在该细分市场的竞争力，或者寻找新的市场机会以规避直接竞争。

竞争策略的选择也是市场竞争环境分析中的重要内容。企业可以根据市场竞争环境的特点选择不同的竞争策略，如成本领先策略、差异化策略或集中化策略。成本领先策略适用于竞争激烈的市场，通过降低成本来获得价格优势；差异化策略则侧重于产品或服务的独特性，通过提供独一无二的价值来吸引消费者；集中化策略则是专注于特定的市场细分领域，满足特定消费群体的需求。

在分析市场竞争环境时，企业还需要考虑外部因素的影响，如政策法规的变化、经济环境的波动、技术的进步等。这些因素都可能对市场竞争环境产生影响，企业需要不断地调整自己的市场策略以适应环境的变化。

综上所述，市场竞争环境的解析对企业制定市场策略、调整业务决策具有重要意义。通过深入分析市场竞争环境，企业可以更好地了解市场动态，把握市场机会，应对市场挑战，从而在激烈的市场竞争中脱颖而出。

（二）消费者行为研究

消费者行为是市场营销中一个核心的研究领域，它关注的是个体或群体在寻找、购买、使用、评估和处理产品及服务的过程，以及这一过程对消费者本身和社会的影响。了解消费者行为对于企业制定有效的市场策略、提升顾客满意度、构建品牌忠诚度及最终实现市场目标至关重要。

消费者购买决策过程是一个复杂的心理和社会互动过程，它包括了问题识别、信息搜索、方案评估、购买决定和购后行为等几个阶段。在这个过程中，消费者的决策受到多种因素的影响，包括个人因素（如年龄、性别、收入水平、教育背景、价值观念和生活方式）、心理因素（如动机、知觉、学习、信念和态度）及社会因素（如家庭环境、参照群体、社会阶层和文化背景）。

市场营销策略的成功与否，很大程度上依赖于对消费者行为的准确了解和预测。通过研究消费者的购买行为模式、偏好和决策过程，企业可以更有效地定位其产品和服务，设计符合目标市场需求的营销组合策略。例如，通过细分市场，企业可以识别出不同的消费者群体，并为每个群体定制特定的产品和营销信息，以更精准地满足其独特的需求和偏好。

随着科技的发展和大数据的应用，消费者行为研究方法也变得更加多样和精细。企业可以利用数据分析工具来收集和分析消费者的在线行为数据，如搜索历史、购物车内容、社交媒体互动等，以获取更具价值的消费行为洞察。这些洞察能帮助企业更好地理解消费者的需求和预测未来的购买趋势，从而制定更有效的市场策略。

此外，文化和社会变迁也对消费者行为产生重大影响。全球化和互联网的普及使得消费者接触到更多的产品和品牌，同时也使得消费文化越来越多元化。因此，企业在制定市场策略时，需要考虑不同地区和文化背景下消费者行为的差异，以及这些差异如何影响产品的接受度和市场的需求。

综上所述，消费者行为研究是市场营销策略制定和执行的基石。通过深入了解消费者的需求和行为模式，企业可以更有效地连接和影响目标消费者，实现市场目标。在快速变化的市场环境中，持续的消费者行为研究和分析是企业保持竞争优势的关键。

（三）供应链与分销渠道

供应链与分销渠道是现代市场营销环境中至关重要的两个组成部分，它们直接影响着企业的产品流通、信息流动，以及与消费者的连接。供应链管理关注的是从原料采购到产品制造再到最终的消费者手中的整个流程，而分销渠道则专注于产品如何更有效率地从生产者传递到消费者。

在微观市场营销环境中，供应链的效率直接决定了企业能否及时满足市场需求，同时控制成本和提高市场反应速度。有效的供应链管理能够确保原料的稳定供应，生产过程的顺畅进行，以及成品的及时配送，从而提高企业的竞争力。此外，随着全球化和技术的发展，供应链管理也越来越多地依赖于信息技术系统，这些系统可以实时监控供应链的每一个环节，预测潜在的问题并迅速响应，以减少损失和延误。

分销渠道的选择和管理同样对企业的市场营销战略至关重要。分销渠道不仅仅是物理的产品传递路径，它也包括信息、促销和支付流程。选择正确的分销渠道可以帮助企业更有效地到达目标市场，增加产品的可见性和可获得性。例如，直销渠道允许企业直接与消费者交流，而间接销售渠道则依靠第三方销售点，如零售商和批发商来分销产品。

随着电子商务的兴起，数字分销渠道成了一个不可忽视的力量。它们不仅减少了物理分销的成本和复杂性，还提供了更广泛的覆盖范围和更深层次的客户数据分析。通过数字渠道，企业能够更精确地定位其目标客户群，个性化其营销信息，并实时跟踪销售效果，从而更灵活地调整市场策略。

然而，无论是传统的还是数字的分销渠道，都面临着如何整合各渠道以提供无缝客户体验的挑战。消费者期待能够在不同的购买渠道之间无缝切换，例如，从在线研究到实体店购买，或者从社交媒体广告点击直接到达网上商店。这要求企业不仅要管理各自的分销渠道，还要确保它们之间的协调一致。

在分析供应链与分销渠道的效应时，企业必须考虑多种因素，包括成本效率、市场覆盖、客户服务质量，以及对新技术的适应能力。通过优化供应链管理和分销渠道策略，企业不仅能够提高运营效率，还能增强与消费者的连接，最终在激烈的市场竞争中脱颖而出。这要求企业不断地评估和调整其供应链和分销渠道，以应对市场的变化和消费者行为的演变。

二、宏观市场营销环境

宏观经济因素对市场营销具有深远的影响，这是因为它们直接或间接地决定了消费者的购买力、企业的成本结构及整个市场的需求和供给状况。宏观经济因素主要包括经济增长率、通货膨胀率、失业率、货币政策、财政政策、国际贸易与汇率等。

1. 经济增长率是衡量一国经济活力的重要指标，它影响着人们的收入水平和消费能力。当一个国家的经济呈现增长态势时，通常意味着消费者购买力的提升，企业面临的市场需求增加，这对市场营销是有利的。增长的经济促进了新技术的发展和应用，为市场营销带来了新的机遇。然而，经济衰退时期则会导致消费者减少支出，企业需求下降，市场营销策略需要相应调整，以应对挑战。

2. 通货膨胀率是另一个重要的宏观经济因素，它直接影响消费者的实际购买力和企业的成本。高通货膨胀率意味着消费者的货币价值下降，购买同样数量的商品和服务需要更多的钱，这可能导致消费者减少非必需品的购买，对市场营销策略产生重要影响。同时，企业的生产成本可能上升，影响其定价策略和利润空间。

3. 失业率的升高通常会减少家庭的可支配收入，进而影响消费者的购买决策。

在高失业率的环境下，消费者可能会更加谨慎，倾向于购买性价比高的商品，这要求市场营销人员更加注重产品的性价比，以及通过有效的营销策略来吸引和保留顾客。

4. 货币政策和财政政策通过影响利率、税收和政府支出等途径，间接影响市场营销。例如，宽松的货币政策通过降低利率，可以增加企业和消费者的支出能力，有利于市场需求的增加；而紧缩的货币政策则可能抑制消费和投资，对市场营销构成挑战。

5. 国际贸易和汇率变动也是重要的宏观经济因素，它们影响着进出口成本和国际市场竞争状况。汇率变动可以影响企业的出口竞争力，以及进口原材料的成本，进而影响定价策略和市场营销策略。开放的国际贸易环境为企业提供了更广阔的市场，但同时也带来了更激烈的竞争，要求企业不断优化其市场营销策略。

在面对宏观经济因素的影响时，企业需要灵活调整其市场营销策略。这可能包括优化产品组合，调整定价策略，加强品牌建设和客户关系管理，以及利用数字营销工具来提升市场响应速度和效率。通过深入分析宏观经济环境和趋势，企业可以更好地预测市场变化，制定更为有效的市场营销计划，以应对不断变化的市场环境。

社会文化因素在宏观市场营销环境中扮演着至关重要的角色。它们直接影响消费者的行为模式、价值观和购买决策，进而对企业的市场策略形成深远的影响。社会文化因素包括但不限于社会习俗、生活方式、教育水平、宗教信仰、语言和艺术偏好等。这些因素共同构成了一个复杂的网络，影响着消费者的需求和期望，以及市场的整体趋势。

在不同的地区和国家，社会文化的差异可能非常显著，这就要求企业在制定市场营销策略时，必须深入了解目标市场的社会文化背景。例如，一种在某地区广受欢迎的产品，在另一个具有不同文化背景的地区可能会遭到消费者的抵触。因此，了解和适应这些文化差异是成功进入新市场的关键。

社会文化因素还影响着产品的设计、促销方式和广告语言。企业必须确保其产品和宣传材料能够反映和尊重目标市场的文化价值观。例如，颜色的使用在不同的文化中具有不同的含义，某些广告语句可能在一种文化中被视为积极的，而在另一种文化中则可能被视为不恰当。

此外，随着全球化的加速，跨文化交流变得日益频繁，消费者的社会文化观念也在不断变化。这为企业提供了新的机会，但同时也带来了挑战。企业需要持续监控社会文化趋势的变化，以便及时调整其市场策略，以满足不断变化的消费者需求。

教育水平的提高也对市场营销环境产生影响。受教育程度较高的消费者可能会对产品的质量、可持续性和品牌价值观有更高的要求。因此，企业在设计和推广产品时，需要考虑这一群体对信息的需求和处理方式。

在制定市场营销策略时，企业还需要考虑到人口结构的变化，如年龄分布、性别比例、家庭结构等因素。这些因素会影响产品的需求量、购买频率和偏好类型。例如，随着老龄人口比例的增加，针对老年消费者的产品和服务需求将会增长。

社会文化因素还包括消费者对健康、安全和环境保护的日益关注。这些趋势促使企业在产品开发和营销策略中加入可持续性和社会责任的元素，以吸引那些对这些问题有高度关注的消费者。

综上所述，社会文化因素在宏观市场营销环境中的作用不容忽视。企业需要深入了解和分析这些因素，以便制定出符合目标市场文化背景和消费者需求的有效市场营销策略。通过灵活应对社会文化的变化和差异，企业能够更好地定位自己，创造出符合市场需求的产品和服务。

三、市场营销环境的分析与应对

（一）市场营销环境的深度分析

市场营销环境的深度分析是对企业营销活动产生深远影响的外部和内部因素进行系统性的探讨和评估的过程。在这一过程中，企业需要识别和分析那些对其市场定位、产品开发、价格策略、促销活动及分销渠道可能产生影响的各种环境因素。这些因素通常包括宏观经济条件、社会文化趋势、技术进步、法律法规、竞争状况及市场本身的特性等。

宏观经济环境为市场营销策略的制定提供了基本的经济框架。经济增长率、通货膨胀率、失业率、货币汇率等经济指标对消费者的购买力和消费意愿有直接影响。例如，经济衰退期间，消费者可能会减少非必需品的购买，这对于奢侈品或高端消费品的营销策略有着重要影响。

社会文化环境的变化也是需要深入分析的重要方面。人口统计特征的变化、消费者的价值观和生活方式的演变、环保意识的提高等都可能对市场营销策略产生深远的影响。企业需要密切关注这些趋势，以便及时调整其产品和服务，更好地满足市场需求。

技术进步对市场营销环境的影响尤为显著。新技术的出现和应用不仅改变了产品和服务的生产方式，也为市场营销带来了新的渠道和工具，如数字营销、社交媒体营销等。企业需要不断更新其技术应用，以保持竞争优势。

法律法规对市场营销活动设定了规则和界限。不同国家和地区的法律法规差异对跨国营销活动尤为重要。企业在制定营销策略时，必须确保其符合当地的法律法规要求，以避免潜在的法律风险和负面影响。

竞争状况的分析是市场营销环境深度分析中不可或缺的一部分。了解直接竞争对手和潜在竞争对手的战略、优势、弱点和市场表现对于制定有效的竞争策略至关重要。此外，对供应商和分销商等市场参与者的分析也有助于优化供应链管理和分销渠道策略。

市场本身的特性，包括市场规模、增长潜力、市场细分、消费者行为和偏好等，这些也需要进行细致的分析。这有助于企业确定目标市场，设计满足特定市场需求的产品和服务，制定有效的价格和促销策略。

通过对上述各个方面的深度分析，企业能够获得全面而深入的市场营销环境认识，为制定符合实际情况的战略性市场营销决策提供坚实的基础。这要求企业不仅要持续监控外部环境的变化，还要不断审视和调整内部资源和能力，以适应环境变化，抓住市场机会，应对挑战。

（二）各种市场营销环境的应对

经济环境是影响市场营销策略的首要因素之一。它涉及宏观经济状况、消费者购买力和市场需求等。在经济繁荣时期，消费者的购买力增强，企业可通过扩大市场营销活动和产品线来增加市场份额。相反，在经济衰退期，企业可能需要通过成本控制、价格策略调整和寻找新的市场机会来应对市场需求的下降。

社会文化环境对市场营销策略同样有着重要影响。社会文化因素包括人口结构、价值观、消费者行为和生活方式等。企业需要密切关注社会文化趋势的变化，以便及时调整产品和营销信息，以满足消费者的期望和需求。例如，随着健康意识的提高，相关健康产品的市场需求增加，企业可通过开发新产品和营销策略来抓住这一机会。

技术环境的变化为市场营销带来了新的机会和挑战。技术创新不仅影响产品的开发和生产过程，也改变了消费者的购买方式和企业的营销渠道。企业需要紧跟技术发展的步伐，利用数字营销、社交媒体和电子商务等新兴渠道来提高市场覆盖率和顾客互动。

政治法律环境提供了市场营销活动的法律框架。政策变化、法律法规的制定和修改可能对企业的产品、广告和销售方式产生影响。因此，企业必须保持对政治法律环境的敏感性，确保其营销活动符合当地的法律法规，避免可能的法律风险。

竞争环境的分析是制定有效应对策略的关键环节。了解竞争对手的战略、优势和弱点可以帮助企业识别市场机会和潜在威胁。通过对竞争环境的深入分析，企业可以制定差异化的产品和营销策略，增强自身的竞争优势。

综上所述，市场营销环境下的有效应对策略要求企业对环境因素进行全面的分析和评估。企业需要建立灵活的市场营销战略，以适应环境变化，同时积极探索新的市场机会和营销渠道。通过持续的创新和改进，企业可以有效应对市场营销环境的挑战，实现可持续发展。

第四节　市场营销环境的综合分析

一、SWOT 分析法的应用

SWOT 分析法是一种广泛应用于市场营销策划和战略规划的工具，它涉及组织内部环境的优势（Strengths）和劣势（Weaknesses）分析，以及外部环境的机会（Opportunities）和威胁（Threats）分析，如图 2-1 所示。通过这四个方面的系统评估，企业可以全面了解自身在市场中的位置，为制定有效的市场策略和长期规划提供依据。

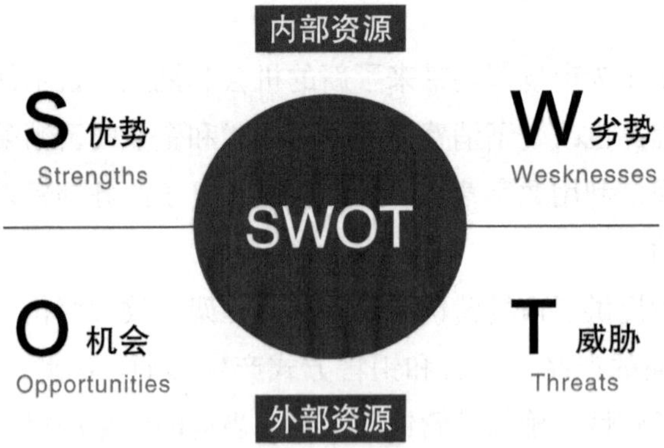

图 2-1 SWOT 分析法

在进行 SWOT 分析时，优势分析旨在识别企业在特定市场环境下相对于竞争对手的有利条件或资源，如品牌影响力、技术优势、成本控制和市场份额等。劣势分析则关注企业面临的内部挑战和限制因素，如资源限制、技术落后、管理不善等，这些因素可能阻碍企业的发展和市场表现。

在分析外部环境时，机会分析关注的是企业可能利用的外部条件，如市场需求增长、政策支持、技术进步等，这些因素可以为企业提供发展的新方向或增长的潜力。威胁分析则是识别可能对企业造成不利影响的外部风险，包括竞争加剧、市场需求变化、不利政策或经济环境的变化等。

SWOT 分析的实施过程中，需要收集和分析大量的内外部信息，这不仅要求企业具备良好的市场洞察能力，还需要有效的数据收集和分析方法。分析过程中，企业应该保持客观和实事求是的态度，对内部的劣势和外部的威胁不应有所回避，而是应该作为改进和应对策略的依据。

通过 SWOT 分析，企业可以识别出自身的核心竞争力和潜在风险，进而制定出更为科学合理的市场策略。例如，企业可以通过利用自身的优势和外部的机会来扩大市场份额，同时通过改善内部管理和技术创新来减少劣势，对外部威胁采取预防措施，从而在激烈的市场竞争中获得有利地位。

SWOT 分析不仅适用于企业层面的战略规划，同样可以应用于个人职业规划、项目管理等多个领域。在不同的应用场景下，SWOT 分析都能够帮助决策者更加清晰地认识到目标或项目的优势、劣势、机会和威胁，为决策提供有力的支持。

需要指出的是，SWOT 分析虽然是一种强有力的工具，但也存在一定的局限性。例如，它可能过分依赖于现有信息的分析，忽略了未来可能出现的变化。此外，分析的主观性也可能影响结果的准确性。因此，企业在应用 SWOT 分析时，应结合其他市场分析工具和方法，以获得更全面、更准确的市场洞察。

综上所述，SWOT 分析法提供了一个框架，帮助企业从内部和外部两个维度全面审视自身的情况，是制定市场策略和战略决策的重要工具。通过深入的 SWOT 分析，企业不仅可以更好地理解自身的竞争优势和挑战，还可以更有效地识别市场机会和潜在威胁，为企业的持续发展和成功奠定基础。

案例分析

举个实例，一家消费电子公司在面对激烈的市场竞争和快速变化的消费需求时，决定运用 SWOT 分析法来探索市场营销的新战略。通过内部优势分析，该公司认识到自己在产品创新和技术研发方面具有明显的优势，能够快速响应市场变化，推出符合消费者需求的新产品。通过内部劣势分析，公司发现自身在品牌宣传和市场推广方面的资源投入不足，导致品牌影响力和市场占有率不如竞争对手。

通过外部机会分析，该公司发现随着智能家居和物联网技术的发展，市场对智能消费电子产品的需求日益增加，这为公司提供了巨大的市场机会。通过外部威胁分析，公司注意到了国际贸易摩擦和原材料价格波动可能对生产成本和海外市场扩张带来的不利影响。

基于 SWOT 分析的结果，该公司制定了一系列市场营销战略，包括加大研发投入，快速推出新产品以保持技术优势；加强品牌宣传和市场推广活动，提高品牌知名度和市场影响力；同时，积极探索智能家居市场，开发与智能家居系统兼容的新产品，以抓住市场机会；对于外部威胁，公司通过多元化采购策略和市场多元化战略来减少风险。

通过这样的 SWOT 分析，公司不仅明确了自身在市场中的位置，还制定出了针对性的策略来优化市场营销活动，充分利用市场机会，应对潜在威胁，最终在竞争中获得了优势。这一实例充分展示了 SWOT 分析法在市场营销环境综合分析中的应用价值，通过系统地分析内外部环境，企业能够更有效地制定出符合市场和自身实际情况的战略，实现可持续发展和市场竞争优势。

利用 SWOT 分析法，企业可以更好地理解市场环境和自身的竞争地位。优势分析帮助企业明确自身在市场中的强项，如品牌影响力、技术创新能力、成本控制等，这些优势可以作为企业在市场竞争中突出自我、吸引客户的关键点。劣势分析则促使企业正视自身存在的问题和挑战，如成本高、服务体验不佳等，从而采取措施进行改进和优化。

在分析外部环境时，机会分析让企业能够发现市场趋势、消费者需求变化、行业政策调整等可能带来的发展机遇。通过有效利用这些机会，企业可以拓展新市场、开发新产品或服务，进而提高市场份额和盈利能力。威胁分析则帮助企业识别可能对其发展构成挑战的外部因素，如竞争对手的新动作、市场需求的下降、不利的政策变动等，企业需要通过制定应对策略来降低这些威胁的影响。

SWOT 分析法与市场营销策略的关联性体现在，SWOT 分析提供了一个全面、客观的视角，帮助市场营销决策者深入理解企业与市场环境的互动关系。基于 SWOT 分析的结果，企业可以制定出更加有针对性的市场营销策略。例如，利用内部优势和外部机会，企业可以制定差异化或集中化的市场定位策略；面对内部劣势和外部威胁时，则需要采取成本领先或转型升级的策略。

此外，SWOT 分析还能够促进跨部门的沟通和协作。通过共同参与 SWOT 分析过程，不同部门的人员可以更好地理解企业的整体战略目标和市场定位，从而在自己的工作中更好地支持这些目标和策略的实现。这种跨部门的合作对于实现整体市场营销策略的成功至关重要。

综上所述，SWOT 分析法不仅是一种简单的分析工具，它还是连接企业内部资源与外部环境、指导市场营销策略制定的桥梁。通过深入的 SWOT 分析，企业不仅可以更清晰地认识到自身的优势和劣势，还能够更准确地捕捉到外部环境中的机会与威胁，从而在复杂多变的市场环境中制定出更有针对性的战略。

二、PEST 分析法的应用

PEST 分析法是一种广泛应用于市场营销环境综合分析的重要工具，通过评估政治（Political）、经济（Economic）、社会（Social）和技术（Technological）四个维度的外部因素，帮助企业把握宏观环境的变化，从而制定更有效的市场策略。PEST 分析模型如图 2-2 所示。这种分析方法不仅适用于企业制定全局性的战略决策，也适合于特定市场或产品的战略规划。

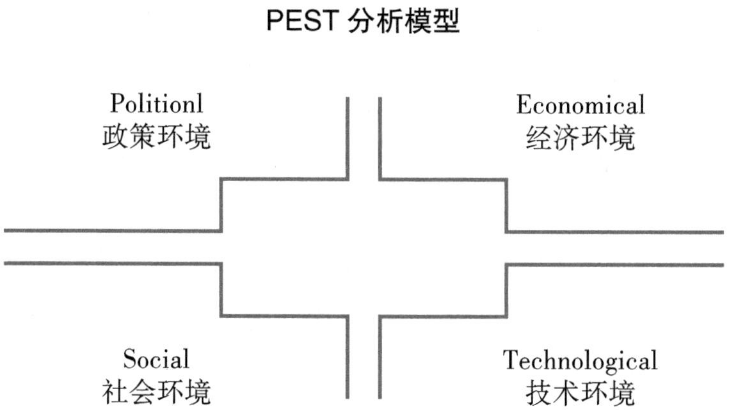

图 2-2　PEST 分析模型

政治因素对企业的运营产生直接影响。政府的政策、政治稳定性、贸易限制和关税等都会影响企业的经营决策。例如，政府的税收政策变化会影响企业的成本结构，增值税的提高可能导致消费者购买力下降，从而影响销售额。与此同时，政治环境的稳定性也是企业在投资时的重要考虑因素。政治不稳定的国家或地区，可能会增加企业的投资风险和运营成本，因此企业必须对这些风险加以评估。

经济因素对市场需求和企业的盈利能力有着深远的影响。经济增长率、汇率、通货膨胀率和利率等指标决定了市场的消费水平和企业的运营成本。经济增长率反映了一个国家的整体经济状况，增长率高意味着市场需求旺盛，企业有机会扩展业务和提高销售额。相反，经济增长放缓可能会使企业面临需求不足的问题。汇率波动对于从事国际贸易的企业尤为重要，它直接影响企业的进出口成本和利润空间。企业在制定国际市场战略时，必须考虑汇率变化对其价格和利润的影响。

社会因素涵盖了人口统计特征、文化趋势、消费者态度和生活方式的变化等内容。随着社会的发展，消费者的需求和偏好不断变化，这对企业的市场策略提出了新的要求。例如，随着健康意识的增强，越来越多的消费者倾向于选择低脂、健康的食品，这促使企业开发新的产品以满足这一需求。企业必须密切关注人口变化、文化发展和消费者行为，以便及时调整产品和服务，保持市场竞争力。

技术因素则集中在技术创新的速度、研发活动、技术变革等方面。技术的进步不仅影响企业的生产效率和产品质量，还对市场营销方式产生深远影响。随着互联网和社交媒体的快速发展，企业可以利用数字化平台更精准地定位目标客户，增强与消费者的互动。与此同时，新技术的引入为企业提供了创新的机会，能够帮助其降低生产成本、提高效率，从而增强市场竞争力。企业若能及时掌握技术趋势并加大研发投入，将有机会在市场中占据主导地位。

PEST分析不仅帮助企业理解外部环境的变化，还促使企业从宏观的角度审视自身的战略定位，使之更加符合市场的实际需求。例如，国际快餐连锁品牌在进入新市场之前，通常会通过PEST分析评估目标国家的政治稳定性、经济条件、社会文化趋势和技术发展水平。这种分析能够帮助企业识别潜在的市场机会和挑战，调整其产品和营销策略以适应当地市场，从而更好地开展业务。

应用PEST分析法时，企业需要收集大量的市场信息，并结合自身资源和能力，确保分析结果及时有效。外部环境变化迅速，过时的信息可能导致战略决策错误，因此企业需要建立起有效的信息收集和分析机制，确保数据的准确性和时效性。同时，企业应对未来的环境变化进行预测，以便提前调整战略，把握市场先机。

在企业的日常运营中，PEST分析提供了一个框架，使企业能够系统地评估外部环境因素的影响。通过这一分析工具，企业可以有效识别市场中的机会，并制定应对潜在威胁的策略。例如，若经济分析表明一个特定地区的经济增长放缓，企业可以减少在该地区的投资，或通过创新产品和服务寻找新的增长点。如果技术分析显示某一技术趋势将改变行业格局，企业则可能加大研发投入，以确保在新的技术浪潮中保持竞争力。

企业在实施PEST分析时，还需要特别关注分析的及时性和预测性。由于外部环境变化较快，企业应确保信息收集和分析系统的高效运作，并根据市场的变化灵活调整战略。定期进行PEST分析有助于企业随时掌握外部环境的动态，灵活应对市场的复杂变化，保持在竞争激烈的市场中的处于领先地位。

通过有效运用PEST分析，企业不仅能够深入了解外部环境，还能更好地优化自身的战略规划，实现可持续发展。这一分析法帮助企业在复杂多变的市场环境中稳健前行，确保在政治、经济、社会和技术变化中抓住机遇，避免潜在的风险，从而实现业务增长和市场优势。

案例分析

举一个典型的PEST分析案例，全球电子产品巨头苹果公司（以下简称“苹果”）在中国市场的运营战略。苹果在进入和扩展中国市场的过程中，运用了PEST分析法来评估外部环境并制定相应的市场策略。

从政治因素来看，中国政府的政策对苹果的业务产生了直接影响。中国是世界上最大的智能手机市场之一，但政府在互联网监管和知识产权保护方面的政策对苹果至关重要。苹果必须遵守中国的法规，包括数据存储和隐私保护方面的要求，这影响了苹果在中国的数据管理和云服务的布局。此外，关税问题也影响了苹果的供应链和生产成本，使其必须在全球供应链中做出调整，以减少来自中国关税政策的潜在风险。

在经济因素方面，中国经济的高速增长和庞大的中等收入群体为苹果提供了巨大的市场机会。随着中国消费者收入水平的提高，他们对高端电子产品的需求也在增加，苹果得以通过推出高端产品系列赢得市场份额。然而，经济增速放缓和人民币汇率波动也给苹果带来了挑战。苹果需要在定价策略上做出调整，以保持产品的竞争力，并确保在汇率波动时保持盈利。

社会因素对苹果的市场营销策略有着重要影响。中国消费者的购买习惯、品牌忠诚度和生活方式的变化，推动了苹果对其品牌形象和营销活动进行调整。苹果注重中国消费者对科技和时尚的兴趣，强化了其产品的高端定位和创新形象。此外，中国社交媒体平台的普及，也促使苹果将营销重心从传统广告转向数字化平台，以更有效地触达目标消费者。

技术因素是苹果在中国成功的关键之一。作为科技创新的领导者，苹果在中国市场推出了多款尖端产品，如iPhone、iPad和MacBook，满足了中国消费者对高科技产品的需求。同时，中国本地的技术创新和数字支付等新兴趋势，也促使苹果适应本地市场。例如，苹果通过与中国的移动支付巨头如支付宝和微信支付合作，增强了其产品的本地化服务，使其更好地融入中国消费者的生活方式。

通过PEST分析，苹果在中国市场的战略规划更加清晰，能够有效识别市场中的机遇和挑战。例如，通过技术因素的考量，苹果加大了在研发和产品创新方面的投入，以保持其技术领先优势。同时，苹果密切关注政治和经济环境的变化，灵活调整供应链布局和定价策略，以降低政策和市场波动带来的风险。

三、市场营销环境的综合应对策略

有效应对市场营销环境的变化，需要企业具备敏锐的市场洞察力，灵活多变的战略规划能力，以及强大的执行力。市场营销环境是动态变化的，其包括宏观环境和微观环境两大部分。宏观环境涉及经济、政治、社会文化等因素；微观环境则包括顾客、竞争对手、分销渠道等。企业需要通过持续的市场研究，准确把握市场趋势和顾客需求，识别外部环境变化给企业带来的机会与挑战。

在市场营销环境发生变化时，企业需要评估这些变化对当前市场营销策略的影响，并根据评估结果调整市场定位、产品策略、价格策略、推广策略和渠道策略。例如，随着社会文化的变迁，消费者的价值观和消费习惯可能会发生变化，企业需要通过产品创新和营销策略的调整来满足新的消费需求。同时，企业还需利用科技进步，如大数据分析、人工智能等技术，来提升市场研究和营销执行的效率。

针对竞争对手的策略变化，企业不仅要通过竞争分析了解对手的强项和弱点，还要在此基础上制定差异化的市场策略，以获得竞争优势。此外，企业还需关注供应链和分销渠道的变化，优化供应链管理，确保产品能够高效、低成本地到达目标市场。

对于政治法律环境和经济环境的变化，企业需要及时调整经营策略，以应对可能的风险和不确定性。例如，国际贸易政策的变化可能影响企业的出口业务，企业需评估这些政策变化对自身经营的影响，并探索新的市场或调整市场策略来降低风险。

在实施市场营销环境的综合应对策略时，企业需要建立一套有效的信息收集和分析体系，确保能够快速响应市场变化。同时，企业还需要培养跨部门协作的能力，确保各部门之间在信息共享、资源配置和策略执行方面能够高效配合。通过这种内外部环境的综合分析和应对，企业能够在激烈的市场竞争中保持竞争力，实现可持续发展。

综上所述，有效应对市场营销环境的变化，要求企业不断地学习和适应，灵活调整其市场营销策略，同时利用先进技术提升决策和执行的效率。通过对内部资源的优化配置和对外部环境变化的敏锐洞察，企业可以有效地应对市场营销环境的挑战，把握市场机会，推动企业持续成长和发展。

市场营销环境的变化是现代企业经营中不可忽视的因素，这些变化对企业的战略制定和调整具有深远的影响。市场营销环境包括宏观环境和微观环境两大部分，宏观环境涵盖经济、政治、法律、技术、社会文化等方面，而微观环境则包括企业、供应商、消费者、竞争对手等直接关系方。企业必须对这些环境因素进行综合分析，以便制定出适应性强、灵活多变的市场营销策略。

在经济环境方面，全球化趋势和地区经济一体化进程为企业提供了更广阔的市场空间，同时也带来了激烈的国际竞争。企业在制定市场营销战略时，需要考虑不同经济体的经济发展水平、消费能力和消费习惯等差异对企业的影响，同时也要考虑汇率变动、国际贸易政策等外部经济因素对企业的影响。

政治法律环境的变化对企业的市场营销战略同样具有重要影响。不同国家和地区的政治稳定性、法律法规、政策导向等因素都会影响企业的市场准入、产品定价、促销活动等营销决策。企业需要密切关注政治法律环境的动态，合法合规地进行市场营销活动，同时利用政策优势拓展市场。

技术环境的变化在当今数字化、信息化时代对市场营销战略产生了深刻的影响。新技术的出现和应用不仅改变了产品的生产和服务的提供方式，也重新定义了市场营销的渠道和方法。企业需要把握技术发展趋势，利用互联网、大数据、人工智能等新技术优化营销策略，提高市场响应速度和服务效率。

社会文化环境的变化要求企业在制定市场营销战略时，充分考虑消费者的价值观、生活方式、消费习惯等因素。随着社会的发展和文化的多元化，消费者的需求和偏好在不断变化。企业需要通过市场调研等方式，深入了解目标市场的社会文化特征，设计符合消费者期望的产品和服务，实现精准营销。

在微观环境中，竞争对手的策略变化、供应商的支持能力、消费者需求的变化等都直接影响到企业的市场营销决策。企业需要通过竞争分析，了解竞争对手的优势和劣势，制定差异化竞争策略。同时，建立稳定的供应链关系，确保产品和服务的质量与供应。此外，企业还应加强与消费者的沟通和互动，及时调整产品和服务，满足市场需求。

综上所述，市场营销环境的变化对企业战略的影响是全方位的。企业需要建立一个灵活的市场营销战略制定机制，这一机制应基于对市场营销环境综合分析的结果，能够快速响应环境变化，及时调整营销策略。通过深入分析宏观和微观环境中的各种因素，企业可以更好地把握市场机会，有效应对市场挑战，从而在激烈的市场竞争中脱颖而出。

第三章　市场营销战略分析

第一节　市场营销调研

一、市场营销调研的类型

市场营销可以分为定性市场营销调研和定量市场营销调研两个大类。每个大类下可采取对应的多个方法进行调研。

（一）定性调研

定性市场营销调研是市场营销研究中不可或缺的一部分，它通过非数值化的数据来揭示市场的深层次特征，如消费者行为、偏好及动机等。与定量研究侧重于数据和数量分析不同，定性研究更注重于了解市场的质量方面，通过诸如深度访谈、焦点小组讨论和案例研究等方法收集数据，提供了对市场、消费者行为和产品使用背后深层次了解的机会。

定性市场营销调研的方法多种多样，包括但不限于深度访谈、焦点小组讨论、观察法和案例研究等。深度访谈是通过与目标消费者或行业专家进行一对一的交谈来收集信息，旨在深入了解受访者的观点、经验和感受。焦点小组讨论则是在一个小组讨论的设置中收集数据，通过组织者引导的讨论来探索参与者的态度、感受和想法。观察法侧重于在自然环境中观察消费者的行为，以获得对消费者行为模式和偏好的直接了解。案例研究则是通过详细研究特定事件、个体或组织来探索复杂的市场现象，提供深入的洞察力。

定性研究方法的优势在于它可以揭示消费者的潜在需求和未被满足的市场机会，帮助企业了解消费者的真实感受和偏好，从而制定更为精准的市场策略。通过定性研究，企业可以更好地了解产品或服务在消费者心目中的定位，以及其在市场竞争中的优势和劣势。

然而，定性市场营销调研也有其局限性。由于其研究结果通常不易量化，因此难以进行广泛的概括和推广。此外，定性研究的结果往往受到研究者主观性的影响，这要求研究者在进行定性研究时必须保持高度的客观性和专业性。

在实际应用中，定性市场营销调研常常与定量研究相结合使用，以获得更全面的市场分析结果。通过定性研究，深入了解消费者行为和市场动态的同时，利用定量研究的数据分析能力来验证定性研究的发现，从而为企业提供更准确、更全面的市场洞察。

企业在进行定性市场营销调研时，应注意选择合适的研究方法，确保研究设计的科学性和实施过程的严谨性。此外，企业还应关注研究结果的解读和应用，将研究发现转化为实际的市场策略和行动计划，以提升市场竞争力和业务成果。

通过深入探索定性市场营销调研的类型、方法、优势及局限性，可以看出这一研究方法对于理解复杂的市场现象、消费者行为和产品使用背后的深层次因素具有重要价值。尽管存在一定的挑战和限制，但通过科学的研究设计和严格的实施过程，定性研究能够为市场营销战略的制定和优化提供重要的支持和指导。

（二）定量调研

定量市场营销调研是市场营销调研中一种非常关键的方法，它通过收集和分析可量化的数据来帮助企业了解市场动态、消费者行为、竞争对手状况，以及其他市场变量。这种类型的调研依赖于数值数据和统计分析，旨在提供客观、量化的视角来支持企业的决策过程。

在进行定量市场营销调研时，企业通常会采用问卷调查、电话访问、在线调查等方式来收集数据。这些数据可能包括消费者的购买习惯、品牌偏好、产品使用频率及满意度等，通过这些数据，企业可以量化市场需求、评估市场容量、监控品牌知名度和市场份额等。

定量调研的一个显著特点是能够提供大量样本数据，从而使得调研结果具有较高的统计意义。这种方法依赖于随机抽样技术来选取调研对象，以确保样本的代表性，从而使得调研结果能够在一定程度上反映整个市场或目标人群的实际情况。

数据分析是定量市场营销调研的核心环节。应用统计学原理和计算方法，研究人员可以从大量数据中提取有价值的信息，识别市场趋势，分析消费者行为模式，评估营销策略的效果。这些分析结果为企业提供了科学的决策依据，帮助企业制定或调整市场营销策略。

在实施定量市场营销调研时，研究设计的科学性和严谨性至关重要。这包括确立清晰的研究目标、设计合理的调研问卷、选择恰当的样本抽样方法及采用有效的数据分析技术。只有这样，调研结果才能真实、准确地反映市场情况，为企业提供可靠的决策支持。

除了提供市场洞察和决策支持外，定量市场营销调研还可以帮助企业监控和评估营销活动的效果，比如通过对比营销活动前后的市场数据来评估广告宣传、促销活动或新产品上市的效果。这种评估不仅有助于企业及时调整营销策略，也为未来的市场营销活动提供了宝贵的经验和参考。

定量市场营销调研的挑战在于如何确保数据的质量和调研的有效性。这要求企业在调研过程中精心设计问卷，避免引导性问题或模糊不清的问题，同时也需要注意数据收集和处理过程中的偏差和误差，以保证数据分析结果的准确性。

尽管定量市场营销调研具有上述诸多优点，但它也有其局限性，比如无法深入了解消费者的情感和动机。因此，企业在进行市场营销调研时，往往会将定量调研与定性调研结合起来使用，以获得更全面、更深入的市场洞察。通过这种方式，企业不仅能够掌握市场的量化信息，还能深入了解消费者的心理和行为，从而更有效地制定和实施市场营销策略。

二、市场营销调研的步骤

在进行市场营销调研之前，制定一个明确的调研目标并完成相应的准备工作是至关重要的。这一过程涉及对调研需求的准确理解，确保调研活动能够有效地支持市场营销战略的制定和执行。

1. 明确调研的目的。准备工作的首要任务是明确调研的目的，这意味着需要清楚地识别出为何需要进行市场调研，调研将解决哪些具体的问题，以及调研结果如何支持决策过程。这一步骤要求团队成员之间有着良好的沟通，确保所有相关人员对调研的目标和期望有共同的理解。

2. 确定调研的范围和对象。确定调研的范围和对象是准备工作的另一关键环节。这包括确定调研将覆盖的市场区域、目标消费者群体、竞争对手及调研的具体内容。在这一过程中，制定详细的调研计划书是非常有帮助的，它应当包括调研的目的、方法、时间表及预期的输出。

3. 制定调研方法。制定调研方法是准备工作的核心部分。市场营销调研可以采用定量调研和定性调研两种方法，或者两者的结合。定量调研侧重于通过问卷调查、在线调查等方式收集可量化的数据，以便进行统计分析；而定性调研则侧重于通过深度访谈、焦点小组讨论等方式收集更深入的见解和信息。选择合适的调研方法取决于调研目标和可用的资源。

4. 准备工作与调研目标设定。调研资源的准备包括确定调研团队的成员、分配任务、确保团队成员具有必要的技能和知识，以及准备调研所需的工具和设备。同时，制定预算和时间表，确保调研活动能够在既定的时间内完成，并且成本控制在预算范围之内。准备工作与调研目标设定是市场营销调研中不可分割的一部分。通过系统的准备和明确的目标设定，可以确保调研工作的高效执行，为市场营销战略的制定提供坚实的数据支持。这不仅有助于更好地理解市场和消费者，也为企业在竞争激烈的市场环境中制定有效的营销策略提供了可靠的依据。在准备工作完成后，进行预测试是一个好习惯。预测试可以帮助发现调研工具和流程中可能存在的问题，如问卷设计得不合理之处，可从在正式调研开始前进行必要的调整。调研目标的设定应当既具有挑战性，又实际可行。目标需要明确，可量化，同时与公司的总体市场营销战略紧密相连。设定具体的、量化的目标有助于调研过程的焦点更加集中，也便于后期评估调研的成效。

5. 数据收集与整理。数据收集与整理是市场营销调研过程中的关键环节，它涉及从各种渠道获取信息，以及将这些信息加工成有价值的数据，以便后续的分析和决策。在进行市场营销调研时，数据收集与整理可以分为以下几个步骤：

（1）确定数据收集目标。在收集数据之前，需要明确数据收集的目的和目标。这包括确定需要收集哪些类型的数据，这些数据将如何帮助解决市场营销中的问题或做出决策。

（2）设计数据收集计划。根据收集目标，设计详细的数据收集计划。这个计划应该包括数据收集的方法（如调查问卷、深度访谈、观察法等）、数据来源、数据收集的时间框架及预算等。

（3）选择合适的数据收集工具和方法。根据调研目标和计划，选择合适的数据收集工具和方法。例如，如果需要了解消费者的态度和偏好，可以采用问卷调查的方法；如果需要观察消费者的购买行为，可以采用实地观察的方法。

（4）执行数据收集。按照计划执行数据收集工作。这可能需要培训数据收集人员，确保他们了解数据收集的目的和方法，并且能够准确地收集数据。

（5）检查和验证数据。在数据收集过程中，需要定期检查数据的质量，确保数据的准确性和可靠性。这可能包括检查数据的完整性、一致性，以及是否有缺失或错误的数据。

（6）整理和处理数据。收集到的数据需要经过整理和处理，以便于分析和解读。这包括将数据输入电子表格或数据库、清洗数据（如处理缺失值、异常值等）、分类和编码数据等。

（7）存储和管理数据。为了保证数据的安全性和可用性，需要对收集到的数据进行有效的存储和管理。这可能涉及数据的备份、加密，以及设置访问权限等措施。

数据收集与整理是市场营销调研的基础，它为后续的数据分析和决策提供了必要的原料。因此，确保数据收集与整理的质量和效率对于整个市场营销调研的成功至关重要。

6. 结果分析与解读。结果分析与解读是市场营销调研过程中的关键环节，它涉及对收集到的数据进行深入分析，以揭示市场趋势、消费者偏好、竞争对手策略等关键信息。这一过程不仅要求分析者具有扎实的统计学和市场学知识，还需要他们能够将分析结果转化为实际可行的市场策略和行动计划。在进行结果分析时，分析者首要任务是确保数据的准确性和可靠性。这包括对数据的来源、收集方法及数据本身的质量进行评估，排除任何可能导致偏差的因素。接下来，通过使用各种统计分析工具和技术，如描述性统计分析、因果关系分析、聚类分析等，对数据进行深入挖掘。描述性统计分析帮助了解数据的基本趋势和分布情况；因果关系分析揭示不同变量之间的相互作用关系；聚类分析则能识别出市场中的不同细分群体。

对于市场营销调研来说，不仅要分析当前的市场状况，还需要预测未来的市场趋势。这就要求分析者运用趋势分析、时间序列分析等预测技术，以便对市场发展的方向和速度有一个合理的预判。通过这些分析，企业可以在市场变化之前做出相应的策略调整，抓住市场机会。

分析过程中，应特别注意消费者行为的分析。了解消费者的购买动机、偏好和决策过程，对于制定有效的市场营销策略至关重要。这需要对调研数据进行细致的分析，如通过路径分析探索消费者决策路径，通过情感分析理解消费者对品牌和产品的情感态度。

结果的解读不仅是对数据分析结果的简单陈述，更重要的是要能够提出具有洞察力的结论，为市场营销决策提供有力的支持。这包括识别市场机会、评估竞争对手的优势和劣势、制定针对性的市场进入策略等。在这一过程中，分析者需要将复杂的数据分析结果转化为易于理解的信息，以便决策者能够快速把握市场状况，做出明智的决策。

在解读结果时，还应考虑到结果的实际应用价值。分析结果应能够直接对市场营销策略的制定和调整提供指导，包括产品定位、价格策略、促销活动的设计等方面。此外，结果解读还应涉及对潜在风险的评估，帮助企业在制定策略时能够充分考虑到可能的不确定因素，制定出既符合市场趋势又具备一定灵活性的营销策略。

在市场营销调研的结果分析与解读过程中，分析者不仅需要具备专业的分析技能和深刻的市场洞察力，还需要能够有效地将分析结果转化为实际的策略建议。这要求分析者既要深入理解市场和消费者，又要能够紧密结合企业的实际情况和战略目标。通过这样的分析和解读，企业能够更准确地把握市场动态，制定出更有针对性和效果的市场营销策略，从而在激烈的市场竞争中占据有利地位。

三、市场营销调研的方法与技术

（一）市场营销调研的方法

市场营销调研的方法主要分为两大类：定量研究和定性研究。这两种方法各有其优缺点，适用于不同的研究目的。企业通常会根据调研目标、预算、时间限制和所需数据类型来选择合适的调研方法。

1. 定量研究方法

定量研究主要通过数理统计和数学模型处理数据，目的是收集大样本、标准化且可量化的信息。以下是定量研究的几种常见方法：

问卷调查：问卷调查是最常见的定量研究方法，企业可以通过线上或线下问卷收集大量消费者的回答。问卷的设计通常包含封闭式问题，如选择题、打分题等，以便于进行数据统计和分析。问卷调查的优势在于它可以覆盖广泛的人群，快速获得大量数据，并且相对成本较低。然而，它的缺点是，受访者的回答可能会受到外部因素的影响，不能完全反映真实的想法。某公司通过在线问卷调查了解消费者对某款新饮料的口味偏好，通过统计受访者的打分和选择，得出最受欢迎的口味组合。

电话调查：电话调查通过直接与消费者进行沟通来获取定量数据。这种方法的优点在于调研人员可以实时与受访者互动，解释问题或澄清疑问，以确保数据的准确性。此外，电话调查速度较快，适合需要快速获得反馈的项目。然而，电话调查的缺点在于，现代社会中很多人不愿接听陌生电话，导致响应率较低，并且这种方式可能会受到地区和语言的限制。某市场调研公司通过电话采访两千名消费者，调查他们对某新推出的家庭产品的购买意向，收集了可供统计分析的量化数据。

在线调查：随着互联网的普及，在线调查已成为越来越受欢迎的定量调研方法。通过电子邮件或社交媒体等渠道，企业能够迅速分发问卷并接收数据。相比于传统的纸质问卷或电话访问，在线调查成本更低且覆盖范围更广。同时，在线工具还可以帮助企业自动化数据收集和分析。其缺点是，受众可能因不愿参与或填写不认真而影响数据的代表性。某品牌利用在线调查平台收集消费者对其新产品的初步反馈，通过问卷了解消费者对产品包装、价格和功能的看法。

实验法：实验法通过在受控条件下观察变量之间的关系，用来测试特定的假设。企业可以通过实验法进行产品测试、市场细分测试、价格敏感度测试等。实验法的优势在于它能够清晰地显示因果关系，但实验环境可能并不完全反映现实市场条件。某快消品公司在特定区域内测试不同价格策略，观察消费者的购买反应，以决定最终的定价策略。

2. 定性研究方法

定性研究更注重探索消费者的动机、态度和行为背后的深层次原因，通常涉及小规模、深入的互动。它提供了更多的细节和情感信息，但不适合大规模的数据收集。以下是定性研究的几种主要方法：

深度访谈：深度访谈是一种常用的定性研究方法，调研人员通过一对一的深入交谈，探讨受访者的感受、观点和行为。由于访谈是开放式的，研究者可以灵活地根据受访者的回答进行追问，以获取更全面的洞察。深度访谈的优点是能够挖掘复杂的心理动机和情感，但它的缺点是耗时长，且样本数量较少，数据难以量化。某奢侈品品牌通过与核心客户进行深度访谈，了解他们对品牌价值的认知和购买动机，从而调整市场定位。

焦点小组讨论：焦点小组讨论是一种通过组织六至十名受访者围绕特定主题进行讨论的研究方法。调研人员会引导讨论，收集关于产品、品牌、广告等的反馈。焦点小组讨论的优势在于，它能够揭示消费者之间的互动和群体影响，提供定性的市场洞察；然而，该方法样本量较小且讨论结果容易受到群体互动的影响。某汽车公司通过焦点小组讨论了解消费者对未来车型设计的期待，并收集关于新车功能的意见。

观察法：观察法是通过观察消费者在实际环境中的行为来获取真实的、未经修饰的数据。这种方法避免了受访者的主观偏见，能够记录消费者的自然反应。观察法适合用于零售环境或消费体验的研究，但它通常较为耗时，难以确定具体的动机和态度。某连锁超市通过观察消费者的购物路径和行为，优化商品的陈列和店内布局，提升销售额。

案例研究：案例研究通过详细分析个别或少数对象，探讨其独特的行为模式。它通常用于深入理解特定群体或个别消费者的体验，尤其是在复杂的市场环境中。某创业公司通过详细研究其早期用户的使用行为，调整其产品设计以提高用户满意度。

（二）市场营销调研的技术

随着科技的发展，市场营销调研的技术手段也在不断进步和创新。新兴技术不仅提高了调研的效率和精确度，还拓展了数据收集和分析的方式。以下是几种常见的市场调研技术：

1. 大数据分析

大数据分析能够处理大量来自多种来源的结构化和非结构化数据，揭示出市场中的隐藏模式、趋势和关联。它不仅可以分析购买行为、社交媒体互动、线上搜索记录等，还能够预测市场趋势，帮助企业制定更加精准的决策。某零售企业通过分析客户的购买历史、季节性变化、社交媒体评论等数据，精确预测了下一季度的商品需求，优化了库存管理。

2. 人工智能和机器学习

人工智能和机器学习技术能够自动从复杂的数据集中提取有价值的见解。例如，自然语言处理可以自动分析社交媒体、评论区中的文本，识别消费者的情感和偏好。机器学习模型还能够通过预测分析帮助企业了解未来的市场动向。某电商平台利用机器学习模型，预测用户的未来购买行为，从而个性化推荐产品，提升了销售转化率。

3. 社交媒体分析

社交媒体分析是通过收集和分析社交平台上的互动、评论、标签等数据，了解消费者的实时情感、趋势和需求。通过监控话题的热度、用户的参与度，企业可以获得即时的市场反馈，并及时调整市场策略。某食品公司通过分析社交媒体上的相关讨论，发现消费者对新产品的某些配料存在负面反馈，从而迅速调整配方。

4. 网络行为跟踪

网络行为跟踪技术是通过监控消费者在网站上的浏览、点击、停留时间等行为，帮助企业分析消费者的兴趣、需求及购买路径。通过这些数据，企业可以优化网站布局、内容呈现及广告投放策略。某旅游网站通过跟踪用户的搜索行为，优化了主页推荐内容，从而提高了预订转化率。

5. 数据管理平台与客户关系管理系统

数据管理平台是通过整合来自多个渠道的数据，帮助企业理解目标受众的行为，优化广告投放，提升市场活动的效率。某广告公司利用数据管理平台分析广告投放效果，发现某特定用户群体对特定时间段的广告响应度更高，从而调整广告投放时间。

客户关系管理系统通过记录并分析客户与企业的互动数据，帮助企业优化客户体验并提升客户的忠诚度。某金融机构通过客户关系管理系统分析客户的互动记录，优化了客户服务流程，提高了客户满意度。

6. 自动化报告生成

结合大数据和人工智能技术，自动化报告生成工具能够将大量数据转化为可读的市场报告，快速为企业决策提供支持。自动化工具能够极大地减少数据处理时间，提高分析的效率。某企业使用自动化数据分析工具，生成了新产品的市场调研报告，帮助管理层做出快速决策。

7. 移动互联网与地理位置信息

通过移动设备的数据收集，企业可以实时了解消费者的行为和地理位置信息。例如，利用智能手机的数据，企业可以分析消费者在不同地点的行为，制定区域性营销策略。某快餐连锁品牌通过分析移动端应用程序的数据，发现特定区域内午餐时段的需求高峰，从而调整了店内的人员配置和库存。

市场营销调研的方法和技术不断进步，企业在选择时应根据调研目标和资源条件灵活运用。定量和定性方法各有优势，定量方法适用于广泛的市场数据收集，而定性方法则提供深入的消费者行为洞察。同时，借助先进的技术如大数据分析、人工智能、社交媒体分析等，企业能够提高数据分析的深度和效率，为制定精准的市场策略提供强有力的支持。

第二节　市场细分

一、市场细分的含义与依据

（一）市场细分的含义

市场细分的基本含义是指企业在市场营销活动中，按照一定的标准或依据，将广泛的市场划分为若干具有相同或相似需求特征的消费者群体的过程。这一概念的核心在于识别和划分出不同的市场细分群体，以便企业能够更有效地针对这些群体的特定需求和偏好来设计和实施市场营销策略。市场细分的目的不仅在于更精准地识别目标客户，还在于通过定制化的营销策略，提高资源利用效率，增强市场竞争力。

在进行市场细分时，企业可以根据多种标准和依据进行，这些标准通常包括地理位置、人口统计特征、心理特征、行为特征等。地理位置细分关注的是消费者的地理位置，如国家、省份、城市或区域等；人口统计特征细分侧重于消费者的年龄、性别、教育背景、职业、收入水平等；心理特征细分则涉及消费者的生活方式、价值观念、个性特征等；行为特征细分则基于消费者的购买行为、使用频率、品牌忠诚度等。这些细分标准可以单独使用，也可以组合使用，以形成更为精细化的市场细分。

市场细分的过程通常包括以下几个步骤：首先，明确细分的目标和基础，即企业希望通过市场细分达到什么目的，以及选择哪些标准和依据进行细分；其次，收集和分析相关数据，这包括对目标市场的广泛研究，以及对特定细分标准下消费者特征的深入了解；然后，基于分析结果，确定市场细分的方式和细分群体；接着，对每个细分群体进行评估，确定它们的市场吸引力和企业的服务能力；最后，选择目标市场细分群体，并为每个群体定制营销策略。

通过市场细分，企业能够更深入地理解不同细分群体的需求和偏好，从而设计出更加符合目标客户期望的产品和服务，实现产品与市场的最佳匹配。此外，市场细分还有助于企业优化资源分配，将营销资源和精力集中在最有潜力的细分市场上，从而提高营销效率和投资回报率。然而，市场细分也存在挑战，包括细分标准的选择、数据的准确性和细分过程的成本等。因此，企业在进行市场细分时需要谨慎选择细分标准，确保数据的准确性和细分结果的有效性。

（二）市场细分的依据

市场细分不仅是市场营销理论中的一个基本概念，也是实际营销活动中的一项重要策略。它不仅有助于企业更好地理解和服务于目标客户，还能够提高市场响应速度，加强与消费者之间的联系，最终实现企业的商业目标和增长愿景。在当今日益细分和竞争激烈的市场环境中，有效的市场细分策略对于企业成功至关重要。

市场细分的理论依据源自市场营销和消费者行为学的核心原则，这些原则认为不同的消费者有着不同的需求和偏好，通过将广泛的市场划分为更小、更具有同质性的子集，企业能够更有效地定位其产品和服务，以满足这些特定群体的需求。这种做法有助于企业在竞争激烈的市场环境中获得优势，实现更高的市场份额和利润率。

在市场细分的理论框架中，细分依据通常包括地理位置、人口统计特征、心理特征、行为特征和利益相关者特征等多个维度。这些维度反映了消费者选择商品和服务时的不同依据，使企业能够通过多角度分析来识别潜在市场机会。例如，通过人口统计特征的细分，企业可以根据年龄、性别、教育水平和收入水平等因素来定位其产品，而心理特征的细分则依赖于消费者的生活方式、价值观念和个性特征等因素。

市场细分的理论基础还深植于产品差异化的概念之中。在一个多样化需求的市场中，单一的产品或服务很难满足所有消费者的需求。因此，通过细分市场，企业可以识别出特定消费者群体的独特需求，并开发出针对这些需求的定制化产品，从而实现与竞争对手的差异化竞争。

此外，市场细分的理论依据还体现在消费者决策过程的理解上。消费者在购买决策过程中会经历识别需求、搜寻信息、评估替代方案、购买决定和评估后行为等阶段。不同的细分市场在这一过程中的行为模式可能有所不同，理解这些差异有助于企业更准确地制定营销策略，以影响消费者的购买决策，提高营销活动的有效性。

市场细分的成功实施依赖于精确的市场研究和数据分析。企业需要通过市场调研收集关于目标消费者的详细信息，包括他们的需求、偏好、购买行为和媒体使用习惯等。这些数据的收集和分析不仅能帮助企业确定细分市场的有效性，还能为后续的产品开发、定价策略、分销渠道选择和促销活动提供指导。

市场细分的理论强调了市场细分在企业市场战略中的关键作用。通过理解和应用市场细分的原则，企业不仅能更好地满足消费者的需求，还能在竞争中占据有利地位，提高市场响应速度和灵活性，最终实现持续的业务增长和利润最大化。这种以消费者需求为中心的方法论，促使企业在产品开发、营销传播和品牌建设等方面采取更加精细化和个性化的策略，从而在日益复杂和多变的市场环境中保持竞争

二、市场细分的步骤与方法

（一）市场细分的步骤

市场细分是营销策略中一个至关重要的过程，它涉及将广泛的目标市场划分为更小、更具特定性的子群体。这些子群体根据某些共同特征被划分，如需求、偏好或识别的行为模式，从而使营销活动可以更加精确地对这些特定群体进行定位和定制。进行市场细分的基本步骤包括识别分段基础、市场细分、目标市场选择和市场定位。

1. 识别分段基础是市场细分过程的第一步。在这个阶段，企业需要确定将用于区分市场不同部分的标准或变量。这些标准通常基于消费者的地理位置、人口统计特征、心理特征、行为特征及生活方式等方面。例如，一个企业可能会根据年龄、性别、收入水平、教育背景、职业、家庭状况，或是更加细微的心理特征如价值观、态度和兴趣爱好来区分不同的消费者群体。

2. 细分市场的下一步是评估和选择市场细分。这一步骤要求企业对已识别的各个市场段进行深入分析，以确定每个细分市场的可行性和吸引力。企业需要考量各细分市场的规模、增长潜力、可访问性、竞争状况，以及与企业的目标和资源的契合程度。此外，企业还应评估自己的产品或服务是否能满足这些细分市场中消费者的特定需求和期望。

3. 在完成市场细分和评估后，企业将进入目标市场选择阶段。这一步骤涉及基于前两个步骤的分析结果，选择一个或多个市场细分作为企业的主要营销目标。选择目标市场时，企业不仅要考虑市场的吸引力和自身的竞争优势，还需评估市场服务的可行性，包括是否有足够的资源和能力来有效地服务于选定的目标市场。

4. 最后一步是市场定位，这一步骤要求企业为其产品或服务在目标市场中确定一个清晰、独特且吸引人的市场地位。这涉及创建一个强有力的价值主张，明确地传达企业如何满足目标市场消费者的特定需求和期望，以及企业与竞争对手相比的优势。通过有效的市场定位，企业可以确保其营销信息准确地达到目标消费者，并促使他们采取行动。

进行市场细分并非一次性活动，而是一个持续的过程。随着市场条件的变化、消费者需求的演变和技术的进步，企业需要定期重新评估和调整其市场细分策略。这有助于企业保持竞争力，更好地满足目标消费者的需求，并实现长期的市场成功。通过深入理解市场细分的基本步骤，企业可以更有效地将其资源和精力集中在最有潜力的消费者群体上，从而提高营销效率和整体业绩。

（二）市场细分的方法

市场细分是营销战略中的核心环节，它涉及将广泛的市场根据特定的标准分解为更小、更具特定性的子群体，这样企业可以更有效地针对这些子群体制定和执行营销策略。市场细分的方法和技巧多种多样，包括但不限于地理位置、人口统计特征、心理特征、行为特征及生活方式等。

地理位置细分是最基本的方法之一，它根据消费者的地理位置来分割市场，如国家、省份、城市或地区等。这种方法适用于产品或服务的需求受地理位置影响较大的情况，如餐饮服务、房地产和本地零售业。

人口统计特征细分则依据年龄、性别、教育背景、收入水平、职业和家庭状况等因素来分割市场。这种方法的优点在于数据容易获得且易于量化，但它忽视了消费者的行为和心理特征。

心理特征细分关注消费者的个性特征、价值观念、态度和兴趣等内在因素。这要求企业深入了解目标消费者群体的生活方式和心理需求，以便更精准地定位市场和设计营销策略。

行为特征细分基于消费者的购买行为、使用频率、品牌忠诚度、价格敏感度等行为模式进行市场分割。这种方法可以帮助企业识别最有价值的客户群体和潜在市场机会。

生活方式细分则是基于消费者的生活方式和活动兴趣（如休闲活动、兴趣爱好、意见和社交习惯等）进行市场分割。这种方法强调消费者的个人生活选择和价值观在购买决策中的影响。

在实施市场细分时，采用多变量分析技术（如聚类分析、因子分析和多维尺度分析等）可以更有效地识别市场细分的维度和分割市场。这些技术通过分析和处理大量数据来揭示消费者行为和偏好的内在模式，从而帮助企业发现潜在的市场机会。

有效的市场细分不仅需要正确选择细分标准和方法，还需要综合考虑市场细分的可行性、可测量性、可达性、显著性和行动性。这意味着选定的市场细分应该是实际操作中能够有效覆盖、衡量、接触、区分并最终针对其制定营销策略的。

此外，随着市场环境的变化和消费者需求的演进，企业还需要定期重新评估和调整市场细分策略。这包括利用最新的市场数据和消费者洞察来更新市场细分的标准和方法，以保持营销策略的相关性和有效性。

通过精细化的市场细分，企业可以更精确地识别和理解不同消费者群体的需求和偏好，从而在产品开发、定价策略、促销活动和分销渠道等方面做出更有针对性的决策。这不仅可以提高营销效率和效果，还能增强消费者满意度和品牌忠诚度，最终推动企业的持续增长和竞争优势。

三、市场细分的实践与案例分析

1. 可口可乐的产品差异化与市场细分策略

可口可乐在全球饮料市场的成功，得益于其精确的市场细分策略和产品差异化。面对日益多样化的消费者需求，可口可乐对市场进行了详细的细分，并根据不同的消费群体推出了针对性产品。例如，对于关注健康的消费者，推出了低糖或无糖的“健怡可口可乐”和“零度可口可乐”；对于注重口感和体验的传统消费者，保持了经典的可口可乐产品。通过这种产品差异化策略，可口可乐产品能够满足不同市场细分的需求，增加其产品线的广泛吸引力。同时，针对不同地区的市场细分，可口可乐在全球范围内调整其营销策略，推出符合当地文化和消费习惯的广告和活动，如在中国市场推出本地化广告与节庆推广。

可口可乐通过对市场的细致划分，成功将自己的产品定位于不同的细分市场，满足了消费者多样化的需求。这种多元化产品策略不仅提高了其市场覆盖率，还增强了品牌忠诚度。

2. 宝洁的消费者细分与品牌矩阵策略

宝洁通过深入的市场调研，将消费者群体按年龄、收入水平、生活方式等多个维度进行细分，并针对不同的细分群体推出了多个品牌来满足各自的需求。例如，在个人护理市场，宝洁旗下拥有许多细分品牌：针对高端市场的SK-Ⅱ护肤品，主打高收入、追求高品质的消费者；而对于大众市场，宝洁推出了如Olay（玉兰油）等品牌，面向追求性价比的消费者。通过这种多品牌矩阵策略，宝洁能够精准地覆盖从高端到大众的不同消费者群体，并通过针对性营销提升品牌的市场份额。

宝洁的成功在于其灵活的市场细分和品牌定位策略。通过推出不同价位和定位的品牌，宝洁确保其能够同时服务于多个细分市场，有效地满足了不同消费者的需求。这种多品牌策略帮助宝洁在竞争激烈的个人护理市场中保持了领先地位。

3. 特斯拉的高端细分市场定位

特斯拉成功进入汽车市场的一个关键因素在于其精准的市场细分。特斯拉最初进入市场时，定位于高端电动汽车市场，专注于服务那些收入较高、对环保和科技有强烈关注的消费者群体。通过这种差异化定位，特斯拉首先推出了Model

S 和 Model X 等高端车型，奠定了其作为电动汽车市场中领先品牌的地位。随着品牌知名度和技术的提升，特斯拉逐步扩大其市场细分，推出了更加亲民的 Model 3 和 Model Y，开始吸引更多的中产阶级消费者。通过这种逐步扩展市场细分的策略，特斯拉在不同消费群体中逐步建立了强大的品牌影响力。

特斯拉通过针对性地锁定高端市场，奠定了其在电动汽车领域的领先地位。随后，通过逐步扩展产品线进入更广泛的市场细分，特斯拉有效地扩大了其客户群体，并成功保持了市场竞争力。这种由高端市场向大众市场的渐进式市场细分策略，使得特斯拉能够稳步增长并扩大市场份额。

这三个案例展示了不同公司如何通过精准的市场细分策略来实现成功。可口可乐通过产品差异化满足了全球不同市场细分的需求；宝洁通过品牌矩阵策略精准覆盖了不同收入和生活方式的消费者；特斯拉则通过高端市场切入，逐步向大众市场扩展，保持了其在电动汽车领域的领先地位。这些实践表明，市场细分不仅有助于企业更好地理解消费者需求，还能通过制定有针对性的营销策略，帮助企业在竞争中脱颖而出。

第三节　目标市场选择

一、目标市场的含义与类型

（一）目标市场的含义

目标市场是指企业在市场营销活动中，经过细致分析后决定的主要服务对象。这一概念的核心在于选择和专注。市场是广泛的，包含了各式各样的消费者、需求和偏好，但没有任何一个企业能够服务于市场上的所有消费者。因此，明确企业要服务的目标市场，对于企业的市场营销战略至关重要。

目标市场的选择基于市场细分。市场细分是指将广泛的市场根据某些标准或特征分成不同的小组或细分市场的过程。这些标准或特征可以是地理位置、人口统计特征、心理特征、行为特征等。通过市场细分，企业可以更准确地理解不同细分市场的需求和偏好，从而决定哪一个或哪几个细分市场是其最应该专注的目标市场。

选择目标市场之后，企业将其营销资源和精力集中在这一市场上，以更有效地满足这个市场的特定需求。这种集中的策略不仅可以提高营销效率，还能帮助企业建立起在目标市场中的竞争优势。

企业在选择目标市场时，需要进行深入的市场调研和分析，包括收集关于不同市场细分的详细信息，评估自身的资源和能力，以及考虑市场的竞争状况。这一过程可能涉及大量的数据分析和市场预测，旨在确保选择的目标市场既有足够的潜力，也能够与企业的长期战略目标相匹配。

在确定目标市场后，企业还需要制定相应的营销组合策略，包括产品、价格、渠道和促销策略，以确保能够有效地满足目标市场的需求。这意味着企业可能需要开发新产品或调整现有产品的特性，设定合理的价格策略，选择合适的分销渠道，以及采取有效的促销活动来吸引目标市场中的消费者。

目标市场选择的成功与否直接影响到企业的市场营销效果和商业成功。一个明智的选择可以帮助企业更有效地利用有限的资源，更快地实现其商业目标。因此，企业在选择目标市场时必须谨慎，确保其选择是基于充分的市场分析和合理的战略考虑。

目标市场的选择对于任何企业的市场营销战略都至关重要。这一过程涉及识别并选择企业将要服务的、最有可能购买其产品或服务的特定顾客群体。目标市场的重要性不仅体现在帮助企业集中资源，实现更高效的市场覆盖上，更重要的是，它还能够使企业在竞争激烈的市场环境中找到自己的立足点，通过满足特定顾客群体的独特需求来建立市场优势。

在讨论目标市场的重要性时，不能忽视目标市场选择对企业资源配置的影响。合理的目标市场选择可以使企业的营销资源得到更有效的利用，因为企业能够更加精准地定位其产品和服务的宣传，针对性地开展营销活动。这种资源的有效配置，不仅提高了营销活动的回报率，还能够显著提升企业的整体竞争力。

此外，目标市场的选择对于产品和服务的创新也起到关键性的作用。通过深入了解目标市场顾客的需求和偏好，企业能够在产品开发和服务创新过程中更加贴近市场需求，从而提高产品和服务的市场接受度。这种以市场为导向的创新策略，有助于企业在市场中保持领先地位，实现持续增长。

针对目标市场进行精细化管理是提升顾客满意度和忠诚度的有效手段。当企业能够准确识别并深入了解其目标市场时，就能更有效地设计出满足这些顾客特定需求和期望的产品和服务。这种精准的市场定位不仅能吸引新顾客，还能促进现有顾客的忠诚度，通过提供个性化的产品和服务来巩固顾客基础。

目标市场选择还直接影响企业的品牌定位和市场传播策略。明确的目标市场能够帮助企业更准确地定义其品牌形象，确保营销传播信息的一致性和准确性。这种针对性的品牌建设和传播策略，不仅能够提升品牌的市场认知度，还能增强品牌的市场吸引力，为企业赢得更多的市场份额。

在全球化的市场环境中，对目标市场的正确选择和深入理解尤为重要。企业需要考虑不同地区和文化背景下顾客的特定需求和偏好，通过定制化的市场策略来应对多样化的市场需求。这种全球视角下的目标市场选择，能够帮助企业更好地适应全球市场的变化，抓住跨国经营的机遇。

目标市场的选择不是一次性的决策，而是一个持续的过程。随着市场环境的变化和企业自身发展的需要，企业可能需要重新评估和调整其目标市场。这要求企业必须保持对市场动态的敏感性和适应性，以确保其市场战略始终与市场实际相符。

通过上述讨论可以看出，目标市场的选择对企业的市场营销战略具有决定性的影响。它不仅关系到企业资源的有效利用，产品和服务的市场适应性，还直接影响到企业的品牌建设和市场竞争力。因此，企业在制定市场营销战略时，必须给予目标市场选择高度的重视，通过科学合理的方法来识别和选择最合适的目标市场，以实现市场营销的最大效果。

（二）目标市场的分类

目标市场的类型划分是市场营销战略制定的核心环节之一，它涉及企业如何根据市场环境和自身资源条件，确定最有利的消费者群体。在进行目标市场选择时，企业需要对市场进行细致的分析和划分，以确保营销资源得到最有效的利用。

市场可以根据多种维度进行划分，常见的类型包括地理分割、人口统计分割、心理分割和行为分割。

地理分割是按照消费者所在的地理位置来划分市场，如按国家、地区、城市或街区来区分不同的市场。这种划分方式简单直接，有助于企业根据地理条件的不同调整产品特性或营销策略，以满足不同区域消费者的特定需求。人口统计分割则是根据消费者的年龄、性别、教育背景、收入水平、职业等特征来进行市场划分。这种方法可以帮助企业识别出具有相似特征和需求的消费者群体，从而更精确地定位产品和营销信息。心理分割涉及消费者的生活方式、价值观念、性格特征等心理因素。通过分析消费者的内在动机和态度，企业可以发现不同消费者在产品偏好和购买行为上的差异，进而设计出更加个性化的营销方案。行为分割关注的是消费者的购买行为、使用频率、品牌忠诚度等。通过对消费者行为的细致观察，企业可以识别出潜在的忠诚客户、偶尔购买者或首次购买者，为他们提供更加符合其需求的产品和服务。

除了上述常规的市场划分方式，随着大数据和人工智能技术的发展，越来越多的企业开始采用更加复杂和精细的方法来识别目标市场。例如，通过数据挖掘技术分析消费者的在线行为和购买历史，企业可以发现消费者的隐性需求和潜在偏好，进而发掘新的市场机会。

在进行目标市场的类型划分时，企业需要综合考虑市场的可达性、可衡量性、可行性和利润潜力。这不仅要求企业有深入的市场洞察力，还需要有能力将这些洞察转化为实际的营销策略。通过精确的目标市场划分，企业可以更有效地配置营销资源，提高营销活动的针对性和效果，从而在竞争激烈的市场环境中获得优势。此外，随着市场环境的不断变化，企业也需要定期对目标市场的划分进行评估和调整，以确保营销战略的持续有效。

二、目标市场选择的依据与策略

理解目标市场的重要性体现在多个层面，对于任何企业而言，这是市场营销战略制定过程中不可或缺的一步。目标市场的选择直接关系到营销资源的配置、产品开发、推广策略及长期业务增长战略。在这个过程中，企业能够识别并专注于最有可能购买其产品或服务的消费者群体，这样不仅可以提高营销效率，还能显著增加企业的竞争优势。

在深入探讨理解目标市场的重要性之前，我们需要明确什么是目标市场。目标市场是指企业选择的、计划通过其营销活动去满足其需求和欲望的特定消费者群体。这个概念强调了选择和集中的重要性，意味着企业不是面向所有消费者，而是专注于那些最有可能对其产品或服务产生兴趣的群体。

确定目标市场的过程通常涉及市场细分，这是将市场分割成明显的可识别的部分，每个部分都有其独特的需求、偏好或消费行为的过程。通过这种方式，企业可以识别出不同的市场细分，并选择其中一个或几个作为其目标市场。这一过程的核心在于识别那些最有可能响应企业营销活动的消费者群体。

理解目标市场的重要性还在于，它能够帮助企业在产品开发、定价、促销和分销策略上做出更加精准的决策。当企业清楚地知道其目标消费者是谁、他们需要什么、他们的购买行为如何及他们在哪里之后，就能够开发出更符合这些消费者需求和偏好的产品或服务。此外，企业还可以根据目标市场的特性来制定价格策略，选择最有效的促销渠道和方法，以及确定最适合的分销途径。

从长远来看，理解目标市场的重要性还体现在它能够帮助企业构建长期的客户关系。通过持续满足目标市场消费者的需求，企业可以建立起忠诚的客户群体，这对于企业的持续增长和成功至关重要。忠诚的客户不仅会反复购买，还可能通过口碑传播推荐给其他潜在客户，从而帮助企业扩大其市场份额。

此外，理解目标市场还能够为企业提供竞争优势。在一个竞争激烈的市场环境中，准确识别并有效服务于目标市场可以使企业在众多竞争者中脱颖而出。这种竞争优势来自对目标市场深入地理解和对其需求的精准满足，使企业能够更有效地利用其资源，创造出与竞争对手不同的价值主张。

综上所述，理解目标市场的重要性不仅仅在于提高营销活动的效率和有效性，更在于它是企业实现长期增长、构建客户忠诚度和获得竞争优势的基础。通过深入分析和理解目标市场，企业能够更好地制定其产品开发、营销和业务战略，最终实现可持续的成功。

（一）目标市场选择的依据

目标市场选择的基本依据是一个复杂而多维的过程，其核心在于准确了解和定位消费者的需求与偏好，以及企业自身的资源和能力如何能最有效地满足这些需求。在进行目标市场选择时，企业需要考虑一系列因素，包括但不限于市场细分的结果、企业的竞争优势、产品的特性、市场的成长性及法律和社会文化因素等。

市场细分是目标市场选择的前提，通过对市场进行细分，企业能够识别出具有相似需求和偏好的消费者群体。这一过程涉及对消费者行为、心理特征、地理位置、人口统计特征等多个维度的分析。细分的结果帮助企业更加精确地定位潜在客户，理解他们的具体需求，从而为选择最具吸引力的目标市场打下坚实的基础。

企业的竞争优势是选择目标市场的另一重要依据。企业需要深入分析自身的资源、技术、品牌、渠道等方面的优势，确定能够为特定消费者群体提供什么独特价值。这包括了对企业内部能力的客观评估及对竞争对手的详细研究。了解自身在市场上的相对位置，可以帮助企业识别出那些能够利用自身优势实现收益最大化的市场细分群体。产品特性对于目标市场的选择同样至关重要。产品的功能、质量、设计等因素都会影响消费者的购买决策。因此，企业在选择目标市场时，必须考虑产品特性与消费者需求之间的匹配度。一个成功的市场定位应确保产品的关键特性能够满足目标市场消费者的特定需求，从而在竞争激烈的市场中脱颖而出。市场的成长性是决定目标市场选择的另一重要因素。企业应该优先考虑那些具有长期增长潜力的细分市场，这涉及对市场趋势、消费者行为变化、技术进步等多个方面的分析。选择一个成长性市场可以为企业带来持续的发展机会，同时也能够在一定程度上降低市场的不确定性和风险。法律和社会文化因素也是企业在进行目标市场选择时必须考虑的重要外部条件。不同地区的法律法规、社会习俗、文化偏好等因素都可能影响消费者的购买行为和企业的市场策略。因此，在选择目标市场时，企业需要详细研究并充分理解这些外部因素，确保市场策略的有效性和合法性。

通过对这些因素的综合考量，企业可以确定最合适的目标市场。这一过程不仅需要大量的市场研究和数据分析，还需要企业对自身及外部环境有深刻地理解和准确地判断。只有这样，企业才能在正确的市场细分中实现有效的市场定位，进而通过针对性的营销策略，有效地吸引和满足目标消费者的需求，实现企业的长期发展目标。

动态分析在目标市场选择中的应用，关键在于理解市场动态的本质及其对企业策略的影响。市场动态指的是市场条件与趋势随时间的变化，这种变化可能是由于技术革新、消费者偏好的转变、法律政策的调整或竞争对手行为的变化等因素引起的。动态分析能够帮助企业在这种不断变化的市场环境中做出更为灵活和适应性强的目标市场选择。

在进行动态分析时，企业首要任务是收集和分析关于市场变化的数据，这包括市场规模的扩大或缩小、消费者需求的变化趋势、竞争对手的动态及技术进步等。通过这些数据，企业可以构建市场变化的模型，并预测未来市场的可能发展方向。

基于动态分析的结果，企业可以确定目标市场的选择依据。这包括确定市场中的哪一部分最可能受到市场变化的积极影响，哪一部分可能面临较大的风险，以及企业自身的产品或服务在变化的市场中如何能够获得竞争优势。此外，动态分析还可以帮助企业识别新的市场机会。例如，通过分析技术趋势，企业可能发现新的产品开发方向或服务创新点。

（二）目标市场选择的策略

策略制定方面，动态分析促使企业不仅要考虑当前市场条件，还要对未来市场条件进行预测和准备。这可能涉及调整产品线，以适应消费者偏好的变化；或者修改营销策略，以更好应对竞争对手的行动。重要的是，企业需要建立起一种灵活性，以便快速响应市场的变化，无论是通过产品创新、市场定位的调整，还是通过战略联盟等方式。

动态分析还强调了持续学习和适应的重要性。市场条件的变化是持续的，因此企业需要建立起一套能够持续监控市场动态的机制，包括定期的市场研究、消费者行为分析及对竞争环境的评估。通过持续地学习和适应，企业能够更好地理解市场的发展趋势，从而在目标市场的选择和策略制定上保持一定的前瞻性和主动性。

应用动态分析目标市场选择的过程，不仅有助于企业更准确地识别和选择市场，还有助于企业在不断变化的市场环境中保持竞争力。这要求企业在决策过程中融合跨学科的知识和技能，包括市场研究、数据分析、战略规划和创新管理等，从而使企业能够灵活应对市场的挑战，抓住市场的机会。

目标市场切入战略的制定与执行是市场营销领域中一个至关重要的环节，它决定了企业能否成功地进入并占领目标市场。这一过程涉及对市场机会的准确识别、目标市场的精确界定及有效战略的制定与执行。下面将深入探讨这一主题的关键要素，包括市场机会识别、目标市场定位、战略制定及战略执行等要素。

市场机会识别是目标市场选择的第一步。企业需要通过市场研究和分析，了解市场的现状和未来趋势，识别市场中的需求缺口和潜在机会。这包括消费者需求的变化、行业发展趋势、竞争对手的动态及技术进步等多个方面。通过深入的市场分析，企业可以发现那些未被充分满足的需求，从而确定可能的市场机会。

目标市场定位是根据企业的资源和优势，选择最有潜力的市场细分作为进入的目标。这一过程需要企业明确自身的核心竞争力，以及这些竞争力如何满足特定市场细分的需求。企业还需要考虑市场细分的规模、增长潜力、竞争程度及进入壁垒等因素，以确保选择的目标市场具有可行性和吸引力。

战略制定涉及如何进入目标市场和如何在市场中获得竞争优势的问题。这包括产品策略、定价策略、渠道策略和促销策略等多个方面。在制定战略时，企业需要考虑到目标市场的特点和需求，确保战略的有效性。例如，产品策略需要考虑到目标消费者的偏好和需求，定价策略需要考虑到市场的价格敏感度，渠道策略需要考虑到最有效的产品分销方式，而促销策略则需要根据目标市场的特性来设计最合适的促销活动。

战略执行是成功进入目标市场的关键。这一过程需要企业建立起一套有效的操作机制，确保战略能够顺利实施。执行过程中需要关注的关键因素包括资源的配置、团队的建设和管理、进度的监控及风险的管理等。企业还需要建立起相应的反馈机制，以便根据市场反应和竞争环境的变化，及时调整战略。

在目标市场的切入战略制定与执行过程中，企业需要保持灵活性和敏捷性，以应对市场环境的快速变化。同时，企业还需要注重与客户的互动和关系建设，以深入了解客户需求，并提供更符合期望的产品和服务。通过有效的市场切入战略和精心地执行，企业可以成功占领目标市场，实现长期的发展和竞争优势。

三、目标市场选择的实践与案例分析

在市场营销中，目标市场选择是一个核心环节，决定了企业的资源如何有效配置，产品和服务如何满足特定消费者群体的需求。目标市场选择的关键在于通过市场细分、市场评估及精准的市场定位，找出与企业战略和资源最匹配的市场群体。这不仅是市场分析的结果，还涉及企业的长期发展规划和短期销售目标。以下通过具体案例，分析企业如何在实践中进行目标市场选择，以及成功的案例如何启发其他企业。

1. 市场细分与评估

市场细分是目标市场选择的前提，通过将广泛的市场分成需求、偏好、购买行为相似的群体，企业能够更有针对性地制定营销策略。市场细分一般从以下几个方面进行分析：

（1）地理细分：根据不同的地理位置划分市场，如国家、地区、城市。

（2）人口统计细分：根据年龄、性别、收入水平、教育背景等人口因素细分市场。

（3）心理细分：通过消费者的生活方式、个性特征和价值观念等因素对市场进行划分。

（4）行为细分：依据消费者的购买动机、购买习惯、品牌忠诚度等因素进行细分。

企业在细分市场之后，需要对每个细分市场的吸引力进行评估，这包括市场的规模、增长潜力、竞争激烈程度，以及企业的资源和能力能否有效满足该市场的需求。

2. 案例分析：耐克的市场细分与目标市场选择

耐克（Nike）作为全球最大的体育用品公司，其目标市场选择策略是精准且灵活的。耐克通过细分市场，成功地定位多个目标消费者群体，每个群体都有其独特的需求和行为特征。

耐克的市场细分不仅涵盖年龄、性别等传统的人口统计因素，还延伸至消费者的运动兴趣和生活方式。例如：

（1）专业运动员市场：耐克针对职业运动员，提供高性能运动装备。通过与顶级运动员如迈克尔·乔丹、勒布朗·詹姆斯等合作，耐克成功将其品牌形象与运动成就联系在一起，吸引了全球的专业运动员。

（2）健身爱好者市场：耐克通过细分出追求健身和健康生活方式的消费者群体，推出适合日常健身和锻炼的运动鞋和服装。这一群体不仅有职业运动员，还有那些注重健身、瑜伽、跑步等日常运动的人。

（3）青少年市场：耐克识别出青少年群体不仅对运动鞋有需求，还对潮流和时尚有强烈的追求。因此，耐克通过推出限量版运动鞋、与流行文化的结合等方式，赢得了青少年市场的青睐。

通过以上细分，耐克在每个目标市场中都应用了差异化的营销策略。例如，针对专业运动员市场，耐克强调技术性能和运动表现；而在青少年市场，则更注重品牌的潮流属性和文化认同。

3. 案例分析：可口可乐的集中市场策略

可口可乐是一家在目标市场选择上取得成功的公司。与耐克的多元市场策略不同，可口可乐在某些细分市场上采用了集中化营销策略。通过集中资源瞄准特定的消费群体，确保市场份额和品牌忠诚度。

在美国市场，可口可乐早期的营销主要集中在年轻人市场，通过广告、赞助体育赛事和音乐活动等方式强化品牌在年轻消费者中的认知。可口可乐的策略是通过广告创意和情感营销，与年轻消费者建立情感联系。

然而，随着消费者需求的变化，可口可乐进行了市场重新定位，特别是应对人们日益关注健康饮食的问题。通过调研，可口可乐发现中年健身爱好者这个细分市场的增长潜力很大。该公司随后调整了产品线，推出无糖、低卡路里的“健怡可口可乐”和“零度可口可乐”，专门针对这一市场。这一举措成功吸引了对健康有较高要求的消费者，显著扩大了品牌在新市场中的份额。

4. 案例分析：小米的差异化市场选择

小米是中国领先的科技公司之一，在其国际扩展中，采用了差异化的市场选择策略，通过细分不同国家的消费需求，成功打开了海外市场。

小米通过市场调研发现，在新兴市场如印度、东南亚地区，消费者对性价比高的电子产品有强烈的需求。这些市场的消费者希望获得高科技且价格合理的产品，而现有的国际品牌往往提供高价的智能手机。基于这一发现，小米决定以中低端智能手机市场为目标，通过提供功能强大但价格合理的产品，迅速赢得了印度市场的份额。

同时，在西方市场如欧洲，小米则通过差异化策略定位自己为高性价比的智能设备制造商，推出不仅局限于智能手机，还包括智能家居、可穿戴设备等多个产品类别，以满足不同层次消费者的需求。

5. 案例分析：宝洁的动态市场调整

在实际操作中，企业的目标市场选择并非一成不变，而是需要根据市场环境的变化做出动态调整。例如，随着消费者行为的变化和市场竞争的加剧，企业需要不断重新评估其目标市场。

宝洁是全球日用消费品领域的巨头，其旗下拥有多个品牌。为了应对全球市场的变化，宝洁持续进行市场细分和目标市场调整。例如，宝洁旗下的洗发水品牌“潘婷”最初定位于中高端市场，但随着全球经济环境的变化，宝洁发现中低收入群体对高质量但价格适中的产品需求增加。于是，宝洁在不同地区推出了专门针对该群体的产品线，通过降低部分产品价格、优化包装设计，重新调整目标市场。这一调整不仅满足了新兴市场消费者的需求，还帮助宝洁在市场竞争中保持了领先地位。

目标市场选择是企业战略中的关键步骤，它影响企业的资源分配、产品设计，以及营销活动的效果。成功的目标市场选择不仅要求企业在市场细分和评估阶段拥有深入的市场洞察，还要求其能够灵活应对市场变化，及时调整策略。

通过分析耐克、可口可乐、小米和宝洁的案例，可以看出，精准的市场细分、灵活的目标市场选择及动态的市场策略调整，是企业在激烈市场竞争中取得成功的关键。企业需要不断进行市场研究，紧密跟踪消费者需求的变化，利用科学的数据和分析工具，确保目标市场选择与其长期战略目标和短期盈利目标一致，从而在竞争中获得优势。

第四节　市场定位

一、市场定位的含义与重要性

（一）市场定位的含义

市场定位是营销策略中的核心概念，它指的是企业在目标市场中为其产品或服务寻找一个合适的位置，以便在消费者心中建立起独特的存在感，从而区分于竞争对手。这一过程涉及对市场、消费者需求及竞争环境的深入分析，目的是确保产品或服务能满足特定细分市场的需求，同时在消费者心目中形成独特的品牌形象。

在进行市场定位时，企业首要任务是识别并选择目标市场。这一步骤要求企业对市场进行细致的划分，了解不同细分市场的特征、需求及潜在增长机会。通过市场细分，企业可以更精确地确定其产品或服务的潜在用户群，从而为后续的定位策略提供依据。

确定目标市场之后，企业需要通过市场调研来深入了解目标消费者的需求和偏好。这一步骤是市场定位过程中至关重要的环节，因为它直接关系到企业能否准确地识别出消费者的真实需求，以及如何通过产品或服务来满足这些需求。企业需要收集关于消费者的详尽信息，包括他们的生活方式、购买习惯、使用习惯，以及对产品或服务的期望等。

在充分了解目标市场和消费者需求的基础上，企业接下来需要确定其产品或服务的差异化优势。差异化策略是市场定位的核心，它要求企业明确自己的产品或服务与竞争对手相比具有哪些独特的特点和优势。这些差异化的特点可以是产品质量、设计、技术创新、客户服务等方面的优势，关键在于这些特点能够被目标消费者所认可并且是他们所重视的。

确定了差异化优势之后，企业需要通过有效的传播策略将其市场定位传达给目标消费者。这一步骤包括选择合适的营销渠道、制定传播信息及执行营销活动等。传播策略的目标是确保目标消费者能够清楚地理解企业的市场定位，认识到产品或服务的独特价值，并在心中形成相应的品牌形象。

市场定位的成功不仅取决于上述过程的有效执行，还需要企业持续监控市场动态及消费者反馈，以便及时调整其定位策略。市场环境和消费者需求是不断变化的，因此市场定位也需要具有一定的灵活性，以适应市场的变化。企业需要定期进行市场分析，评估自身定位的有效性，并根据市场变化进行相应的调整。

（二）市场定位的重要性

通过精确的市场定位，企业可以有效地区分于竞争对手，更好地满足消费者的需求，从而在激烈的市场竞争中获得优势。市场定位不仅帮助企业在消费者心中建立独特的品牌形象，也是实现企业长期发展和成功的关键。

市场定位是企业营销战略的核心组成部分，它涉及企业在目标市场中如何定义自己的产品或服务，以及如何在消费者心中建立一个明确且独特的位置。这一过程不仅关系到品牌形象的塑造，也直接影响到产品的销售成绩和企业的长期发展。

在竞争日益激烈的市场环境中，一个明确的市场定位可以帮助企业准确地识别和吸引其目标顾客群，同时有效地区分自身与竞争对手。这是因为，通过市场定位，企业可以清楚地传达其产品或服务的独特价值主张，使目标消费者认识到该产品或服务能够满足他们的特定需求或解决他们的特定问题，从而增加购买的可能性。

此外，有效的市场定位还有助于企业优化资源配置，确保营销精力集中在最有可能产生回报的领域。这意味着企业可以将有限的营销资源（如预算、时间和人力）集中在那些最有可能对其产品或服务做出积极响应的消费者身上，从而提高营销效率和投资回报率。

市场定位的重要性还体现在它能够帮助企业在产品开发和创新中保持正确的方向。通过对目标市场的深入了解，企业可以识别出消费者的未满足需求，进而开发出能够满足这些需求的新产品或服务。这种以市场需求为导向的产品开发策略，能够增加企业成功推出市场领先产品的机会，进而实现市场份额的增长。

在品牌建设方面，清晰的市场定位也至关重要。它有助于构建一致的品牌形象和信息传递，使消费者对品牌有一个清晰且一致的认知。这种认知的一致性对于建立品牌信任和忠诚度是非常重要的，因为它确保了消费者在每次接触品牌时都能获得一致的品牌体验，从而加深其对品牌的认同和依赖。

市场定位不仅有助于当下的市场竞争，还能为企业的未来发展铺路。通过持续的市场分析和定位调整，企业可以及时响应市场变化和消费者需求的演变，保持其产品和服务的相关性。这种灵活性和适应性是企业持续增长和竞争力维持的关键。

综上所述，市场定位的重要性体现在多个方面：它不仅帮助企业在复杂多变的市场环境中找到合适的立足点，还能有效地吸引和保持目标顾客群，优化资源配置，指导产品开发和创新，以及建立和维护一致的品牌形象。因此，企业应当将市场定位视为其营销战略的核心，投入必要的资源和精力，以确保其在市场上的成功和长期发展。

二、市场定位的步骤与方法

（一）市场定位的步骤

市场定位是企业在竞争激烈的市场中脱颖而出的关键步骤。通过精准的市场定位，企业能够在目标市场中确立独特的品牌形象，并为吸引和留住顾客奠定坚实的基础。市场定位不仅是营销策略的一部分，它实际上还是企业战略规划的核心环节，关系到品牌形象的树立和市场占有率的提升。

市场定位的第一步是市场细分。企业需要将广泛的市场划分为不同的子市场，这些子市场由具有相似需求或特征的消费者组成。市场细分可以基于多种标准，如地理位置、人口统计特征、心理特征和行为特征等。通过市场细分，企业能够更精准地识别潜在顾客的需求，确保后续的市场策略具有针对性和有效性。

市场细分完成后，企业需要选择目标市场。在这一环节，企业需要评估各细分市场的吸引力，结合企业自身的资源和竞争优势，确定最具潜力的市场进行重点开发。选择目标市场时，必须综合考虑市场的规模、增长潜力、竞争状况及市场的可达性。正确的市场选择决定了后续的市场定位策略能否成功实施。

一旦目标市场确定，接下来就是制定定位策略。企业需要明确其产品或服务在目标市场中的独特位置，这包括识别产品的独特卖点，也就是企业产品或服务区别于竞争对手的关键特性。通过有效的定位策略，企业可以帮助消费者在繁杂的市场选择中快速识别其品牌，并认为其产品或服务是最佳选择。

最后，企业需要将定位策略具体落实到营销组合中。无论是产品的设计、定价策略，还是销售渠道的选择、促销手段的使用，都应围绕企业的市场定位展开。一个清晰的市场定位能够确保企业的营销活动更加精准有效，提升顾客的认同感和忠诚度。同时，合理的营销组合还能帮助企业在市场竞争中强化自身的优势。

（二）市场定位的方法

在市场定位过程中，企业需要掌握和运用多种方法来提升其在市场中的竞争力。首先，市场细分是市场定位的基础。通过将市场划分为不同的细分市场，企业可以深入了解顾客的需求、偏好和行为模式，为制定更具针对性的市场策略提供依据。市场细分不仅帮助企业识别出最有潜力的市场，还能为企业提供更清晰的市场洞察，便于后续的决策。

接下来是目标市场的选择。企业必须评估不同细分市场的潜力，并结合自身的资源和能力，选择那些最有可能带来最大回报的市场。选择目标市场时，企业应重点关注市场的规模、增长潜力、竞争环境，以及自身能否有效满足该市场的需求。正确选择目标市场，能使企业的资源得到最优配置，并确保营销策略的有效性。

定位策略的制定则是市场定位的核心步骤。企业需要根据目标市场的特点，制定出能够使其产品或服务脱颖而出的策略。这一策略包括清晰表述产品或服务的独特卖点，并通过品牌形象、产品特性及价格等手段来强化这一定位。企业还可以通过讲述品牌故事或打造情感连接，进一步加深消费者对品牌的认同感，从而增强市场竞争力。

在实施定位策略时，企业需要有效整合其营销组合，即产品、价格、渠道和促销等各方面的策略，以确保其定位在市场中得到充分体现。例如，如果企业的产品定位为高端奢侈品，那么价格、设计和广告信息必须能够传达这一信息。而对于性价比高的产品，则需要选择适合的分销渠道和促销手段，以体现出产品的市场定位。

市场定位不仅仅是一次性任务，它是一个动态的、持续优化的过程。企业必须密切监测市场环境的变化，及时调整市场定位策略，以应对新的市场动态和竞争威胁。持续的市场监控和战略调整，不仅能帮助企业保持市场优势，还能为企业的长期发展提供战略支持。

通过深入理解市场定位的步骤和方法，企业能够制定出有效的市场定位策略，并在竞争激烈的市场中取得成功。市场定位的成功与否，取决于企业对市场细分、目标市场选择及定位策略的执行和调整能力。成功的市场定位不仅帮助企业树立强有力的品牌形象，还能提升企业在市场中的竞争力，实现长期增长和发展。

三、市场定位的实践与案例分析

苹果公司的成功案例展示了如何通过精确的市场定位在竞争激烈的高端科技市场中取得持久的优势。首先，苹果的核心市场定位策略是基于持续的技术创新。通过开发具有领先技术的产品，如 iPhone、iPad 和 Mac，苹果不断为消费者提供高性能的智能设备。这种定位不仅满足了科技爱好者对技术前沿产品的需求，还通过不断的产品迭代保持了竞争优势。苹果每一代产品的发布都引领了行业趋势，塑造了消费者对智能设备的期望。

苹果极为注重用户体验，这成为其市场定位的另一个关键支柱。苹果的产品设计理念强调简单、直观的操作，配合其软硬件无缝整合的生态系统，为用户提供了独特的流畅体验。苹果的生态系统使其产品能够在不同设备间进行无缝的数据和功能共享，如 iCloud 让用户的照片、文件和应用可以在 iPhone、Mac 和 iPad 之间同步，这极大地提升了用户的黏性。苹果将用户体验提升至一个战略高度，使消费者不仅购买单一产品，还愿意深度参与其整个产品体系。

在品牌形象和高端定位方面，苹果通过巧妙的营销手段和设计语言，成功塑造了一个高端、奢华的品牌形象。其极简主义设计风格和高品质的材料选择，使其产品成为高品位和时尚的象征。此外，苹果的定价策略也是其高端定位的重要组成部分。通过维持较高的价格水平，苹果在消费者心中构建了“高价值感知”，使其产品不仅被视为技术领先，更是身份的象征。苹果的目标客户群体是那些愿意为设计感、品牌认同和独特体验支付溢价的消费者，这一精准的定位策略帮助其牢牢占据了高端市场的领导地位。

相比之下，诺基亚的案例则是一个市场定位失败的典型例子，这主要源于诺基亚未能及时调整其定位以适应市场的巨大变化。诺基亚在功能手机时代拥有无可争议的市场领导地位，以坚固耐用、价格适中的手机产品吸引了全球的大量用户。然而，当智能手机逐渐成为主流时，诺基亚依然固守其过时的 Symbian 操作系统，错失了智能手机市场的早期机遇。随着苹果和安卓系统的迅速普及，消费者对触屏操作、应用生态系统和互联网体验的需求不断增长，而诺基亚的产品未能在这些方面提供令人满意的解决方案。

诺基亚的品牌定位也未能成功从功能手机过渡到智能手机时代。在消费者心中，诺基亚仍然停留在“耐用、实用”的传统印象中，而未能有效树立智能化和创新型的品牌形象。品牌定位的模糊使诺基亚难以在智能手机的高端市场与苹果、三星等品牌竞争。与此同时，在中低端市场，诺基亚又面临来自新兴品牌如华为、小米等价格更具竞争力的挑战。诺基亚未能在市场细分中找到新的突破点，导致其产品在整个市场中的定位模糊，缺乏清晰的竞争优势。

诺基亚的战略失误也加剧了其市场失败。与微软合作推出的 Windows Phone 操作系统并未得到市场的广泛接受。相较于苹果的 iOS 和谷歌的 Android，Windows Phone 的应用生态系统较为贫乏，导致消费者的兴趣和购买欲望较低。这一战略决策未能为诺基亚的智能手机产品带来新的活力，反而使其进一步失去了在移动操作系统战场上的竞争力。此外，诺基亚未能及早识别出市场需求的变化，继续依赖其传统的功能手机市场，在消费者逐渐转向智能设备时，未能提供足够具有吸引力的产品。

从这两个案例中可以总结出以下几个关键教训：

首先，成功的市场定位必须建立在对消费者需求的深入理解和对市场趋势的敏锐洞察之上。苹果之所以能够在高端市场中取得持续的成功，正是因为它始终保持了技术和用户体验的领先地位，并精准地定位于那些追求设计感和卓越用户体验的消费者。相比之下，诺基亚由于未能及早跟随市场趋势，继续依赖其传统的功能手机市场，导致其在智能手机时代失去了竞争优势。

其次，市场定位不仅是一次性的行为，还是一个持续的过程。市场环境、消费者偏好和技术发展都会不断变化，企业需要根据这些变化及时调整其市场定位。苹果通过每年的产品更新，持续加强其在高端市场中的竞争力，而诺基亚则在市场转型期未能及时调整战略，最终错失了智能手机市场的领先位置。

最后，清晰的品牌定位和有效的沟通策略至关重要。苹果通过其简洁、直观的营销信息和精致的品牌形象，将自己定位为高端科技品牌，使消费者能够快速识别并接受其品牌价值。而诺基亚则在智能手机时代未能传达出明确的品牌价值，致使消费者对其产品的认知模糊，难以在竞争中脱颖而出。

苹果的成功表明了如何通过持续创新、卓越的用户体验和清晰的品牌定位获得竞争优势，而诺基亚的失败则提醒我们，如果企业未能及时调整市场定位，错失技术变革的机遇，就可能在竞争激烈的市场中迅速失去领导地位。企业应当持续监控市场动态，灵活应对变化，确保市场定位的长期有效性。

第四章 市场营销的时代革新

第一节 互联网营销

一、互联网营销的含义与特点

互联网营销是一种利用互联网技术进行市场推广和销售的手段，它通过网络平台将产品或服务信息传递给消费者，以此来实现企业的营销目标。这种营销方式具有成本低、范围广、互动性强等特点，是当代市场营销革新的重要组成部分。

市场营销策略组合 4Ps 代表了营销者的观点，即可用于影响买方的营销工具。从买方的角度看，每一个营销工具都是用于为顾客提供利益的。因此，企业的 4Ps 营销组合对应为顾客的 4Cs 营销组合。互联网和电子商务技术的发展加速了营销组合从 4Ps 到 4Cs 的演变过程。如图 4–1 所示。

4Ps	4Cs	对应关联
产品（Product）	顾客需求与及解决方案（Customer Solution）	【对应 4P 中的产品】
价格（Price）	顾客成本（Customer Cost）	【对应 4P 中的价格】
渠道（Place）	便利性（Convenience）	【对应 4P 中的渠道】
促销（Promotion）	沟通（Communication）	【对应 4P 中的促销】

图 4–1　4Ps 到 4Cs 的演变过程

在互联网营销的基本概念中，可以从以下几个方面来深入理解其含义：

1. 目标定位的精准性：互联网营销可以通过数据分析，准确地识别和锁定目标消费者群体。利用搜索引擎优化、搜索引擎营销、社交媒体营销等手段，企业能够根据消费者的兴趣、习惯等信息，进行有针对性的产品推广和广告投放。

2. 交互性与个性化的营销策略：与传统营销相比，互联网营销能够实现更高程度的互动性。企业可以通过社交网络、即时通信工具等平台与消费者进行双向交流，收集反馈信息，及时调整营销策略。同时，基于用户行为数据，企业能够提供个性化的推荐和服务，提升用户体验。

3. 营销效果的可量化与优化：互联网营销的另一个显著特点是其效果可量化。通过各种在线分析工具，企业可以实时监控广告点击率、访问量、转化率等关键指标，根据数据反馈优化营销方案，提高营销效率和效果。

4. 内容营销的核心地位：在互联网营销中，内容是吸引和留住用户的关键。高质量的内容不仅能够提升品牌形象，还能够通过提供有价值的信息，建立与消费者之间的信任关系。内容营销的形式多样，包括博客文章、视频、图像、直播等，这些内容需要具有吸引力、价值性和分享性。

5. 多渠道整合营销：互联网营销不是孤立的，而是需要与企业的其他营销活动相结合，形成线上线下整合营销策略。通过多渠道的整合，企业可以扩大品牌影响力，实现营销资源的最大化利用。

在实施互联网营销时，企业需要注意的是，虽然互联网提供了丰富的营销工具和平台，但成功的关键在于如何有效地利用这些资源，创建与品牌定位相符、能够触动目标客户心弦的营销内容和策略。此外，随着互联网技术的不断发展，企业也需要保持灵活性，适时调整营销策略，以应对市场和技术的变化。

通过深入理解互联网营销的含义与特点，企业可以更好地利用网络平台，开展有效的营销活动，提升品牌知名度和市场竞争力。在数字经济时代，互联网营销已成为企业不可或缺的营销手段之一，其重要性将随着互联网的发展而进一步增强。

互联网营销的主要特点包括但不限于以下几点：

（1）高度的互动性和用户参与度：互联网营销允许消费者通过评论、分享和点赞等方式直接参与品牌活动，这种双向互动性强化了消费者的品牌忠诚度和参与感。

（2）定制化和个性化营销：通过数据分析，企业能够了解每个消费者的偏好和行为，从而提供定制化的产品推荐和个性化的营销信息，大大提高了营销的精准度和有效性。

（3）成本效益高：与传统营销相比，互联网营销减少了物理广告和销售点的需求，降低了营销成本。同时，通过精准定位目标客户，提高了资源的使用效率。

（4）可测量性和可跟踪性：互联网营销活动的效果可以通过各种在线工具和数据分析方法进行测量和跟踪。企业可以实时监控广告点击率、转化率、访问量等关键指标，及时调整营销策略。

（5）覆盖范围广泛：互联网打破了地理界限，使得企业能够轻松地触及全球消费者。这种广泛的覆盖范围为企业开拓新市场、增加国际消费者提供了可能。

（6）快速反应性：互联网营销能够实时反馈市场和消费者的变化，使企业能够迅速调整营销策略，以适应市场的最新需求。

（7）内容营销的重要性：在互联网营销中，有价值的内容是吸引和保持用户注意力的关键。通过高质量的内容营销，企业可以建立品牌权威，提高搜索排名，增强用户参与和转化率。

通过对互联网营销的含义与特点的深入分析，可以看出，它不仅改变了企业与消费者之间的互动方式，也为营销领域带来了革命性的变化。在数字化时代背景下，掌握和应用互联网营销策略，对于企业实现长期成功至关重要。通过有效利用互联网营销的特点和优势，企业可以更好地满足消费者需求，提升品牌形象，最终在激烈的市场竞争中脱颖而出。

在选择互联网营销的类型时，企业应考虑其品牌定位、目标市场、预算及营销目标等因素，综合评估各种营销方式的效果，从而制定出最适合自己的互联网营销策略。通过精准定位和创新实施，互联网营销能够帮助企业更有效地达到其市场营销目的，实现品牌价值的最大化。

互联网营销的影响因素众多，包括技术进步、消费者行为的变化、数据分析能力的提升、社交媒体的普及等。这些因素共同作用，推动了互联网营销策略的不断创新和发展。

技术进步是互联网营销发展的基石。随着移动互联网、大数据、云计算、人工智能等技术的不断进步，营销人员能够更加精准地定位目标客户，更有效地分析消费者行为，为消费者提供更加个性化的产品和服务推荐。例如，通过大数据分析，营销人员可以了解消费者的购买习惯、兴趣爱好等信息，从而设计出更符合其需求的营销活动。

消费者行为的变化也是影响互联网营销的一个重要因素。随着互联网的普及和移动设备的广泛使用，消费者获取信息的方式和购买行为发生了根本性的变化。他们更倾向于在线上寻找产品信息，通过比较不同的产品和服务来做出购买决策。因此，企业需要在互联网上建立强大的品牌形象，通过优化网站内容、提升用户体验、实施搜索引擎优化等方式，来吸引并留住潜在客户。

数据分析能力的提升也是推动互联网营销发展的关键因素之一。通过对海量数据的分析，营销人员可以更加深入地了解市场趋势、消费者偏好等信息，从而制定出更加有效的营销策略。同时，数据分析还可以帮助企业评估营销活动的效果，及时调整营销策略，以达到最佳的营销效果。

社交媒体的普及也极大地影响了互联网营销的方式和效果。社交媒体平台不仅是人们获取信息和交流的主要渠道，也成为企业进行品牌宣传、产品推广、客户服务等活动的重要平台。通过社交媒体，企业可以与消费者建立更加直接和亲密的联系，及时了解消费者的反馈和建议，增强品牌的影响力和竞争力。

综上所述，互联网营销的影响因素包括技术进步、消费者行为的变化、数据分析能力的提升、社交媒体的普及等。这些因素共同作用，不仅改变了企业的营销方式，也为企业提供了更多创新和发展的机会。在这个快速变化的时代，企业需要不断适应新的营销环境，利用先进的技术和策略，以更有效地达到营销目标，实现持续的发展和成功。

二、互联网营销的策略与方法

（一）互联网营销策略

互联网营销策略的形成和实施是现代市场营销中的一项关键任务，它涉及如何在数字时代有效地推广品牌、产品和服务。随着互联网技术的迅速发展，企业必须适应新兴的营销环境，采用创新的策略来吸引和留住顾客。这需要企业不仅了解互联网营销的基本原理，还要掌握各种策略和方法，并能够根据市场和顾客的变化灵活实施。

互联网营销策略的形成始于对目标市场的深入了解。这包括了解目标顾客的需求、偏好、行为模式，以及他们如何在线上进行信息搜索和消费决策。企业需要收集和分析大量数据，以识别潜在顾客并了解他们的具体需求。这种洞察力是制定有效策略的基础，可以帮助企业确定最合适的市场细分和定位策略。

在互联网营销策略的实施方面，内容营销是核心组成部分。高质量、相关性强的内容可以吸引顾客的注意力，提高品牌认知度，建立和维护与顾客的关系。这包括了博客文章、视频、播客、社交媒体帖子等多种形式。内容营销的目标是提供价值，解决顾客的问题，从而在顾客心中树立品牌的权威地位。

搜索引擎优化也是互联网营销策略中不可或缺的一部分。通过优化网站和内容，以符合搜索引擎的算法标准，企业可以提高其网页在搜索结果中的排名，从而增加可见性，吸引更多的访问者。搜索引擎优化策略包括关键词研究、网站结构优化、链接建设等多个方面。

社交媒体营销是另一个重要的策略，它利用社交媒体平台来促进品牌与顾客之间的互动和沟通。企业可以通过发布有吸引力的内容、参与话题讨论、举办在线活动等方式，增加品牌曝光度，提升顾客参与度和忠诚度。社交媒体营销的成功关键在于了解不同社交媒体平台的特点和受众，以及制定针对性的内容策略。

电子邮件营销仍然是一种有效的策略，尽管其在数字营销领域已有多年历史。通过发送个性化、相关的邮件内容，企业可以与顾客保持联系，促进销售。电子邮件营销的关键在于细分邮件列表，发送定制化的消息，以及优化邮件的打开率和点击率。

为了确保互联网营销策略的成功，企业还需要持续监测和评估其效果。这包括使用各种分析工具来跟踪网站访问量、社交媒体参与度、电子邮件响应率等关键指标。数据分析不仅可以帮助企业了解哪些策略最有效，还可以发现潜在的问题和改进机会。

在实施互联网营销策略时，创新和灵活性是至关重要的。随着互联网环境的不断变化，以及新技术和平台的出现，企业必须不断适应和调整其策略。这可能包括探索新的营销渠道，如影响者营销、视频营销或增强现实体验，以及采用最新的技术工具和方法，如人工智能和机器学习，来优化营销活动。

总的来说，互联网营销策略的形成和实施要求企业具有对市场的深刻理解，创造性地利用多种营销工具和方法，并能够根据数据分析的结果灵活调整策略。通过有效地实施这些策略，企业可以在竞争激烈的数字市场中脱颖而出，建立强大的品牌影响力，吸引和保留顾客。

（二）互联网营销方法

互联网营销作为市场营销的一种重要形式，在数字化时代背景下展现出前所未有的活力和潜力。这种营销方式依托于互联网的广泛覆盖和高速传播特性，能够帮助企业以更低的成本达到更广泛的市场影响力。互联网营销方法的种类繁多，选择适合的方法对于企业来说至关重要。

在互联网营销的众多方法中，内容营销是核心之一。内容营销侧重于创造和分享有价值的内容，以吸引和维持目标受众的注意力，进而驱动用户行为转换。这种方法的关键在于内容的价值和相关性，它要求企业深入理解其目标受众，以及这些受众所关心的问题和兴趣点。

社交媒体营销是另一个重要的互联网营销方法。通过利用社交媒体平台，企业可以与消费者建立更直接的互动和沟通渠道。这种方法不仅可以提升品牌的知名度和品牌形象，还可以通过社交网络的传播效应，实现信息的快速扩散。

搜索引擎优化和搜索引擎营销也是互联网营销中不可忽视的策略。搜索引擎优化通过优化网站结构和内容，提高网站在搜索引擎结果页上的自然排名。搜索引擎营销则通过购买广告位，提升网站的可见度。这两种方法都旨在增加网站流量，提高品牌曝光度。

电子邮件营销作为一种经典的互联网营销手段，依然保持着其有效性。通过发送定制化的邮件内容，企业可以在保持与客户关系的同时，推广产品和服务。电子邮件营销的关键在于个性化和及时性，确保信息对接收者具有相关性和价值。

影响者营销近年来随着社交媒体的兴起而变得越来越流行。通过与拥有大量追随者的社交媒体影响者合作，企业可以有效地将品牌信息传递给目标受众。这种方法的优势在于，影响者与其粉丝之间建立了信任关系，因此通过影响者传递的信息往往具有较高的可信度和影响力。

在选择适合的互联网营销方法时，企业需要考虑多个因素，包括目标受众的特性、企业的营销目标、预算限制，以及内容的创造和发布能力。一个有效的互联网营销策略往往需要结合多种方法，以实现最佳的营销效果。此外，随着技术的发展和消费者行为的变化，企业也需要不断地调整和优化其互联网营销策略，以保持竞争力。

在实施互联网营销策略时，企业还需要注重数据分析和效果评估。通过对营销活动的数据进行深入分析，企业可以更好地了解营销活动的效果，识别改进的机会，并据此调整营销策略。这种基于数据的决策过程有助于企业在不断变化的市场环境中保持敏捷和适应性。

综上所述，互联网营销方法的种类和选择是一个复杂而多维的过程，它要求企业不仅要了解各种营销方法的特点和优势，还要能够根据自身的实际情况和市场环境做出合理的选择。通过有效地利用互联网营销方法，企业可以在数字化时代中获得竞争优势，实现可持续发展。

互联网营销策略与方法的效果评估和优化是一个关键环节，它涉及如何准确地衡量营销活动的成效，并根据反馈进行调整以提升效果。这一过程不仅要求营销人员具备对数据的敏感度，还需要他们能够灵活运用各种工具和技术来进行分析和优化。

在进行互联网营销活动时，首先要确立清晰的目标和关键绩效指标，这些目标可能包括提高品牌知名度、增加网站流量、提升转化率或增加销售额等。有了明确的目标后，接下来需要选择合适的渠道和策略来执行营销活动。这些渠道可能包括社交媒体、搜索引擎优化、内容营销、电子邮件营销等。

营销活动启动后，效果评估和优化就显得尤为重要。这需要运用各种数据分析工具来跟踪和评估营销活动的表现。例如，使用 Google Analytics 等工具可以帮助营销人员了解网站流量的来源、用户的行为模式及转化路径等信息。通过这些数据，营销人员可以对活动效果有一个全面的了解，识别出哪些策略有效，哪些需要改进。

在评估的基础上进行优化是提升营销效果的关键。优化可能涉及调整营销信息的内容、改变投放的时间和频率，或是转换使用不同的营销渠道。例如，如果数据显示通过社交媒体带来的流量转化率低，营销人员可能需要重新考虑内容策略，或是增加在其他渠道上的投入。

除了定量分析，定性分析同样重要。这包括收集和分析用户反馈、评论及社交媒体上的互动情况。这些定性数据能够提供用户偏好和感受的深入见解，帮助营销人员更好地理解目标群体，从而制定更为精准的营销策略。

为了实现长期的营销成功，持续的效果评估和优化是必不可少的。这不仅意味着要定期检查和调整现有的营销策略，还需要保持对新技术和趋势的敏感，以便及时采用新的营销方法。随着互联网技术的不断进步和用户行为的变化，互联网营销策略也需要不断地适应和创新。

通过精细化的数据分析，结合创新的营销思路和策略，可以显著提高互联网营销活动的效果。同时，积极应对挑战，不断学习和适应新的营销环境，能够确保在竞争激烈的市场中保持优势。在这个过程中，效果评估和优化不仅是提升营销效率和效果的工具，也是企业持续增长和创新的动力。

三、互联网营销的实践与案例分析

互联网营销策略在实践中的应用体现了市场营销领域的一次深刻变革。随着互联网技术的飞速发展，传统的营销模式正逐渐向线上转移，这不仅改变了企业与消费者之间的互动方式，也为营销策略的创新提供了广阔的平台。在众多的互联网营销策略中，内容营销、社交媒体营销、搜索引擎优化、电子邮件营销及精准广告等策略最为常见，它们各自承担着不同的角色，共同推动着企业营销目标的实现。

内容营销是通过创造并分享有价值的内容来吸引、留住目标客户，进而驱动客户采取利于企业的行动。这种策略强调的是与潜在客户建立信任和关系，而不是直接推销产品。通过发布行业报告、博客文章、视频、教程和其他信息丰富的内容，企业能够展示其专业知识，增加品牌的可见性和吸引力。

社交媒体营销利用社交网络的力量，通过创建有吸引力的内容来促进品牌、产品或服务的宣传。这种策略可以帮助企业更快速地与消费者建立联系，增加品牌曝光度，并通过社交网络上的互动，如评论、分享和点赞，来建立与消费者之间的互动和讨论。

搜索引擎优化是指通过优化网站来提高在搜索引擎结果页中的排名。高排名可以增加网站流量，提高品牌能见度。搜索引擎优化策略包括关键词研究、网站内容优化、提高网站速度和用户体验等，以满足搜索引擎的排名算法，从而提升网站的可发现性。

电子邮件营销是一种直接营销形式，它通过发送电子邮件来促进商业信息。这种策略可以帮助企业维持与现有客户的关系，同时吸引新客户。通过精心设计的邮件内容，企业可以提供有关新产品、特别优惠和其他相关信息，从而刺激销售和客户参与。

精准广告利用数据分析和在线行为跟踪，向特定的目标群体展示定制化的广告信息。这种策略可以提高广告效果，因为它确保了广告内容与消费者的兴趣和需求相匹配。通过社交媒体平台、搜索引擎和其他在线渠道，企业可以精准定位潜在客户，实现更高的转化率和投资回报率。

除了这些常用策略，互联网营销还涵盖了影响者营销、视频营销、移动营销等新兴策略。影响者营销通过与拥有大量追随者的社交媒体影响者合作，来推广品牌或产品。视频营销则是利用视频内容的吸引力，通过平台如抖音来增加用户参与度和品牌认知。移动营销考虑到了用户在移动设备上的行为，通过优化移动应用和网站，以及发送短信和移动广告，来接触和吸引消费者。

实践中的互联网营销策略要求企业不仅要关注技术和工具的应用，还要理解市场动态、消费者行为和品牌定位。成功的互联网营销策略是建立在深入分析和持续优化的基础上的。企业需要定期评估其营销策略的效果，利用数据和反馈来调整和改进策略。这样，企业才能在不断变化的市场环境中保持竞争力，实现长期的成长和成功。

互联网营销案例的深度解析展示了如何通过网络平台有效地推广产品和服务，以及通过数据分析和客户反馈来优化营销策略。这一过程不仅涉及广告投放、社交媒体营销和电子邮件营销等常规手段，还包括了内容营销、搜索引擎优化和付费搜索广告等更为精细化的策略。

在进行互联网营销时，企业首先需要明确自己的目标群体，这通常通过市场调研和数据分析完成。明确了目标群体后，企业就能够设计出更有针对性的营销信息和广告，从而提高营销效率。例如，通过社交媒体分析工具，企业可以了解到目标客户群体最活跃的时间段，以及他们感兴趣的内容类型，据此调整发布时间和内容，以增加用户的参与度和互动。

内容营销是互联网营销中一个重要的部分，它依赖于创造有价值的内容来吸引和留住目标群体。这些内容不仅仅是为了直接推销产品，更多的是为了建立品牌的权威性和信任度，从而间接促进销售。成功的内容营销案例往往能够激发用户的兴趣和好奇心，引导他们自主寻找更多相关信息，最终实现转化。

搜索引擎优化是提高网站在搜索引擎结果页中的排名，以吸引更多自然流量的过程。这涉及优化网站的结构和内容，确保网站对搜索引擎友好，同时也提供了用户需要的信息。通过关键词研究，企业可以了解到潜在客户搜索相关产品或服务时最可能使用的词汇，据此优化网站内容，提高搜索排名。

付费搜索广告则是一种通过为点击支付来购买网站访问者的方式。这种方式可以迅速增加网站流量和潜在客户，但需要精确的关键词选择和广告成本控制，以确保营销投资的回报率。

社交媒体营销通过创建和分享在社交网络上的内容，以增强品牌认知度、改善客户服务和驱动网站流量。成功的社交媒体营销不仅仅是定期发布消息，更重要的是与用户建立起互动，倾听他们的反馈，参与到对话中去，从而建立起社区和忠诚度。

电子邮件营销依然是一种有效的直接营销方式，它通过发送电子邮件来直接与目标客户沟通。这种方式能够提供个性化的信息，针对性强，容易追踪效果，并且成本相对较低。然而，为了避免被标记为垃圾邮件，电子邮件营销需要提供真正有价值的内容，并且尊重用户的选择，提供明确的退订选项。

通过分析不同的互联网营销案例，可以看到成功的营销策略通常是多渠道的，且综合运用各种工具和方法。同时，数据分析在整个过程中扮演着至关重要的角色，它不仅帮助企业了解目标市场，还能够评估营销活动的效果，指导未来的营销决策。这种基于数据的方法使得互联网营销比传统营销手段更加高效和精确，也更能适应市场的快速变化。

案例分析

小红书是一个集社交网络和电子商务于一体的平台，主要面向年轻消费者，提供一个分享和发现商品、生活方式及个人兴趣的社区。该平台通过鼓励用户创建和分享有关美妆、时尚、旅行、美食等主题的内容，成功地建立了一个强大的社区，并促进了用户之间的互动和讨论。

1. 内容营销策略

小红书的成功很大一部分归功于其内容营销策略。平台鼓励用户生成高质量的内容，包括产品评测、使用技巧、生活方式等。通过这种方式，小红书不仅提供了一个内容丰富的平台来吸引和留住用户，还通过用户生成的内容展示了其专业知识和品牌的吸引力。此外，小红书还与品牌合作，通过品牌官方账号发布专业内容，进一步增加用户参与度和品牌曝光。

2. 社交媒体营销策略

作为一个社交媒体平台，小红书自然而然地实施了社交媒体营销策略。平台利用算法推荐系统，确保用户能看到他们感兴趣的内容，从而提高用户参与度和时间停留长度。同时，小红书利用“种草”文化（即推荐好物的文化）促进用户间的互动，如评论、分享和点赞，这不仅增强了社区的活跃度，也为品牌和产品的宣传提供了自然而有效的途径。

3. 成功案例

一个具体的例子是小红书与某知名美妆品牌合作的营销活动。该品牌通过在小红书平台上发布关于新产品的专业内容，包括使用方法、效果展示和背后的品牌故事，成功吸引了大量的关注和讨论。通过与平台上的有影响力的用户合作，发布真实的使用体验和评测，该品牌不仅提高了产品的可见度，还增加了消费者的信任度，最终实现了销售增长。

4. 效果分析

小红书的案例展示了互联网营销的力量，尤其是内容营销和社交媒体营销在当今市场中的重要性。通过创建有价值的内容和利用社交媒体的力量，小红书成功地建立了一个活跃的社区，不仅吸引了用户，也为合作品牌提供了宝贵的营销机会。这一策略的成功依赖于对用户行为和偏好的深入理解，以及持续的内容创新和优化。

第二节　新媒体营销

一、新媒体营销的含义与特点

新媒体营销作为当前市场营销领域中的一种重要形式，其本质是利用互联网技术和数字化媒体工具，如社交媒体、博客、微信、微博、视频平台等，进行品牌推广、产品营销和客户沟通。与传统营销相比，新媒体营销具有互动性、精准性、时效性和成本效益高等显著特点。

互动性是新媒体营销最为突出的特征之一。通过社交网络平台，企业能够直接与消费者进行沟通交流，收集反馈，及时调整营销策略。这种双向互动的沟通方式，不仅增强了消费者的参与感和归属感，而且有助于企业更好地理解市场需求和消费者偏好，提高营销效果。

精准性则体现在新媒体营销能够通过大数据分析，精确识别目标消费群体，实现精准投放。不同于传统营销中的“大海捞针”，新媒体营销可以根据消费者的网络行为、购买历史、个人喜好等信息，定制个性化的营销信息，提高营销的针对性和有效性。

时效性是指新媒体营销可以实时发布营销信息，快速响应市场变化。在互联网时代，信息传播速度极快，消费者的需求和偏好也在不断变化。新媒体营销能够实现即时发布和更新营销内容，及时把握市场脉动，有效捕捉营销机会。

成本效益高是新媒体营销相比传统营销方式的另一大优势。由于新媒体平台的使用成本相对较低，企业可以以较小的投入实现广泛的信息传播。特别是对于中小企业而言，新媒体营销提供了一个成本低廉而有效的市场推广途径。

新媒体营销的发展，也带来了一系列挑战。随着新媒体平台的数量和类型日益增多，企业在选择合适的营销渠道时需要更加谨慎。同时，消费者对于广告信息的接受度逐渐下降，如何在大量信息中脱颖而出，吸引消费者注意，成为新媒体营销需要解决的问题。此外，隐私保护和数据安全也是新媒体营销中不可忽视的问题。企业在进行数据收集和分析时，必须遵守相关法律法规，确保消费者信息的安全。

新媒体营销的含义解析不仅涉及其基本概念和特点，还包括对其发展趋势的认识和对面临挑战的应对策略。在数字化和信息化的今天，新媒体营销已成为企业不可或缺的营销手段。通过不断创新和优化营销策略，企业可以在激烈的市场竞争中脱颖而出，实现品牌和产品的有效推广。

新媒体营销作为市场营销领域的一大革新，标志着营销方式和消费者互动方式的根本变化。它利用互联网、社交媒体、移动应用等新型媒介，实现企业与消费者之间的双向互动沟通。不同于传统营销单向传播的特点，新媒体营销使得信息传播更为迅速、广泛，同时也更加个性化和目标化。

新媒体营销的内容创新也是其重要特点之一。为了吸引和维持消费者的兴趣，内容需要具有创造性、娱乐性和教育性。通过故事化、游戏化的内容设计，企业可以更有效地与消费者建立情感连接，增加品牌的记忆点。

在新媒体环境下，用户生成内容开始发挥越来越重要的作用。消费者不再是被动的信息接收者，而是可以主动创造内容，对品牌形象和产品传播产生重大影响。这种从下而上的内容创造和分享，对企业的品牌建设和产品推广提出了新的挑战和机遇。

数据驱动的营销决策也是新媒体营销的一个核心特点。通过收集和分析消费者数据，企业可以更准确地了解消费者行为和偏好，从而制定更为有效的营销策略。同时，这也要求企业在处理个人数据时，必须确保数据安全和用户隐私的保护。

随着技术的发展，新媒体营销还在不断融合新的技术，如人工智能、大数据、虚拟现实等，这些技术的应用不仅提升了营销的效率和效果，也为消费者提供了更加丰富和个性化的体验。

因此，新媒体营销不仅改变了企业与消费者之间的互动方式，也提高了营销的效率和效果。在这个过程中，企业需要不断适应新媒体环境的变化，创新营销策略和手段，以实现持续的市场竞争优势。同时，也需要关注和解决新媒体营销过程中可能出现的问题，如信息过载、用户隐私保护等，以构建健康可持续的新媒体营销生态。

二、新媒体营销的策略与方法

（一）新媒体营销策略

新媒体营销策略在当代市场营销领域中占据了举足轻重的地位。随着互联网和数字技术的快速发展，新媒体营销已经成为企业宣传品牌、产品和服务，以及与消费者建立和维护关系的重要手段。新媒体营销的基本类型包括社交媒体营销、内容营销、影响者营销、搜索引擎营销、电子邮件营销等。每种类型都有其独有的特征和应用场景，为企业提供了多样化的市场接触点和互动渠道。

社交媒体营销依托于各大社交网络平台，如微信、微博等，通过这些平台的广泛用户基础和社交网络特性，企业可以有效地扩大品牌影响力，增强与消费者的互动和沟通。社交媒体营销的特点是互动性强，能够实时反馈消费者的需求和反应，同时也具有较高的传播速度和范围。

内容营销则是通过创造并分享有价值的内容来吸引和留住目标受众，从而驱动利润增长。内容可以是文字、图片、视频或音频，目的是提供有用的信息或娱乐，以建立品牌的权威性和信任度。内容营销强调的是与消费者建立长期的关系，而不仅仅是一次性的交易。

影响者营销利用有影响力的个人或团体，通过他们在目标市场中的影响力来促进产品或服务。这种策略的核心在于找到那些与品牌价值观相符合、拥有大量忠实粉丝的影响者，通过他们来传递品牌信息，以此来增加品牌的可信度和吸引力。

搜索引擎营销包括搜索引擎优化和付费搜索广告。搜索引擎优化是通过优化网站结构和内容，提高网站在搜索引擎结果页中的排名。付费搜索广告则是购买搜索引擎的广告位，当用户搜索相关关键词时，广告便会出现在搜索结果中。搜索引擎营销的目的是提高网站的可见性，吸引更多的访问者。

电子邮件营销是利用电子邮件作为直接营销的工具，向目标客户发送商业信息。尽管被认为是一种较为传统的营销手段，但电子邮件营销在今天仍然非常有效。它可以个性化地与消费者沟通，根据消费者的行为和偏好发送定制化的信息，从而提高转化率和客户忠诚度。

新媒体营销的特征包括高度的互动性和参与性，能够实时收集和分析消费者数据，从而更准确地定位目标市场和调整营销策略。同时，新媒体营销的成本相对较低，能够快速有效地达到大量潜在消费者。此外，新媒体营销还具有较强的可测量性，企业可以通过各种工具和指标来监控营销活动的效果，以及时调整和优化策略。

在实施新媒体营销策略时，企业需要考虑内容的创意性和吸引力，以及与目标受众的沟通方式和频率。成功的新媒体营销不仅仅是发布信息，更重要的是建立和维护与消费者之间的关系，了解他们的需求和偏好，提供有价值的内容和解决方案，以此来增强品牌的竞争力和市场份额。

（二）新媒体营销方法

新媒体营销的实施方法涉及多个层面，旨在通过网络和数字平台达到营销目标，提升品牌影响力和用户参与度。这一领域的核心在于了解和利用新媒体的特性，包括互动性、即时性、个性化和社会化等，以设计有效的营销策略和方法。

内容营销是新媒体营销的重要组成部分，它依托于创造有价值、相关联且吸引人的内容，以此吸引和留住明确的受众群体。高质量的内容能够提升品牌声誉，增加用户的信任感。例如，通过撰写专业的博客文章、制作教育视频或分享有趣的图像，品牌可以在消费者中建立权威地位，驱动用户参与和分享。

社交媒体营销则通过社交网络平台，如微博、微信、抖音等，来促进品牌和消费者之间的互动。通过定期发布内容、参与话题讨论和用户互动，品牌可以增加其在社交媒体上的可见性和参与度。此外，社交媒体广告也提供了精准定位消费者的机会，使得营销活动更加高效。

搜索引擎优化和搜索引擎营销也是新媒体营销不可或缺的策略。通过优化网站内容和结构，提高关键词的搜索排名，品牌可以提升其在搜索引擎结果页上的可见性，吸引更多的有意向用户。搜索引擎营销通过购买广告位，快速提升品牌的曝光率和点击率。

电子邮件营销尽管是一种较为传统的在线营销方式，但在新媒体营销中仍然占有一席之地。通过发送定制化和个性化的邮件，品牌可以在维持与现有客户的关系的同时，也能够吸引新客户。电子邮件营销的关键在于内容的相关性和吸引力，以及发送频率的适度。

影响者营销利用具有影响力的个人或团体，通过他们向其追随者推广品牌或产品。这种方法利用了影响者与其粉丝之间的信任关系，可以有效地增加品牌的可信度和吸引力。选择与品牌价值观相匹配的影响者尤为重要，以确保营销活动的真实性和效果。

数据分析和用户洞察是新媒体营销成功的关键。通过收集和分析用户数据，品牌可以更好地了解目标市场的行为和偏好，从而设计更加个性化和精准的营销活动。使用各种分析工具，如 Google Analytics 等，可以帮助品牌监控营销活动的效果，及时调整策略。

新媒体营销的实施需要品牌具备灵活性和创新性，不断适应数字媒体环境的变化。通过综合运用上述方法和策略，品牌可以有效地在新媒体环境中建立和维护与消费者的联系，提升品牌影响力和市场竞争力。实践中，每一种方法都不应孤立使用，而是应相互配合使用。测评新媒体营销效果的关键在于准确地衡量和解析营销活动的成效，确保每一次的营销努力都能带来可量化的业务增长。在新媒体营销的环境下，数据的收集和分析变得尤为重要，因为它们能提供实时的反馈，帮助营销人员理解哪些策略有效，哪些需要调整。以下内容详细介绍了测评新媒体营销效果的要点与技巧。

（三）效果测评

在进行新媒体营销效果测评时，关注目标受众的互动行为至关重要。这包括用户对社交媒体帖子的点赞、评论、分享次数等互动指标，通过这些数据可以直观地看出内容的受欢迎程度和影响力。此外，关注率、转化率和用户增长率也是评估营销效果的关键指标。关注率反映了新媒体内容吸引新关注者的能力；转化率则衡量了将潜在客户转化为实际购买者的效率；用户增长率显示了品牌或产品在特定时间内用户基数的增长情况。

利用专业的数据分析工具对营销数据进行深入分析是提高新媒体营销效果的另一重要策略。当前市场上有许多高效的分析工具，如 Google Analytics 等，它们能提供详细的数据报告，帮助营销人员了解流量来源、用户行为和转化路径等关键信息。通过这些工具，营销人员可以识别出最有效的营销渠道和内容类型，从而针对性地优化营销策略。

内容质量的持续优化是确保新媒体营销成功的重要因素。优质、有价值的内容能更好地吸引目标受众的注意力，促使他们参与互动并最终达成转化。因此，营销人员需要定期回顾和分析发布的内容，了解哪些内容最受欢迎，哪些内容的表现不佳。根据这些反馈，不断调整内容策略，以提高整体的营销效果。

在新媒体环境中，实时反馈和快速响应对提升营销效果同样重要。新媒体平台的特点是信息传播速度快，互动性强，这就要求营销人员能够实时监控社交媒体动态，及时响应用户的反馈和讨论。通过快速响应，不仅可以及时调整营销策略，还可以增强与用户的互动和连接，建立起积极的品牌形象。

最终，测评新媒体营销效果的核心在于理解和利用数据，以数据为基础来指导营销决策和策略的调整。这要求营销人员不仅要具备数据分析的能力，还需要其能够灵活地适应市场变化，不断创新营销方法，以最大化营销活动的效果。通过综合运用上述技巧和方法，营销人员可以有效地测评和优化新媒体营销活动，从而在竞争激烈的市场环境中获得成功。

三、新媒体营销的实践与案例分析

新媒体营销实践的案例解析展示了如何利用现代技术和互联网平台，将品牌信息传达给广泛的受众。这一过程不仅是传统营销策略的数字化转换，更是一种全新的交流方式，使企业能够以前所未有的方式与消费者进行互动。

在探讨新媒体营销的实践与案例时，不可忽视的是社交媒体平台的崛起，如微博、微信、抖音等。这些平台提供了一个让品牌与消费者进行直接沟通的渠道，使得营销活动能够更加个性化，更能引起受众的共鸣。例如，通过发布引人入胜的内容，品牌可以吸引用户的注意力，增加品牌的可见性和互动性。

除了社交媒体营销外，内容营销也是新媒体营销不可或缺的一部分。优质、有价值的内容能够吸引目标受众，建立品牌的权威性和可信度。通过定期发布相关领域的专业文章、视频教程、案例研究等，品牌不仅能够展示其专业知识，还能够与受众建立起长期的信任关系。

移动营销也是新媒体营销的关键组成部分。随着智能手机的普及，消费者越来越多地通过移动设备接触品牌和产品。因此，优化移动设备的营销策略，如移动应用、短信营销和移动网站，成为品牌不可忽视的重要方向。这不仅可以提高品牌的覆盖范围，还可以通过提供便捷的购物体验来增加销售。

影响者营销是另一种有效的新媒体营销策略。通过与行业内的意见领袖合作，品牌可以借助其影响力和信誉，向更广泛的受众推广产品或服务。这种策略的成功在于选择与品牌价值观相符的合作伙伴，以及创造真实、有吸引力的内容，以促进受众的参与和互动。

在实施新媒体营销策略时，数据分析发挥着至关重要的作用。通过对数据的收集和分析，品牌能够了解消费者的行为和偏好，从而优化营销活动，实现更高的投资回报率。这包括追踪用户对社交媒体帖子的反应、网站访问量，以及通过各种营销渠道生成的销售等。

案例分析显示，成功的新媒体营销案例往往具有几个共同点：创造性的内容策略、精准的目标受众定位、有效的平台选择和持续的数据分析。例如，一些品牌通过在特定节日或事件期间推出有针对性的社交媒体活动，成功地提高了品牌的曝光度和用户参与度。还有一些品牌则通过大数据分析，精准地定位目标消费者，提供个性化的推广信息，从而大大提高了转化率。

通过实践和案例的分析，可以看到新媒体营销为品牌提供了一个与消费者建立更深层次联系的机会。它不仅要求品牌在技术和创意上不断创新，还要求其在理解和满足消费者需求方面做出努力。随着新媒体技术的发展和消费者习惯的变化，新媒体营销将继续演化，为品牌和消费者之间的互动开辟新的可能性。

新媒体营销作为市场营销领域的一次重要革新，已经深刻地改变了企业与消费者之间的互动方式。在分析新媒体营销中的成功与失败案例时，可以从几个关键维度进行探讨：目标市场的精准定位、内容的创意与传播、互动策略的有效性及数据分析与反馈机制的应用。

在目标市场的精准定位方面，成功的新媒体营销案例往往能够清晰地识别并细分其目标消费群体。通过使用大数据分析等技术手段，企业能够深入了解目标客户的偏好和行为习惯，从而制定出更有针对性的营销策略。例如，某品牌通过分析社交媒体上的用户互动数据，成功地识别出了年轻母亲这一细分市场，并针对这一群体推出了专门的产品线和营销活动，取得了显著的市场反响。

在内容的创意与传播方面，引人入胜的内容是吸引消费者注意力和促进信息传播的关键。成功的案例往往能够创造出既具有吸引力又贴近目标群体生活实际的内容。通过故事化的表达方式、互动性的内容设计，品牌信息在消费者中传播开来，从而形成良好的品牌声誉。失败的案例则可能因内容单一、缺乏创新或与目标群体的兴趣点不契合，导致营销效果不佳。

互动策略的有效性也是新媒体营销成功与否的关键因素。优秀的新媒体营销案例往往能够构建起品牌与消费者之间的双向互动通道，通过评论、分享、参与活动等形式加强消费者的参与感和品牌忠诚度。然而，如果互动策略设计不当，不仅无法激发消费者的参与热情，反而可能引发消费者的负面反馈，对品牌形象造成损害。

数据分析与反馈机制的应用是新媒体营销能够持续优化和迭代的基础。通过对营销活动中产生的数据进行深入分析，企业可以及时了解营销效果，识别问题所在，并根据反馈调整营销策略。成功的案例中，企业往往能够快速响应市场变化，及时调整营销方案，而失败的案例则可能因为缺乏有效的数据分析和反馈机制，导致问题持续存在，错失调整和优化的机会。

通过对新媒体营销中成功与失败案例的分析，可以看到，精准的目标市场定位、创意与贴近用户的内容制作、有效的互动策略及强大的数据分析和反馈机制是新媒体营销成功的关键因素。企业在实施新媒体营销策略时，应当综合考虑这些要素，不断调整和优化营销活动，以实现与消费者之间的有效沟通和深度互动，从而提升品牌影响力和市场竞争力。

新媒体营销策略的实施及效果评估是当前市场营销领域中极为重要的一环。随着互联网技术的迅速发展，新媒体已经成为连接企业与消费者的重要桥梁。通过有效的新媒体营销策略，企业不仅能够扩大其品牌知名度，还能加深消费者的品牌忠诚度，从而推动销售增长与市场份额的提升。

在实施新媒体营销策略时，企业首先需要明确其营销目标。这些目标可能包括提高品牌认知度、增加产品销量、提升用户参与度等。一旦目标设定，企业就需要根据目标选择合适的新媒体平台，如社交网络、博客、微信、微博等。选择平台时，应考虑目标市场的媒体使用习惯和偏好。

新媒体营销策略的核心在于内容创造。高质量、有吸引力的内容是吸引和保持用户关注的关键。内容应与企业的品牌形象、营销目标和目标受众的偏好相匹配。此外，利用多媒体元素（如视频、图片、动图等）能够增加内容的吸引力，提高用户的参与度。

互动营销也是新媒体营销不可或缺的一部分。通过在线互动、用户生成内容、社交媒体活动等形式，企业能够与消费者建立更加紧密的关系。这种双向的沟通方式不仅能够提升消费者的参与感和归属感，还能为企业提供宝贵的市场反馈和消费者洞察。

为了确保营销策略的有效性，进行效果评估是必不可少的。效果评估包括监测和分析营销活动的各种指标，如触及率、参与度、转化率等。这些数据可以帮助企业了解营销活动的表现，评估其对销售和品牌影响的贡献。基于这些分析，企业可以调整和优化其营销策略，以实现更好的营销效果。

在新媒体营销的实践中，案例分析是一种宝贵的学习资源。通过研究成功案例，企业可以学习如何创造有吸引力的内容，如何有效地与消费者互动，以及如何进行有效的效果评估。同时，也能从失败的案例中吸取教训，避免在未来的营销活动中重蹈覆辙。

企业在实施新媒体营销策略时，还应注意法律法规和道德标准。随着消费者对隐私保护的日益关注，确保营销活动的合法性和道德性变得尤为重要。这不仅有助于维护企业的良好形象，也是实现可持续发展的关键。

新媒体营销的实施及效果评估是一个持续的过程，它要求企业不断地学习、适应和创新。在这个过程中，企业应该保持对新兴媒体趋势的敏感性，灵活调整策略，以应对市场的变化。通过这样的方式，企业能够充分利用新媒体的力量，实现其营销目标，最终在激烈的市场竞争中脱颖而出。

案例分析

宝洁作为一个全球领先的日用消费品公司，其在中国的新媒体营销实践尤为值得关注。下面是一个简化的案例分析。宝洁旗下拥有多个知名品牌，在日用消费品行业中占据领导地位。随着中国消费市场的快速发展和数字化转型，宝洁在寻找新的方式来加强与消费者的连接，提高品牌忠诚度，并驱动销售增长。宝洁选择了微信这一中国最大的社交媒体平台，作为其主要的新媒体营销渠道之一。微信拥有超过 10 亿的活跃用户，覆盖了中国绝大多数的智能手机用户，为宝洁提供了一个巨大的潜在消费者基础。

1. 内容营销

宝洁通过微信公众号发布高质量的内容，包括但不限于产品使用技巧、生活方式文章以及与健康和美容相关的专业知识，旨在提供价值，增加用户的品牌忠诚度。

2. 互动营销

宝洁利用微信的互动功能，如投票、问答等形式，激励用户参与，增强消费者与品牌之间的互动和连接。通过这些互动，宝洁还能收集到宝贵的消费者反馈和偏好信息，用于未来的产品开发和营销策略优化。

3. 个性化推广

借助微信强大的数据分析能力，宝洁能够为用户提供个性化的内容和产品推荐。这不仅提升了用户体验，也大大提高了营销活动的转化率。

4. 微信小程序

宝洁还开发了微信小程序，为用户提供便捷的在线购物体验。通过小程序，用户可以直接购买宝洁的产品，同时享受专属优惠和活动。这种无缝的购物体验有效地驱动了销售增长。

通过这一系列的新媒体营销策略，宝洁不仅在中国市场上增强了其品牌的可见性和影响力，还成功地提升了消费者的参与度和品牌忠诚度。这些策略的实施，特别是个性化推广和便捷的购物体验，显著提高了宝洁产品的销售量。宝洁在中国市场的微信营销案例展示了如何有效地利用新媒体平台来提升品牌认知度、增加用户参与度，并驱动销售增长。通过创造有价值的内容、加强与消费者的互动、提供个性化的推广信息及便捷的购物体验，宝洁成功地实现了其在数字化时代的市场营销目标。这一案例为其他企业提供了一个新媒体营销的成功范例，尤其是在高度竞争的消费品市场中。

第三节　数字化营销

一、数字化营销的含义与特点

（一）数字化营销含义

数字化营销是当代市场营销领域的一大革新，其核心在于利用数字技术来执行营销策略和活动，以更有效地达到目标客户群。这种营销方式深刻改变了企业与消费者之间的互动模式，为企业提供了前所未有的方式来了解、吸引并留住客户。

数字化营销的含义不仅局限于互联网营销或社交媒体营销，还涵盖了所有通过数字渠道进行的营销活动。它包括搜索引擎优化、内容营销、电子邮件营销、移动营销、在线广告及社交媒体营销等多种形式。通过这些渠道，企业能够以低成本高效率的方式与目标市场进行互动，实现品牌推广和销售增长。

数字化营销的特点体现在其高度的可量化性、定制化和互动性。与传统营销相比，数字化营销能够提供实时的数据反馈，企业可以即时监测营销活动的效果，如网站访问量、广告点击率、社交媒体互动和电子邮件打开率等，从而实时调整营销策略，优化营销效果。定制化是指企业可以根据消费者的具体需求和偏好，提供个性化的营销信息和产品，增强消费者的购买意愿。互动性则体现在企业与消费者之间可以进行双向沟通，通过社交媒体平台、在线论坛等渠道收集消费者反馈，及时解答消费者疑问，建立良好的客户关系。

在实施数字化营销时，企业需要关注几个关键要素。首要是内容的质量，高质量、有价值的内容是吸引和保持用户关注的基础。其次是数据分析的能力，通过分析消费者数据来洞察消费者行为和偏好，定制营销策略。再次，是对技术的运用，比如搜索引擎优化、大数据分析和人工智能等，这些技术的应用可以提升营销效率和效果。最后是维持与客户的互动，通过持续的沟通和良好的客户服务来建立长期的客户关系。

数字化营销为企业带来的好处是显而易见的。它不仅可以帮助企业扩大市场覆盖范围，提高品牌知名度，还可以增强与消费者的互动，提高客户满意度和忠诚度。此外，数字化营销的成本效益也非常明显，相比于传统的广告投放，数字化营销更加经济高效，尤其适合那些预算有限的中小企业。

然而，数字化营销也面临着挑战，例如，数据安全和隐私保护问题、信息过载问题及快速变化的技术环境等。企业在实施数字化营销时，需要不断学习和适应最新的市场趋势和技术发展，同时确保遵守相关的法律法规，保护消费者的隐私权益。

综上所述，数字化营销是市场营销领域的一次重大革新，它通过高度的可量化性、定制化和互动性，为企业提供了有效触达和影响目标客户的新途径。尽管面临一些挑战，但其所带来的好处使得数字化营销成为当代企业营销策略不可或缺的一部分。企业应该充分利用数字化营销的优势，不断优化营销策略，以适应不断变化的市场环境，实现可持续发展。

（二）数字化营销特点

数字化营销作为当今市场营销革命的重要组成部分，其核心特点是利用数字技术来实现营销目标的一种创新手段。它通过互联网、社交媒体、搜索引擎、移动设备等数字渠道，与消费者进行互动交流，实现品牌推广和销售增长。

在探索数字化营销的核心特点时，不难发现其独特之处主要体现在以下几个方面：

高度的互动性：数字化营销允许企业与消费者之间进行双向互动，消费者可以直接通过社交媒体平台、评论、论坛等方式反馈自己的意见和需求，企业也可以根据这些反馈快速调整营销策略，实现个性化的服务和沟通。

精准的目标定位：通过大数据分析和算法，数字化营销能够精确识别和分析目标消费群体的特征和行为模式，从而实现更为精准的市场细分和定位。这种精准定位不仅提高了营销效率，还大大降低了营销成本。

内容的多样性和丰富性：数字化营销不受传统媒体形式的限制，可以利用文字、图片、音频、视频等多种形式传递信息，吸引消费者的注意力，并提高信息的传播效率。

灵活性和即时性：数字化营销具有极高的灵活性和即时性，企业可以根据市场变化和消费者反馈实时调整营销策略和内容，快速响应市场需求。

可测量性和可追踪性：与传统营销相比，数字化营销的一个显著优势是其结果易于量化和跟踪。通过各种在线分析工具，企业可以实时监控营销活动的效果，包括点击率、转化率、访问量等关键指标，从而更有效地评估营销策略的效果。

成本效益高：相较于传统的广告方式，数字化营销通常需要较低的成本就能达到广泛的覆盖，特别是对于中小企业而言，数字化营销提供了一个性价比极高的市场进入和品牌推广途径。

在实践中，数字化营销的成功案例层出不穷。企业通过创造有价值的内容吸引目标客户，运用搜索引擎优化提高网站的搜索排名，利用社交媒体营销增强品牌影响力，通过电子邮件营销维护客户关系，以及运用大数据和人工智能技术提升营销决策的准确性。

然而，数字化营销的挑战也不容忽视。数据安全和隐私保护成为越来越重要的议题，消费者对于个人信息的保护要求越来越高。此外，数字化营销的高度竞争性也要求企业不断创新和优化其营销策略，以保持竞争优势。

综上所述，数字化营销通过其互动性、精准性、多样性、灵活性、可测量性和高成本效益等核心特点，为企业提供了前所未有的营销机会。面对不断变化的市场环境和消费者需求，企业应不断探索和实践，充分利用数字化营销的优势，实现品牌价值的最大化。

相较于传统营销，数字化营销具有成本效益更高的特点。传统营销如电视、广播、印刷广告等通常需要较高的预算，而数字营销通过社交媒体、搜索引擎优化、电子邮件营销等形式，能够以更低的成本达到相似乃至更好的宣传效果。

数据驱动是数字化营销的一个核心优势。通过各种在线工具和平台，营销者能够实时收集和分析消费者行为数据，如点击率、浏览时间、购买历史等，这些数据帮助营销者更精准地理解目标市场和消费者需求，从而设计出更加个性化、更能引起共鸣的营销活动。

互动性是数字化营销的另一显著特点。与传统营销相比，数字化营销能够实现与消费者的双向沟通。通过社交媒体平台、论坛、博客等，企业可以直接听取消费者的反馈和建议，及时调整营销策略和产品服务，这种互动性极大增强了品牌忠诚度和消费者满意度。

针对性和个性化是数字化营销的重要特征。依靠强大的数据分析能力，数字化营销可以对不同的消费者群体进行精准定位，提供符合其兴趣偏好和消费习惯的信息和服务。相对于传统营销中的“一刀切”策略，数字化营销能够实现更高效的资源分配和更优的营销效果。

快速反应能力也是数字化营销区别于传统营销的一个重要方面。在数字化营销中，企业可以实时监控营销活动的效果，并根据市场反馈快速调整策略。这种灵活性和适应性使得数字化营销在快速变化的市场环境中具有更强的竞争力。

总体来看，数字化营销相对于传统营销，展现了更高的效率、成本效益、精准度和互动性。随着科技的发展和消费者行为的变化，数字化营销的重要性和优势将会越来越明显，成为企业营销战略中不可或缺的一部分。

二、数字化营销的策略与方法

（一）数字化营销策略

数字化营销策略的理论与实践深刻反映了在当今社会信息技术快速发展的大背景下，企业如何利用数字工具和平台进行品牌推广、顾客互动和销售增长的复杂过程。随着互联网和移动互联技术的普及，传统的营销模式已经不能完全满足市场和消费者的需求，数字化营销因其独特的优势而成为企业不可忽视的战略选择。

在理论方面，数字化营销依托于数字技术的发展，包括社交媒体营销、内容营销、搜索引擎优化、电子邮件营销、网络广告等多种方法。这些策略都旨在通过互联网平台增加品牌曝光度、优化用户体验、提高客户参与度和忠诚度。社交媒体营销利用社交网络的广泛覆盖，为品牌提供了与消费者直接交流的渠道，通过发布有吸引力的内容来增加用户参与度。内容营销侧重于创造并分发有价值的内容，以吸引和留住明确的目标受众，最终驱动盈利性行为。搜索引擎优化则是通过优化网站使其在搜索引擎中更容易被找到，从而增加网站的可见性和访问量。电子邮件营销通过发送定制化的邮件内容，维护与现有客户的关系，同时吸引新客户。网络广告则通过在互联网上发布广告来直接吸引目标消费者。

在实践层面，成功的数字化营销策略需要企业深入了解其目标客户的行为和偏好。这要求企业收集和分析大量的数据，包括消费者的在线行为、购买历史和社交媒体活动等。通过这些数据，企业可以制定更加个性化、精准的营销计划，以达到更高的转化率和顾客满意度。此外，移动营销的兴起也为数字化营销带来了新的机遇。随着智能手机的普及，企业可以通过移动应用、短信营销等手段，更加便捷地接触到消费者，提供实时、位置相关的服务和信息，从而增强顾客体验和品牌忠诚度。

社交媒体的影响力不断扩大，为品牌提供了一个展示企业文化、价值观和社会责任的平台。通过与消费者建立真诚的对话，收集他们的反馈和建议，企业可以更好地调整产品和服务，以满足市场的需求。同时，利用数据分析工具，企业可以监控和评估其数字化营销活动的效果，及时调整策略以优化营销投资回报率。

综上所述，数字化营销策略的理论与实践要求企业不仅要掌握和运用各种数字化工具和平台，还要深入了解消费者的需求和行为，通过数据驱动的决策来优化营销活动。这不仅需要技术的支持，也需要企业文化和组织结构的适应和变革，以便在数字化时代中获得竞争优势。

（二）数字化营销方法的设计与运用

数字化营销方法的设计与运用涉及了一系列策略，旨在通过互联网和数字平台有效地连接企业与其目标客户。这一领域的发展是市场营销适应数字化时代的必然结果，它不仅是传统营销策略的电子化表现，还是利用数字技术创造全新的价值提供方式和顾客互动模式的变革。

在设计数字化营销方法时，企业需要对其品牌定位、目标市场和顾客行为有深入的理解。这一过程中，数据分析起着关键的作用。通过收集和分析大量的用户数据，企业可以更准确地了解目标客户的需求、偏好和行为模式，从而设计出更为个性化、更能引起共鸣的营销活动。

内容营销是数字化营销中的重要组成部分。通过创造有价值的、与品牌相关的内容，企业可以吸引用户的注意力，同时提升品牌的知名度和权威性。这些内容可以是文章、视频、图像或是社交媒体帖子等多种形式，关键在于内容能够为目标受众提供真正的价值。

社交媒体营销也是数字化营销中不可忽视的一环。通过在各大社交媒体平台上与用户建立连接，企业不仅可以扩大其品牌的影响力，还可以利用这些平台的社交网络效应，促进口碑营销。在这一过程中，及时的互动和高质量的客户服务是保持用户参与度和忠诚度的关键。

搜索引擎优化和搜索引擎营销是提高在线可见性的重要策略。通过优化网站和内容，以及利用搜索引擎广告，企业可以提高其在搜索引擎结果页上的排名，从而吸引更多的流量。

电子邮件营销虽然是一种较为传统的数字营销形式，但在维护客户关系和提高转化率方面依然发挥着重要作用。通过发送个性化的邮件，企业可以在不打扰用户的情况下，有效传达促销信息，提醒用户关注新产品或服务。

在运用这些数字化营销方法时，创新和测试是至关重要的。市场和技术的快速变化意味着，企业需要不断试验新的策略和工具，以保持其营销活动的有效性和相关性。此外，对营销活动的效果进行持续的监测和分析，能够帮助企业及时调整策略，优化营销效果。

数字化营销不仅仅是关于技术的运用，更是关于如何在数字时代建立和维护与顾客的关系。在设计和运用数字化营销策略时，企业应该始终将顾客的需求和体验放在首位，以创造真正的顾客价值为目标，这是实现营销成功的关键。通过这样的方法，企业不仅能够提高其品牌的在线影响力，还能在竞争激烈的市场中脱颖而出，实现长期的增长和成功。

三、数字化营销的实践与案例分析

（一）数字化营销实践的要素

数字化营销作为市场营销的一种重要形式，在当今社会发展中扮演着越来越重要的角色。随着互联网技术的不断进步和数字化工具的日益丰富，数字化营销已经成为连接企业与消费者、实现产品与服务有效传递的关键桥梁。在这一背景下，理解数字化营销实践的关键要素，对于任何希望在市场竞争中脱颖而出的企业来说都至关重要。

数字化营销的实践并不是一个孤立的过程，而是涉及多个方面的协同工作。这包括内容营销、搜索引擎优化、社交媒体营销、电子邮件营销、在线广告及数据分析等多个方面。每一个方面都有其独特的作用，但彼此之间又紧密相关，共同构成了数字化营销的整体策略。

内容营销位于数字化营销实践的核心位置。高质量、有价值的内容能够吸引并留住目标受众，促进品牌形象的建立和提升。内容营销不仅是关于文章和博客的编写，还涉及视频、图像、信息图表等多种形式的内容创作。通过提供有价值的内容，企业可以与消费者建立信任关系，增加品牌的可见度和影响力。

搜索引擎优化是数字化营销中一个不可或缺的要素。通过优化网站和内容，提高网站在搜索引擎结果页中的排名，企业可以增加其在线可见性，吸引更多的潜在客户。搜索引擎优化策略包括关键词研究、网站优化、链接建设等，旨在提升网站的用户体验和搜索引擎结果页中的排名。

社交媒体营销则利用社交媒体平台来推广产品和服务，与消费者建立直接的沟通和互动。社交媒体的广泛使用为企业提供了一个宝贵的机会，通过定期发布有吸引力的内容和参与社交媒体对话，来增强与消费者的关系。

电子邮件营销是一种成本效益高且能够直接触达目标受众的营销方式。通过发送定制化的邮件内容，企业可以维护现有客户关系，同时吸引新客户。有效的电子邮件营销策略需要精心设计的邮件模板、有吸引力的主题和个性化的内容。

在线广告包括搜索引擎广告、社交媒体广告和展示广告等形式，能够帮助企业快速提高品牌知名度和产品销量。通过精准定位目标受众和优化广告内容，企业可以最大化广告投资的回报率。

数据分析是数字化营销实践中的另一项基石。通过分析消费者行为数据、市场趋势和营销活动的效果，企业可以获得宝贵的洞察，指导营销决策和策略调整。利用数据分析工具，企业可以更好地了解目标受众的需求和偏好，从而制定更加有效的营销策略。

综上所述，数字化营销的实践涉及多个关键要素，包括内容营销、搜索引擎优化、社交媒体营销、电子邮件营销、在线广告及数据分析等。这些要素相互依赖，共同作用，构成了一套全面的数字化营销策略。企业需要根据自身的特点和目标受众的需求，灵活运用这些要素，以实现市场营销的最大化效果。在数字化时代，掌握这些关键要素并有效实践，将是企业成功的关键。

（二）数字化营销成功的核心

成功的数字化营销策略分析需要深入探讨数字化营销活动的有效性，关注如何通过各种在线平台和工具实现品牌增长和客户参与度的提升。数字化营销的核心在于使用数据驱动的方法来优化营销活动，确保营销信息能够精准地达到目标受众。

在这个过程中，分析用户行为数据和市场趋势是至关重要的。通过跟踪用户在线行为，品牌可以更好地理解客户的需求和偏好，从而设计更具吸引力的营销活动。例如，使用谷歌分析等工具可以帮助营销人员了解哪些内容对用户最具吸引力，哪些营销渠道最有效，以及用户通常在什么时间在线等。

内容营销是数字化营销策略中的一个重要组成部分。创造有价值、相关且吸引人的内容可以帮助品牌建立权威，提高品牌知名度。此外，优质内容还能促进搜索引擎优化，提高网站在搜索引擎结果页中的排名，吸引更多潜在客户。

社交媒体营销也是数字营销策略中不可忽视的一环。通过在各大社交平台上与目标受众互动，品牌可以增强用户参与度和忠诚度。这不仅局限于发布广告，更包括创建互动内容、参与话题讨论、举办线上活动等，以此来提升品牌影响力。

电子邮件营销同样是一种高效的数字化营销手段。通过发送个性化邮件，品牌可以与用户直接沟通，为用户提供有关产品或服务的信息，以及特别优惠和最新动态。个性化的邮件内容可以大大提高打开率和点击率。

另外，利用大数据和人工智能技术对营销策略进行优化也是现代数字化营销的趋势之一。这些技术可以帮助营销人员更准确地预测市场趋势，实现个性化营销，提高营销活动的效率和效果。

在实施数字化营销策略时，衡量和分析营销活动的表现至关重要。这不仅包括监测网站流量、用户参与度和转化率等关键性能指标，还包括使用 A/B 测试等方法来测试不同营销策略的效果，从而不断优化营销活动。

通过上述分析，可以看出成功的数字化营销策略需要综合运用多种方法和工具，持续跟踪和分析数据，以及灵活调整策略以应对市场变化。在数字化营销领域，创新和灵活性是实现长期成功的关键。

数字化营销作为市场营销时代革新的重要组成部分，已经深入企业运营的各个层面，影响着品牌与消费者之间的互动方式。通过对典型数字化营销案例的研究，我们能够深入理解数字化营销的策略、工具及其实施效果，进而为企业提供更加有效的市场营销方案。

案例分析：数字化营销在现代企业中的成功实践

随着数字技术的迅速发展和消费者行为的变化，企业在数字化营销中扮演着越来越重要的角色。本案例将探讨一家虚拟现实技术公司如何通过多种数字化营销策略，成功提升品牌知名度、增强客户忠诚度并促进产品销售。

XYZ 虚拟现实技术公司，专注于开发创新的虚拟现实解决方案，面临着市场竞争激烈和产品认知度不足的挑战。在数字化时代，他们急需一套综合的营销策略来扩展其市场份额并吸引更多潜在客户。

XYZ 公司利用社交媒体平台，通过发布吸引人的虚拟现实案例和用户见证，与目标客户建立密切的互动。定期举办的虚拟现实体验活动和问答环节，有效提升了用户参与度和品牌忠诚度。例如，他们通过与用户分享虚拟现实技术的未来愿景和案例应用，增强了品牌在行业内的权威性和吸引力。

通过精准的关键词研究和优化网站内容，XYZ 公司在搜索引擎结果页中提升了排名。他们优化了关于虚拟现实技术的核心术语和案例研究页面，使得更多潜在客户能够通过搜索引擎找到并了解到他们的解决方案。

XYZ 公司以高质量的博客文章、技术视频和虚拟现实应用指南为核心内容，吸引了技术爱好者和决策者的关注。这些内容不仅提升了品牌的认知度，还为潜在客户提供了深入了解虚拟现实技术的机会，有助于他们在决策过程中选择 XYZ 公司的解决方案。

通过精准的客户分群和个性化的电子邮件营销活动，XYZ 公司成功地与潜在客户建立了长期稳定的沟通渠道。他们定期发送关于新技术发布、行业趋势和独家优惠的邮件，不仅增加了用户参与度，还促进了销售转化率的提升。

XYZ 公司通过搜索引擎广告、社交媒体广告和移动设备优化，迅速扩大了品牌的曝光度和市场影响力。他们利用精准的广告投放和实时数据分析，优化了广告效果，并确保了投资回报率的最大化。移动营销策略如移动应用推广和短信营销，进一步增强了与消费者之间的互动体验和品牌认知度。

通过综合运用社交媒体营销、搜索引擎优化、内容营销、电子邮件营销、在线广告和移动营销等策略，XYZ 公司在竞争激烈的虚拟现实技术市场中取得了显著的市场份额增长和品牌影响力提升。他们的成功不仅来自技术创新，更得益于对数字化营销工具和渠道的深入理解，以及持续优化和创新的精神。

随着技术和市场的不断发展，XYZ 公司将继续通过数据驱动的营销策略和用户体验优化，保持其在虚拟现实技术领域的领导地位。持续的市场研究和用户洞察将是他们未来数字化营销成功的关键，帮助他们应对快速变化的市场挑战，实现利润持续增长和客户满意度的提升。

第五章　市场营销策划理念创新

第一节　体验与服务营销策划

一、体验营销的含义与特点

体验营销是一种创新的营销策略，它强调通过提供独特、个性化的客户体验来促进产品或服务的销售。与传统的营销策略相比，体验营销更加关注消费者的感受和体验，旨在创造一种情感连接，从而增强品牌忠诚度和市场竞争力。

体验营销的核心理念认为，消费者的购买决定不仅仅基于产品的功能或价格，更多的是基于购买过程中的体验和感受。这种策略涉及多个方面，包括感官体验、情感体验、思维体验、行动体验和关联体验，通过这些体验的综合作用，营造出一种全面的、难以忘怀的消费者体验。

在体验营销中，感官体验是基础，它通过视觉、听觉、嗅觉、触觉和味觉等感官直接影响消费者的情绪和感受。比如，通过精美的产品包装、独特的店面设计、舒适的购物环境等来吸引消费者的注意力，激发其购买欲望。

情感体验则是体验营销的核心，它通过建立消费者与品牌之间的情感联系，使消费者在心理上产生认同感和归属感。品牌可以通过故事营销、公益活动或用户互动等方式，激发消费者的情感共鸣，从而加深其对品牌的忠诚度。情感式营销策略体现在广告、产品及其名称、促销甚至消费过程中。如表 5-1 所示。

表 5-1　情感式营销策略的应用

应用领域	简要说明	举例
情感广告	在广告创意中注入浓浓的情感因素，可以打动人、感动人、影响人，在强烈的感情共鸣中宣传广告内容，达到非同一般的广告效果	三九胃泰塑造了“悠悠寸草心，报得三春晖”的感人形象；南方黑芝麻糊则以“一股浓香，一缕温暖”唤起消费者的情感共鸣
情感商品	在商品的名称、外观设计、包装中赋予情感的内涵，使其富有人情味	“红豆”品牌与诗《相思》的结合
情感促销	契合关注人生、关注情感的主题，最大限度地与消费者产生共鸣、沟通，营造品牌良好的个性亲和力	力波啤酒捐助希望工程的促销活动
情感设计	通过网络，倡导以顾客为中心，为顾客创造价值，让顾客自己设计产品，包括产品的式样、颜色、包装、销售渠道，甚至广告、价格	丰田汽车公司让顾客自己设计车型、颜色、配备等，并通过电脑屏幕，亲眼看到其生产的全过程
情感体验	营销人员应将“尊重顾客”牢记于心，使其贯穿于一切体验营销活动中，巧妙地运用这门技巧，使人感到真诚	高档发廊里提供免费的饮料；机场的登机处有免费的糖果

思维体验主要是通过创新和教育来吸引消费者，让他们在理解产品的过程中获得新知识或新观点。这种体验往往能够激发消费者的好奇心，促使他们更加主动地探索产品或服务。

行动体验则是指通过参与活动或体验服务，消费者能够亲身体验到产品的价值和效果。这种亲身体验是非常有利的，因为它能够直接影响消费者的购买决策。

关联体验是指消费者通过产品或服务与其他消费者进行互动和交流，形成社区感或归属感。这种体验可以通过社交媒体、用户论坛或品牌活动等形式来实现。

体验营销的重要性在于它能够为消费者提供超出传统购买过程的价值，通过创造独一无二的购买体验，不仅可以增加消费者的满意度和忠诚度，还能有效地区分品牌，提高市场竞争力。在当前市场环境下，消费者对产品和服务的要求越来越高，单纯依靠价格竞争或产品功能的竞争已经越来越难以满足市场的需求。因此，体验营销成为品牌吸引和留住消费者的重要手段之一。

体验营销是一种创新的市场营销策略，其核心在于通过创造和提供独特的消费体验来吸引和留住客户。这种营销方式强调的是消费者在购买过程中的感受、体验和参与，而非仅仅关注产品或服务本身的功能和质量。体验营销的目的在于建立消费者与品牌之间更深层次的情感连接，从而促进品牌忠诚度和口碑传播。

体验营销的主要特性包括个性化、互动性、情感化和记忆性。个性化体现在营销活动能够根据不同消费者的偏好和需求提供定制化的体验。这种个性化的体验能够使消费者感到品牌对他们的独特需求和愿望给予的重视，从而增加消费者的满意度和忠诚度。

互动性是体验营销的另一个核心特点。通过参与式的活动设计，消费者可以直接参与到产品的体验过程中，如试用、游戏、竞赛等。这种互动不仅增加了消费者对产品的了解和兴趣，而且通过参与过程中的乐趣还能加强消费者对品牌的正面情感。

情感化强调通过营销活动触发消费者的情感反应，包括愉悦、惊喜、认同感等。情感化的体验能够更深层次地吸引消费者，使他们不仅记住了品牌提供的产品或服务，更记住了与之相关的情感体验。这种深刻的情感联系是传统营销难以实现的，它有助于建立消费者对品牌的长期忠诚。

记忆性则指体验营销创造的体验能够在消费者心中留下深刻的印象，成为他们记忆中的一部分。这种记忆不仅包括对产品本身的记忆，更重要的是对体验过程中情感和感官的记忆。记忆性强的营销活动能够促进口碑的传播，消费者更倾向于与他人分享自己的体验，从而吸引更多潜在客户。

体验营销的实施要求企业能够深刻了解目标消费者的需求和偏好，以及他们的生活方式和价值观。这需要企业进行市场研究，收集和分析大量的消费者数据，以便设计出能够触动消费者情感、符合他们期望的体验。此外，体验营销还需要企业具备一定的创新能力，不断探索新的体验形式和技术，以保持营销活动的新鲜感和吸引力。

通过这些特性，体验营销为品牌与消费者之间建立了一种新的互动模式，不仅增强了消费者的品牌忠诚度，而且提高了品牌的市场竞争力。在当今市场环境中，消费者对产品和服务的期望不断提高，体验营销成为企业脱颖而出的重要策略之一。

二、服务营销的含义与重要性

（一）服务营销的含义

服务营销是市场营销的重要分支，它专注于非物质利益的交换过程，涉及个体或团体之间的服务交换。与传统的产品营销相比，服务营销的特点更加注重服务的非物质性、不可分割性、变异性和易逝性。这些特点决定了服务营销需要采取不同的策略和方法来吸引和留住顾客。

服务营销的定义强调了服务的本质和服务交付过程中顾客体验的重要性。服务不仅是一种经济活动，它还是一种社会交互过程，在这个过程中，服务提供者和顾客共同创造价值。因此，服务营销的核心概念不仅包括服务的四个基本特征（非物质性、不可分割性、变异性和易逝性），还包括顾客体验、顾客参与、服务质量和顾客满意度等关键因素。

在服务营销中，顾客体验的管理至关重要。这是因为服务的消费往往与服务的生产同时发生，顾客在服务交付过程中的体验直接影响到服务的感知质量和顾客满意度。因此，服务提供者需要设计和实施有效的服务交付流程，确保每个接触点上顾客的体验都能达到或超过预期。

顾客参与是服务营销的另一个核心概念。由于服务的产生和消费通常是同步发生的，顾客的参与成为服务质量和最终价值创造的关键因素。顾客参与不仅提高了服务的个性化程度，还增加了顾客对服务结果的控制感，从而提高了顾客满意度和忠诚度。

服务质量的管理是服务营销策略中不可或缺的一部分。服务质量通常通过五个维度来衡量：可靠性、响应性、保证、同情心和有形性。通过提高服务质量，服务提供者能够建立和维护与顾客之间的长期关系，从而在竞争激烈的市场中获得优势。

顾客满意度是衡量服务营销效果的关键指标。它反映了顾客对服务的整体评价，是顾客忠诚度和口碑传播的重要驱动因素。服务提供者通过不断优化服务流程和提高服务质量，可以有效提升顾客满意度，促进业务的持续增长。

综上所述，服务营销的定义和核心概念强调了服务的特殊性和顾客体验的中心地位。通过理解和应用这些概念，服务提供者可以设计出更有效的营销策略，提供高质量的服务，满足顾客的需求和期望，从而在竞争日益激烈的市场中脱颖而出。服务营销不仅要求提供者掌握专业的服务技能，还要求其深入了解顾客的需求和期望，以及如何通过有效的交流和互动来满足这些需求，创造独特的顾客体验。这要求服务营销者不断创新服务提供的方式，通过技术和创意来增强服务的吸引力和价值。在这一过程中，对顾客行为的洞察、顾客关系的管理及服务创新的能力成为确保服务营销成功的关键因素。因此，服务营销的实践者需要具备跨学科的知识和技能，能够灵活应对市场变化，不断提升服务质量和顾客满意度，以实现可持续的业务增长和竞争优势。

（二）服务营销的重要性

在服务营销的核心概念中，顾客体验占据了至关重要的位置。这是因为在当今的市场环境下，产品和服务越来越同质化，企业之间的竞争已经从产品的竞争转变为服务和体验的竞争。顾客体验不仅影响着顾客的满意度和忠诚度，而且直接关系到企业的市场份额和利润水平。一个优质的顾客体验可以增强顾客的忠诚度，促使他们进行口碑宣传，从而吸引更多的顾客。

服务营销的重要性还体现在它对企业品牌形象的塑造上。通过提供高质量的服务，企业可以在顾客心中建立起强大的品牌形象，这种形象会成为企业区别于竞争对手的重要标志。高水平的服务营销能够使企业在顾客心中留下深刻的印象，提高顾客对企业产品和服务的认知度，从而增强企业的市场竞争力。

此外，服务营销还具有促进企业创新的作用。在服务营销过程中，企业需要不断地收集顾客的反馈信息，分析顾客的需求和期望。这些信息对于企业改进产品和服务，以及开发新的产品和服务具有重要的参考价值。通过持续的创新，企业可以更好地满足市场的需求，提高自身的竞争能力。

服务营销对于提高顾客满意度和忠诚度同样至关重要。优质的服务不仅能够满足顾客的基本需求，还能超出他们的期望，从而提高顾客的满意度。高水平的顾客满意度是企业获得顾客忠诚度的基础，忠诚的顾客会反复购买企业的产品和服务，并向其他人推荐，形成正向的口碑效应，这对于企业的长期发展具有极其重要的意义。

综上所述，服务营销不仅对于企业在激烈的市场竞争中脱颖而出具有至关重要的作用，而且对于企业建立良好的顾客关系、提高顾客满意度和忠诚度、促进企业的创新和可持续发展等方面都具有重要的价值。因此，企业应该给予服务营销足够的重视，将其作为企业战略规划的重要组成部分，不断探索和创新服务营销的策略和方法，以实现企业的长期发展目标。

三、体验与服务营销策划的策略与方法

（一）体验营销策划

体验营销策划的理念与策略，在市场营销的领域中占据了越来越重要的地位。这种策划方式强调通过为消费者提供独特、个性化的体验来促进产品或服务的销售，从而在激烈的市场竞争中脱颖而出。体验营销不仅仅是一种营销技巧，更是一种企业与消费者建立情感联系的桥梁，通过这种连接，企业可以更深入地了解消费者的需求与偏好，进而提供更加吸引人的产品和服务。

在体验营销策划中，企业需要关注的核心是消费者的体验过程，这包括消费者与产品或服务接触的每一个环节。为了提升消费者的体验，企业需要从多个维度进行考虑，比如环境氛围的营造、服务人员的互动技巧、产品或服务的个性化定制等。通过这些细节的精心策划与执行，可以显著提高消费者的满意度和忠诚度，从而促进品牌价值的提升。

体验营销的一个关键策略是创造令人难忘的品牌体验。这可以通过举办特殊活动、利用虚拟现实技术提供沉浸式体验，或者通过故事讲述等方式实现。这些策略能够激发消费者的情感反应，使品牌印象深刻且持久。例如，一些高端品牌会通过邀请消费者参与封闭的品鉴会或者提供定制化服务来增强消费者的体验感和归属感。

除此之外，社交媒体的利用也是体验营销策划中不可忽视的一部分。社交媒体平台提供了一个互动性极强的环境，企业可以通过这些平台与消费者建立直接的联系，收集消费者的反馈和建议，及时调整营销策略。同时，满意的消费者在社交媒体上的正面分享也能为品牌带来更多的潜在客户。

在进行体验营销策划时，还需要注意策略的持续性和创新性。市场和消费者的需求是不断变化的，因此，企业需要不断地更新体验营销的内容和形式，以适应市场的变化和消费者的新期望。这要求企业必须具备敏锐的市场洞察力和强大

的创新能力，才能在竞争中保持优势。

体验营销策划的成功在很大程度上依赖于企业内部的协同作业能力。不同部门之间需要紧密合作，确保从产品开发到市场推广的每一个环节都能够贯彻体验营销的理念。这种跨部门的合作可以促进资源的有效整合，提高策划实施的效率和效果。

综上所述，体验营销策划要求企业从消费者的体验出发，通过创造独特、个性化的体验来满足消费者的需求，从而建立和消费者之间的情感联系，提升品牌的竞争力。这需要企业不断地创新和调整策略，以适应市场和消费者的变化，同时也需要内部各部门之间的紧密合作，确保策划的顺利实施。

（二）服务营销策划

服务营销策划的方法与实践是一个综合性的领域，它涉及如何通过创新的策划方法和实践活动，提供卓越的客户服务体验，从而在市场中获得竞争优势。在当前的商业环境中，服务营销不仅仅是关于传统的服务交付，更是关于如何创造独特的顾客体验，以及如何将这些体验转化为品牌的持续竞争力。

服务营销策划的核心在于理解顾客的需求和期望，并围绕这些需求和期望设计服务。这要求企业不仅要有深刻的市场洞察力，还要有创新思维，以便不断地探索和实践新的服务营销方法。企业需要从顾客的角度出发，深入分析顾客的消费行为、偏好和体验过程，从而设计出能够触动顾客情感、满足顾客需求的服务方案。

在服务营销策划的实践中，故事讲述是一个非常有效的方法。通过构建引人入胜的品牌故事，企业可以更好地与顾客建立情感联系，增强顾客对品牌的忠诚度和信任感。故事讲述不仅能够传递产品或服务的功能性信息，还能传达品牌的价值观和文化，使顾客能够在情感层面与品牌产生共鸣。

另外，利用科技手段提升服务体验也是服务营销策划中不可或缺的一环。随着科技的发展，数字化工具和平台为服务营销提供了全新的可能性。例如，通过大数据分析，企业可以更准确地识别顾客的偏好和行为模式，从而提供更加个性化的服务。同时，利用虚拟现实、增强现实等技术，可以创造出沉浸式的顾客体验，为顾客提供超越传统服务的全新体验。

在实施服务营销策划时，持续的创新和改进同样重要。市场环境和顾客需求在不断变化，因此，企业需要建立起快速响应市场变化的机制，不断调整和优化服务营销策略。这包括对服务流程的持续优化，以提高服务效率和质量，以及对服务内容的不断创新，以满足顾客日益多样化的需求。

在服务营销策划的过程中，员工的角色也非常关键。员工是服务交付的直接执行者，他们的行为和态度直接影响顾客的服务体验。因此，培养员工的服务意识和技能，以及建立激励机制以提升员工的服务热情和效率，对于提高服务质量和顾客满意度至关重要。

服务营销策划的成功不仅依赖于创新的策略和方法，还需要强大的执行力和持续的优化。通过深入了解顾客需求，运用故事讲述和科技手段增强服务体验，以及不断创新和优化服务营销策略，企业可以有效提升服务质量，增强顾客满意度和忠诚度，从而在激烈的市场竞争中脱颖而出。

（三）创新体验与服务营销策划的关键要素

在探索创新体验与服务营销策划的关键要素时，需要深入了解市场营销的新趋势，即如何通过提升消费者的体验和服务质量来增强品牌影响力和市场竞争力。市场营销的核心已从传统的产品和价格竞争，转向为消费者提供独一无二和难忘的体验。这种转变要求营销策划者不仅需要关注产品或服务本身，而且更要关注消费者的感受和体验。

要素一：顾客参与度的提升。顾客参与是体验与服务营销策划中的一个关键要素。通过增加顾客的互动和参与度，企业可以更好地了解顾客的需求和偏好，从而设计出更加个性化和有针对性的服务。例如，通过社交媒体平台、线上论坛或顾客社区，鼓励顾客分享他们的体验和建议，企业可以收集宝贵的第一手数据，为产品和服务的改进提供指导。

要素二：情感连接的建立。情感连接是创新体验与服务营销策划中另一个不可或缺的要素。通过打造情感共鸣，品牌可以深化与顾客的关系，增强品牌忠诚度。这需要企业深入挖掘目标顾客的情感需求和价值观，以此为基础设计营销信息和活动，使之能触动顾客的心灵，留下深刻的印象。

要素三：创新技术的应用。随着科技的进步，如增强现实、虚拟现实、人工智能等技术的发展，为体验与服务营销策划提供了新的可能性。通过这些技术，企业可以创造出前所未有的消费者体验，如虚拟试衣间、在线互动体验等，这些都能极大地提升消费者的参与度和满意度。

要素四：个性化和定制化服务的提供。在当今市场，消费者越来越追求个性化和定制化的产品和服务。因此，企业需要利用数据分析和消费者行为研究，了解每位顾客的独特需求，然后提供量身定制的解决方案。这不仅能满足消费者的个性化需求，还能增强品牌与消费者之间的连接。

要素五：持续的创新和改进。市场和消费者的需求是不断变化的，因此，持续的创新和改进对于体验与服务营销策划至关重要。企业需要不断探索新的营销方法和渠道，及时调整和优化营销策略，以应对市场变化和消费者需求的演变。

通过上述要素的深入探讨，可以看出，创新体验与服务营销策划要求企业不断地从顾客的视角出发，探索和实施新的策略和方法，以提升顾客的体验和满意度，进而推动企业的长期发展和成功。这不仅涉及营销策略的创新，还包括企业文化、组织结构和运营模式的适应性变革，以更好地支持以顾客为中心的营销理念。

第二节　文化与创新营销策划

一、文化营销的含义与特点

（一）文化营销的定义与重要性

文化营销是一种将产品或服务与特定文化元素相结合，以此来吸引目标市场的营销策略。这种策略认识到文化是影响消费者行为和偏好的重要因素，因此通过与消费者的文化价值观和认同感进行连接，营销活动能够更加有效。文化营销的定义涉及营销活动与文化元素的融合，这不仅仅是简单的产品宣传，更是一种深层次的、情感上的连接，旨在创造和维持消费者的忠诚度。

文化营销的起源可以追溯到市场营销领域对消费者行为的深入研究和洞察。随着全球化的发展，不同文化背景的消费者对产品和服务的需求日益多样化，企业开始寻求更有效的方式来吸引并保持消费者的注意力。通过将营销活动与消费者的文化背景相结合，企业能够更加精准地定位其目标市场，同时提高品牌的吸引力和市场竞争力。

文化营销的特点包括深度挖掘和利用文化价值、传统和信仰，以及将这些文化元素与品牌形象紧密相连。这种策略不仅关注于销售产品或服务，而且还致力于通过文化的力量建立情感连接，从而促进消费者对品牌的认可和忠诚。文化营销通过讲述与消费者文化相关的故事，利用文化符号和意象，来提升品牌的认知度和吸引力。

在实施文化营销策略时，企业需要深入研究目标市场的文化特征，包括语言、宗教、艺术、习俗和价值观等方面。这种深入的文化理解能够帮助企业设计出更具吸引力和相关性的营销信息，从而有效地与目标消费者进行沟通。例如，一个针对特定民族或文化群体的广告活动，如果能够准确地反映出该群体的文化特征和价值观，就更有可能赢得消费者的认同和支持。

此外，文化营销还强调在营销活动中保持文化的真实性和尊重。企业在利用文化元素进行营销时，必须避免文化挪用或误解的风险，确保其营销信息不会冒犯目标文化群体。通过展示对文化的深刻理解和尊重，企业可以建立起正面的品牌形象，同时促进消费者之间的文化交流和理解。

综上所述，文化营销通过结合营销活动与文化元素，不仅能够提高品牌的市场竞争力，还能够促进消费者与品牌之间的情感连接。这种策略要求企业具有深刻的文化洞察力和敏感性，以及在营销实践中体现出对文化的真正理解和尊重。通过有效的文化营销，企业可以在全球化的市场环境中脱颖而出，建立起强大的品牌忠诚度和市场影响力。

（二）文化营销的实施策略

文化营销是一种将文化元素与市场营销策略相结合的手段，它依托于特定的文化背景和价值观，通过文化的传播与共鸣来吸引目标消费者，进而实现产品或品牌的市场推广目标。文化营销的核心要素包括深厚的文化底蕴、独特的文化符号、创新的传播方式和精准的目标受众。

深厚的文化底蕴是文化营销成功的基石。一个品牌或产品，如果能够深植于一种或多种具有广泛社会影响力的文化之中，就能够更容易地获得目标消费者的认同和支持。这种文化底蕴不仅包括传统文化元素，也包括流行文化、亚文化等现代文化形式。通过深挖这些文化的内涵和价值，营销者可以构建出具有强烈文化特色和情感共鸣的品牌形象。

独特的文化符号是文化营销传递信息和价值的重要工具。文化符号可以是一种语言、一个标志、一个故事或者是一个仪式等，它们是文化内涵的具象化表达，能够有效地传递特定的文化价值和信息。在营销活动中巧妙地运用这些文化符号，可以帮助品牌在消费者心中留下深刻的印象，增强品牌的记忆点。

创新的传播方式是文化营销能够有效触达目标受众的关键。随着科技的发展和媒体环境的变化，传统的营销方式已经无法满足现代消费者的需求。因此，文化营销需要结合最新的技术手段和传播渠道，如社交媒体、内容营销、体验营销等，来创新传播方式，提高营销活动的互动性和参与度，从而更有效地吸引和影响目标受众。

精准的目标受众定位是文化营销成功的前提。不同的文化元素和符号往往对应不同的消费者群体。因此，文化营销在策划时需要准确地识别和定位目标受众，了解他们的文化背景、价值观念和消费行为，以此为基础设计符合他们兴趣和需求的营销活动。这种精准定位不仅可以提高营销效率，还能够增强消费者的品牌忠诚度。

文化营销之所以能够成为市场营销中的一种有效手段，是因为它能够深入人心，触动消费者的情感，激发消费者的文化认同和品牌忠诚。它不仅仅是一种简单的推销技巧，更是一种品牌和消费者之间进行深层次文化交流和情感连接的方式。通过文化营销，品牌能够在激烈的市场竞争中脱颖而出，建立起独特的市场地位和品牌价值。

文化营销通过深入挖掘和利用文化资源，将产品或服务与特定的文化价值、生活方式或消费习惯相结合，创造独特的品牌故事和消费体验。这种营销方式能够强化消费者对品牌的情感认同，增加产品的附加值，从而在激烈的市场竞争中脱颖而出。

（三）文化营销的策略创新

随着社会经济的发展和消费者需求的升级，文化营销的策略也在不断创新。企业开始更加注重文化的内涵和深度，通过故事讲述、情感共鸣及文化体验等方式，与消费者建立更加紧密的联系。同时，随着科技的进步，数字化手段被广泛应用于文化营销中，如通过虚拟现实、增强现实等技术，为消费者提供沉浸式的文化体验，增强其互动性和参与感。

在文化营销的发展趋势中，本土化和国际化并重成为重要的战略方向。一方面，随着全球化的深入，消费者越来越重视本土文化的价值和独特性，因此企业需要深入挖掘和利用本土文化资源，开发具有地方特色的产品和服务，满足消费者对文化认同的需求。另一方面，随着国际市场的开放，企业也需要将本土文化与全球文化相结合，通过国际化的视角和策略，将本土文化推广到全球市场，实现品牌的国际化发展。

此外，社会责任与可持续发展也成为文化营销的重要组成部分。企业在进行文化营销时，不仅要考虑经济效益，还需要关注社会效益和环境效益，通过文化营销的方式，传播正能量，促进社会和谐，实现企业的长远发展。

综上所述，文化营销的发展与趋势表明，未来的文化营销将更加注重文化的深度挖掘和创新应用，同时结合数字化和社会化媒体的发展，提高互动性和参与感。本土化与国际化并重的战略将帮助企业更好地适应全球化市场的需求，而社会责任和可持续发展的理念将成为企业进行文化营销时必须考虑的重要因素。

（四）文化营销的发展趋势与挑战

文化营销的一个主要特点是它依赖于深厚的文化洞察和对目标市场文化背景的理解。通过将产品或服务与消费者的文化身份和价值观相结合，企业能够建立更强的情感链接和品牌忠诚度。例如，一家服装品牌可能会使用当地的传统工艺或图案来设计其产品，从而吸引那些对本土文化有深厚情感的消费者。

此外，文化营销也体现了地方性和个性化的特点。它要求营销者不仅要了解全球趋势，还要对地方文化有深刻的理解和尊重。这种地方性使得文化营销能够更精准地定位目标市场，为不同地区的消费者提供更加个性化的产品和服务。

然而，文化营销也面临着诸多挑战。首先是文化敏感性的问题。在不同的文化背景中，同一种营销信息可能会有截然不同的解读。因此，营销者需要具备高度的文化敏感性和适应性，以避免文化冲突和误解。其次是文化营销策略的制定和执行需要时间和资源。深入研究和理解一个文化不是一蹴而就的，这要求企业投入相应的时间和资源来进行市场调研和文化学习。

此外，随着全球化的发展，消费者的文化身份变得更加复杂多变。这就要求文化营销策略必须具备灵活性和包容性，能够适应不断变化的市场需求和文化趋势。营销者需要不断更新其文化知识库，以保持其策略的相关性和有效性。

在实践中，成功的文化营销案例往往是那些能够深入挖掘和利用特定文化元素，同时又能跨文化传播的策略。这不仅要求营销者具有深厚的文化理解和创新能力，还需要他们能够在保持文化真实性的同时，创造出具有普遍吸引力的营销信息。

面对这些挑战，企业和营销者需要不断学习和适应，使用创新的方法和技术来更好地理解和利用文化元素。通过深入研究目标市场的文化背景和消费者行为，结合创新的营销手段，文化营销可以成为品牌与消费者之间建立深厚联系的有效途径。

二、创新营销的含义与重要性

创新营销是现代市场竞争中的一种新兴策略，其核心在于通过创新的思维和方法来吸引消费者、满足市场需求并获得竞争优势。它不仅包括产品、服务的创新，还涵盖了营销手段、渠道、模式、理念等多个方面的创新。在快速变化的市场环境中，传统的营销模式已经难以满足消费者多样化、个性化的需求，因此，创新营销成为企业赢得市场的关键。

创新营销的重要性体现在以下几个方面：首先，创新营销能够帮助企业在竞争激烈的市场中脱颖而出。通过创新的营销策略，企业可以提供与众不同的产品或服务，吸引消费者的注意力，从而增加市场份额。其次，创新营销有助于提升品牌形象。创新不仅仅是产品和服务的更新换代，更是企业文化和品牌理念的体现。通过创新营销，企业可以展示其前瞻性思维和领先地位，增强品牌吸引力。此外，创新营销能够促进企业内部的创新文化，激发员工的创新潜能，为企业带来长远的发展动力。

（一）实施创新营销的关键要素

在实施创新营销策略时，企业需要关注以下几个关键点：第一，要深入了解目标市场和消费者需求。这是创新营销成功的基础，只有准确把握市场趋势和消费者偏好，企业才能开发出真正符合市场需求的创新产品和服务。第二，要不断探索和尝试新的营销渠道和方法。随着技术的发展和媒体环境的变化，企业应积极探索社交媒体营销、内容营销、影响者营销等新型营销方式，以增强与消费者的互动和沟通。第三，要建立灵活的组织结构和激励机制，鼓励创新思维和创新行为。企业内部应该营造一个开放的、包容的文化氛围，鼓励员工提出创新点子，同时通过合理的激励机制来奖励创新成果。

创新营销的实施并非一帆风顺，企业在推进过程中可能会遇到各种挑战，如创新成本高、市场接受度低、内部抵抗等问题。因此，企业需要具备坚定的创新决心和灵活的应对策略，通过持续地学习和改进，不断优化创新营销的策略和实践。

企业在推动创新营销的过程中，还应该注重与消费者、合作伙伴，甚至竞争对手之间的合作与交流。通过建立开放的创新生态系统，企业可以更有效地分享资源、互补优势，共同推动市场的创新和发展。

（二）创新营销的核心要素

创新营销是一个持续演进的过程，它要求企业不断适应市场变化，敏锐捕捉新的消费趋势和技术发展，不断探索和实践新的营销理念和方法。只有这样，企业才能在激烈的市场竞争中保持领先地位，实现可持续发展。

创新营销的核心价值在于其能够为企业带来持续的竞争优势和市场增长。在日益激烈的市场竞争中，传统的营销策略已经无法满足消费者不断变化的需求和偏好，因此，创新成为企业脱颖而出的关键。创新营销不仅仅是一种策略或者方法，它更是一种思维方式，要求企业在产品、服务、渠道、营销传播等方面进行创新，以提供超越消费者预期的价值。

在产品层面，创新营销强调开发新产品或改进现有产品，以更好地满足消费者的需求。这种创新可以是技术上的，也可以是设计上的，或者是通过增加新的功能和特性来实现。通过不断的产品创新，企业能够吸引更多的消费者，提高市场份额。

服务创新同样重要，它涉及为消费者提供新的或改进的服务体验。这可以通过引入新的服务模式、改善服务流程或提高服务质量来实现。服务创新能够提升消费者满意度和忠诚度，从而增强企业的品牌影响力。

渠道创新则是通过开发新的销售渠道或优化现有渠道来增加产品的市场覆盖率和可达性。随着数字技术的发展，电子商务、社交媒体营销等新兴渠道为企业提供了更多与消费者互动和销售产品的机会。渠道创新不仅能够帮助企业更有效地触达目标消费群体，还能够提高销售效率和降低成本。

营销传播创新关注的是如何通过创新的方式来传递品牌信息，建立与消费者的情感连接。这包括利用新媒体和社交平台进行内容营销、故事讲述及互动营销等。通过创新的营销传播策略，企业能够更有效地吸引消费者的注意力，增强品牌认知度和品牌形象。

创新营销的实施需要企业具有前瞻性的市场洞察力，能够准确把握市场趋势和消费者需求的变化。此外，企业还需要建立一种鼓励创新的文化和机制，鼓励员工提出新思路和新方法，同时也需要对外部资源进行有效的整合，包括与合作伙伴、科研机构的合作，以共同推动创新的发展。

通过这些创新的实践，企业不仅能够在市场中建立独特的竞争优势，吸引并留住客户，还能够提高品牌的市场地位和盈利能力。总的来说，创新营销的核心价值体现在它能够为企业带来持久的成长和发展，确保企业在变化莫测的市场环境中保持领先地位。

创新营销在现代市场环境中的重要性不容忽视。随着市场竞争的加剧和消费者需求的多样化，传统的营销方法已经难以满足企业发展的需求，创新营销成为企业脱颖而出的关键。创新营销通过引入新的营销理念、方法和技术，能够帮助企业更好地适应市场变化，满足消费者的个性化需求，从而提高企业的市场竞争力。

（三）创新营销的未来发展趋势

在现代市场环境中，消费者的信息获取渠道日益多样化，消费决策过程也变得更加复杂。这要求企业必须采用更加灵活和创新的营销策略来吸引和保持消费者的注意力。创新营销不仅是产品创新，还包括市场定位、营销渠道、推广方式等多个方面的创新。通过这些创新，企业能够更有效地与目标消费者沟通，建立起更强的品牌影响力和忠诚度。

此外，创新营销还能够帮助企业更好地利用数字技术和大数据分析，对市场和消费者行为进行更准确的预测和分析。在大数据时代，企业能够通过收集和分析消费者数据，洞察消费者需求和行为模式，从而设计出更加个性化和精准的营销策略。这种基于数据的创新营销方法能够显著提高营销活动的效率和效果，为企业带来更高的投资回报率。

创新营销还强调可持续发展和社会责任。随着消费者对环保和社会责任的关注日益增加，企业的营销策略也需要反映这些价值观。通过推广环保产品或采用绿色营销策略，企业不仅能够满足消费者的期望，还能够提高自身的品牌形象和市场竞争力。这种以社会责任为导向的创新营销策略，能够帮助企业在长期竞争中占据有利地位。

在全球化的市场环境中，创新营销也能够帮助企业更好地适应不同市场的需求和特点。通过对不同文化和市场环境的深入理解，企业可以设计出更加贴合当地消费者需求的产品和营销策略。这种跨文化的营销创新，不仅能够提高企业在国际市场上的竞争力，还能够促进品牌的全球化发展。

综上所述，创新营销在现代市场环境中的重要性体现在多个方面：它能够帮助企业适应快速变化的市场环境，满足消费者的个性化需求，提高营销效率和投资回报率，同时还能够促进企业的可持续发展和社会责任。因此，企业应当将创新营销作为其核心战略之一，不断探索和实施新的营销理念和方法，以保持其在激烈的市场竞争中的领先地位。

三、文化与创新营销策划的策略与方法

在探讨创新营销策划中文化内涵的角色时，必须认识到，文化不仅是一个地区或民族的生活方式，它还体现了一种价值观、信仰和行为模式的集合。这种深层次的文化内涵对于营销策划的创新有着不可忽视的影响。文化能够为品牌故事提供丰富的素材，帮助企业与消费者建立深层次的情感连接。

文化因素在营销策划中的作用主要体现在以下几个方面：

1. 品牌定位：通过深入理解目标市场的文化背景，企业可以更准确地定位自己的品牌形象，以文化共鸣的方式吸引目标消费者。例如，一些品牌利用本土文化元素，在产品设计和广告宣传中融入地方特色，从而在消费者心中树立独特的品牌印象。

2. 产品创新：深度挖掘文化内涵，能够为产品创新提供灵感。将传统文化元素与现代设计理念相结合，不仅能够创造出符合现代审美的产品，还能够激发消费者的文化认同感和归属感。

3. 市场沟通：有效的市场沟通策略需要充分考虑文化差异。通过理解不同文化背景下消费者的沟通偏好和禁忌，企业可以设计出更加精准和敏感的营销活动，

避免文化误解和冲突，提高沟通效果。

4. 消费者行为：文化背景深刻影响着消费者的购买决策过程。了解消费者的文化价值观和生活方式，可以帮助企业更好地预测和满足消费者的需求，从而在市场上获得竞争优势。

实现文化与创新营销策划相结合，需要企业采取以下策略与方法：

1. 文化深度研究：企业需要投入资源进行市场文化研究，不仅要了解表层的文化现象，更要深入挖掘文化的深层意义和价值观。

2. 跨文化团队建设：建立一个具有多元文化背景的团队，可以促进不同文化视角的交流和融合，为创新营销策划提供多元化的思维和解决方案。

3. 用户参与：在产品开发和营销策划过程中，积极邀请目标用户参与，收集他们的文化见解和反馈，以确保策划方案能够贴近用户的文化期望和需求。

4. 持续创新：在尊重和借鉴传统文化的同时，企业还需要不断创新，寻找将传统文化元素与现代科技和生活方式相结合的新途径，以保持品牌的活力和竞争力。

通过深度理解和应用文化内涵，创新营销策划不仅能够提高品牌的吸引力和市场竞争力，还能够促进文化的传承和发展，实现企业价值与社会价值的双赢。在全球化的今天，文化敏感性和创新能力成为企业成功不可或缺的要素。

（一）创新营销策划的策略选择与实施

创新营销策划中的策略选择与实施关乎于如何在充满变革的市场环境中，通过文化的力量推动品牌和产品的差异化，创造出独特的消费者价值。这一过程不仅需要对市场环境和消费者行为有深刻的了解，还要求营销者能够灵活运用文化元素，将其融入营销策略之中，以达到创新的目的。

在进行策略选择时，首要任务是深入分析目标市场的文化背景和消费者心理，识别出那些能够引起消费者情感共鸣的文化因素。这包括对当地的历史、传统、价值观念、审美趋向等方面的研究。了解这些文化元素后，营销策划者可以设计出能够触动目标群体情感的营销活动，从而在消费者心中树立起品牌的独特形象。

实施策略时，创新性地将文化元素与营销手段相结合是关键。例如，通过故事讲述的方式，结合本土文化特色的内容，可以有效地提高广告或营销活动的吸引力和感染力。此外，利用现代科技手段，如增强现实和虚拟现实技术，可以为消费者提供沉浸式的文化体验，这种体验不仅能够增强品牌印象，还能促进消费者与品牌之间的情感连接。在策略实施的过程中，持续地创新也是非常重要的。这意味着营销策划者需要不断地跟踪和评估营销活动的效果，及时调整和优化策略。例如，通过数据分析工具收集消费者反馈和市场反应，然后基于这些数据进行策略的微调，以确保营销活动能够更好地满足消费者的需求和期望。同时，跨文化营销的策略也是创新营销策划中不可忽视的一环。随着全球化的加深，品牌需要适应不同文化背景下消费者的多样化需求。这要求营销策划者具有高度的文化敏感性和适应能力，能够在尊重不同文化的基础上，设计出既具有全球吸引力又能够满足地方特色的营销方案。创新营销策划中的策略选择与实施是一个综合考量市场动态、消费者行为、文化因素及技术发展的过程。通过精心设计和实施这些策略，品牌不仅可以在竞争激烈的市场中脱颖而出，还可以建立起强大的消费者忠诚度，为企业的长期发展奠定坚实的基础。这一过程虽充满挑战，但也充满机遇，对于那些能够准确把握市场脉搏、勇于创新的营销策划者而言，文化与创新营销策划的策略选择与实施将是实现品牌增长和市场扩张的关键。

（二）创新营销策划的有效方法与工具

创新营销策划的有效方法与工具是当今市场营销领域中极为关键的一个环节。它涉及如何在快速变化的市场环境中，通过创新的思维和方法，有效地设计和实施营销策略，从而达到企业的营销目标和增强市场竞争力。

在进行创新营销策划时，首要是了解市场需求与消费者行为的变化。市场是不断变化的，消费者的需求和偏好也随之变化。因此，企业需要不断地收集和分析市场数据，了解消费者的最新趋势，这样才能设计出符合市场需求的创新营销策略。利用大数据、人工智能等技术手段进行市场趋势预测和消费者行为分析，可以帮助企业更准确地把握市场脉络和消费者需求，从而制定出更加有效的营销策划。创新思维是推动营销策划成功的关键因素。在策划过程中，要敢于打破传统思维的束缚，跳出常规，敢于尝试新奇的想法和方法。这包括对产品的创新、营销手段的创新、品牌传播的创新等方面。例如，通过故事化、情感化的内容营销，可以更好地与消费者建立情感连接，从而提高品牌的认知度和消费者的忠诚度。营销渠道的创新也是提高营销效果的重要途径。随着互联网技术的发展，数字营销已成为不可或缺的营销渠道。企业需要利用社交媒体、移动应用、线上平台等数字化工具，创新营销传播方式，扩大品牌影响力。同时，结合线上线下营销策略，可以实现品牌触达的全面性和互动性，增强消费者的购买意愿。个性化营销是提升营销策划效果的重要方法。通过分析消费者的购买历史、偏好、行为模式等数据，企业可以定制个性化的营销信息和产品推荐，满足消费者的个性化需求。这种一对一的营销策略可以有效提升消费者的满意度和忠诚度，从而增加企业的销售业绩和市场份额。持续的创新和改进是确保营销策划长期有效性的关键。企业需要建立持续的创新机制，鼓励员工不断提出新思路和创意，同时定期评估营销策略的效果，及时调整和优化。这种持续的创新和改进可以帮助企业保持在竞争激烈的市场中的领先地位，实现可持续发展。

综上所述，创新营销策划的有效方法与工具涵盖了对市场趋势的敏锐洞察、创新思维的培养、营销渠道的多样化运用、个性化营销的精准实施及持续创新的重要性。企业通过这些策略和方法，可以在瞬息万变的市场中抓住机遇，有效地提升自身的市场竞争力和品牌价值。

第三节　关系与整合营销策划

一、关系营销的含义与特点

（一）关系营销的含义

关系营销是一种营销策略，侧重于长期的客户关系建设，而不仅仅是单次交易。它认识到客户价值的累积效应，以及通过维护与客户之间的持续关系来提升客户忠诚度和企业利润的重要性。在这种模式下，企业致力于了解和满足客户的个性化需求，通过提供高质量的产品和服务来构建稳定的客户群体。这种方法不仅有助于增强客户满意度和忠诚度，还能促进口碑传播，从而吸引新客户。

关系营销的核心在于建立和维护与客户之间的信任和长期关系。企业通过持续的互动和沟通，收集客户反馈，及时调整产品和服务以更好地满足客户需求。这种策略强调个性化的营销信息和定制化的服务解决方案，目的是使客户感到被重视和理解。该策略的一个关键特点是它的互动性。与传统营销相比，关系营销更注重与客户的双向沟通，鼓励客户参与到产品开发和服务改进的过程中来。这种参与感和归属感能够加深客户对品牌的忠诚。此外，关系营销还重视客户生命周期价值的概念，即客户在与企业关系维持期间所能带来的总价值。通过长期的关系维护，企业能够提高客户保留率，降低获取新客户的成本，并通过口碑营销吸引新客户，从而实现更高的营销效率和经济效益。

关系营销的成功依赖于企业内部的多个部门之间的紧密合作，包括市场营销、客户服务、产品开发和质量管理等。这种跨部门的合作有助于确保客户在每一个接触点上都能获得一致的体验和满意的服务。

在实践中，关系营销通过各种手段来实现其目标，如会员计划、定期的客户满意度调查、客户服务热线、社交媒体互动、个性化营销通信等。这些工具和策略共同作用，帮助企业更好地理解客户需求，提高服务质量，增强客户忠诚度。

关系营销的挑战在于需要企业持续地投入资源和精力来维护客户关系，这包括投资于技术系统以管理大量的客户数据和分析客户行为，以及培训员工以提供卓越的客户服务。此外，随着市场环境的变化和客户需求的演进，企业需要不断地调整和更新其关系营销策略，以保持其有效性。

综上所述，关系营销通过建立和维护长期的客户关系，以客户为中心，强调个性化服务和双向沟通，从而提升客户忠诚度和企业的市场竞争力。它要求企业在整个组织中推广客户导向的文化，通过跨部门合作和持续的改进，以满足客户的不断变化的需求。

（二）关系营销的核心要素

顾客满意度是衡量顾客对企业提供的产品或服务满足程度的指标。高满意度可以促进顾客忠诚度，增加顾客的再购买意愿，从而为企业带来更稳定的收入来源。顾客满意度的提高需要企业不断优化产品质量、服务水平和顾客体验。

顾客忠诚度反映了顾客对品牌或产品的忠诚程度，是关系营销的重要目标之一。忠诚的顾客不仅会反复购买，还会通过口碑传播推荐给他人，为企业带来更多的潜在顾客。提升顾客忠诚度需要企业建立有效的顾客激励机制，如积分奖励、会员服务等。

顾客保持是通过一系列策略和措施减少顾客流失、保持顾客基础的过程。在竞争激烈的市场环境中，获取新顾客的成本远高于保持现有顾客，因此，有效的顾客保持策略对于企业的长期发展至关重要。

顾客价值的概念强调在关系营销中，企业应关注顾客对其带来的长期价值，而不仅仅是单次交易的利润。通过增加顾客生命周期价值，企业可以更有效地分配资源，提高营销效率和效果。

个性化服务是关系营销的一个核心要素，指根据顾客的具体需求和偏好提供定制化的产品或服务。在信息技术高度发达的今天，企业可以利用大数据分析等技术，对顾客行为进行精准预测，从而提供更加个性化的服务，增强顾客体验。

总的来说，关系营销的核心要素围绕着如何更好地了解和满足顾客的需求，建立并维持与顾客的长期良好关系。这要求企业不仅要有高效的信息收集和分析能力，还需要在服务、产品、沟通等多个层面不断创新和优化，以实现与顾客之间的深度绑定和价值共创。通过实施关系营销策略，企业能够提高顾客满意度和忠诚度，促进顾客保持和价值提升，最终实现企业的市场竞争优势和利润持续增长。

（三）关系营销的特点与优势

关系营销的核心在于通过建立和维护与客户的长期关系，来实现企业营销目标的一种策略。它与传统营销的最大区别在于，关系营销更注重于客户关系的长期价值，而不是单一的交易行为。这种营销策略认为，企业与客户之间建立起稳定且互惠的关系，可以更有效地促进销售，降低营销成本，提高客户忠诚度和企业的市场竞争力。

关系营销的特点体现在以下几个方面：

1. 长期性：关系营销强调与客户建立长期的合作关系，而不仅仅是追求一次性的交易成功。这意味着企业需要持续地与客户互动，了解和满足他们的需求，以此来维护和加强与客户的联系。

2. 互动性：关系营销注重双向交流，鼓励客户参与和反馈，企业通过不断地互动来了解客户的需求和期望，以便提供更加个性化的产品和服务。

3. 个性化：在关系营销中，企业会根据不同客户的特点和需求，提供定制化的产品和服务。这种个性化的服务可以更好地满足客户需求，增强客户的满意度和忠诚度。

4. 综合性：关系营销不仅仅涵盖传统的销售和促销活动，还包括市场调研、产品开发、服务支持等多个方面。通过这种全方位的营销活动，企业能够更全面地了解和满足客户需求。

关系营销的优势主要体现在：

1. 提高客户忠诚度：通过与客户建立稳定的关系，企业可以提高客户的满意度和忠诚度，这样的客户更可能进行重复购买，同时也可能成为企业产品和服务的自发推广者。

2. 降低营销成本：获取新客户的成本通常高于维护现有客户的成本。通过关系营销，企业可以减少对新客户的营销支出，将更多资源用于现有客户的维护和服务上。

3. 增强市场竞争力：关系营销可以帮助企业在市场中建立独特的竞争优势，特别是在产品同质化严重的市场环境下，良好的客户关系成为企业区别于竞争对手的重要标志。

4. 促进口碑传播：满意的客户往往愿意分享自己的正面经验，这种口碑效应可以帮助企业吸引新客户，同时也是一种非常有效且成本低廉的营销方式。

综合来看，关系营销通过建立和维护良好的客户关系，为企业带来持续稳定的市场优势。它要求企业不仅要关注产品和服务的质量，还要重视与客户的沟通和互动，通过不断努力满足客户的需求，从而实现企业的长期发展目标。

二、整合营销的含义与重要性

（一）整合营销的含义

整合营销是一种以顾客为中心，通过协调各种营销渠道和工具以传递一致的品牌信息，从而提高市场影响力和效率的营销策略。这种策略的核心在于理解和实施多渠道的营销活动，使品牌的信息和价值观在不同的平台和媒介上保持一致，以此来加强顾客对品牌的认知度和忠诚度。

在当今市场环境下，顾客接触品牌的渠道越来越多样化，包括传统的广告、公关活动、直接邮件、数字营销等。整合营销的目的就是要确保无论顾客通过哪个渠道接触品牌，所接收到的品牌信息都是一致的。这种一致性有助于构建品牌形象，提高品牌的可识别性，从而在顾客心中留下深刻的印象。

整合营销的实施需要深入的市场研究和顾客行为分析作为基础。企业需要了解顾客的需求和偏好，以及他们接触品牌信息的主要渠道。有了这些信息后，企业就能设计出一套协调一致的营销策略，通过各种渠道和工具传递相同的信息。这不仅包括广告的内容和视觉元素的统一，还包括品牌声音和信息传递的方式的一致性。整合营销的重要性还体现在它能够提高营销活动的效率。通过整合不同的营销渠道和工具，企业可以更有效地利用资源，避免资源的浪费。例如，一项在社交媒体上进行的营销活动，可以与电子邮件营销、网站推广等其他活动相结合，形成互补效应，提高整体营销效果。此外，整合营销还能帮助企业更好地跟踪和测量营销活动的效果。通过统一的营销策略，企业可以设置统一的性能指标，更容易收集和分析数据，从而对营销策略进行及时的调整和优化。

在实践中，成功的整合营销策略要求企业跨部门协作，确保所有涉及营销的团队都明白整合营销的目标和原则，并能围绕这一目标共同工作。这种跨部门的合作有助于打破信息孤岛，确保各个渠道和活动能够协同工作，共同推动品牌信息的一致传递。

综上所述，整合营销不仅仅是一种营销策略，更是一种企业文化和思维方式的转变。它要求企业从顾客的角度出发，通过统一和协调的努力，提供一致的品牌体验，从而建立和维护强大的品牌形象。在竞争日益激烈的市场环境中，整合营销的实施对于提高企业的市场竞争力具有至关重要的作用。

（二）整合营销的重要性

整合营销不仅仅是简单地将各种营销手段组合在一起，而是需要在战略层面上进行深思熟虑的规划和执行。这意味着企业需要深入了解目标市场，识别目标消费者的需求和偏好，并据此设计出能够触及并影响这些消费者的综合营销计划。整合营销的实施涉及广告、公关、直接营销、社交媒体、内容营销等多个方面，这些元素需要协同工作，以确保品牌信息的一致性和连贯性。从成本效益的角度来看，整合营销通过优化资源分配和利用，能够提高营销活动的整体效率。当营销渠道和工具得到有效整合时，相同的营销预算能够产生更大的影响力，因为一致的品牌信息会在不同的接触点重复出现，加深消费者的品牌印象，提高转化率。此外，整合营销还能够提升企业对市场动态的适应能力和响应速度。在一个整合的营销体系中，各个部门和功能区域之间的沟通和协作被加强，这有助于企业更快地收集市场反馈，及时调整营销策略，以应对市场变化。

在数字化时代，整合营销的重要性更加凸显。数字技术的发展使得营销渠道和工具日益多样化，消费者的购买行为也越来越受数字媒介的影响。在这种环境下，企业需要利用数据和技术的力量，实现跨渠道的数据整合和分析，以便更精准地定位目标市场，实现个性化的营销沟通。通过整合线上和线下的营销活动，企业不仅能够提供无缝的消费者体验，而且能够更有效地跟踪和测量营销活动的效果，从而不断优化营销策略。

因此，整合营销的重要性体现在其能够帮助企业构建一致的品牌形象，提高营销效率和成本效益，增强市场适应能力，以及在数字化时代中更有效地连接和沟通目标消费者。通过深入理解目标市场和消费者，精心规划和协调各种营销元素，企业能够通过整合营销策略，实现品牌价值的最大化，从而在竞争激烈的市场中脱颖而出。

同时，整合营销的重要性在于它能够提高营销效率和效果。通过整合传统媒体（如电视、广播和印刷广告）与数字媒体（如社交媒体、搜索引擎营销和内容营销），品牌能够触及更广泛的受众，同时优化营销预算。这种跨渠道的协调不仅增加了品牌信息的曝光率，还增强了消费者的品牌认知和忠诚度。在现代市场营销中，整合营销的应用也体现在数据分析和客户关系管理的使用上。通过收集和分析不同渠道的数据，品牌可以更好地理解消费者的行为和偏好，从而制定更加个性化和针对性的营销策略。例如，通过分析社交媒体互动和网站访问数据，品牌可以发现目标客户群的特定需求和兴趣，然后通过电子邮件营销或个性化的内容推送来满足这些需求。此外，整合营销还强调品牌故事的一致性和连贯性。一个强大的品牌故事能够激发消费者的情感共鸣，而通过不同渠道一致地讲述这一故事，可以加深消费者对品牌的认同感和信任。这种情感连接是构建长期客户关系和推动口碑营销的关键。

在实践中，整合营销的成功实施需要跨部门的协作和沟通。营销团队、销售团队和客户服务团队等需要共享信息和资源，确保营销活动在各个渠道上的一致性和效率。同时，对市场动态的持续监测和分析也是至关重要的，它可以帮助品牌及时调整策略，以应对市场变化和消费者需求的演进。

通过整合营销的应用，品牌能够在竞争激烈的市场中脱颖而出，构建独特的品牌价值和消费者体验。这种策略不仅促进了品牌与消费者之间的互动和连接，也为品牌带来了更高的投资回报率和市场份额。因此，整合营销已成为现代市场营销中不可或缺的一部分，是品牌实现长期成功的关键。

三、关系与整合营销策划的策略与方法

（一）关系营销策略的设计与实施

关系营销策略的设计与实施，是市场营销领域中一项至关重要的实践活动，旨在通过建立和维护长期稳定的客户关系，以提升企业的市场竞争力和持续盈利能力。在当今这个以客户为中心的市场环境下，企业之间的竞争已不仅仅是产品和价格的竞争，更是服务和价值的竞争。因此，如何有效地设计和实施关系营销策略，成为每个企业不可回避的重大课题。

关系营销的核心是识别、建立、维护，以及加强与客户之间的长期关系。这种营销方式强调通过连续不断的互动，理解客户的需求和偏好，为他们提供量身定做的解决方案和服务，从而在客户心中建立起品牌的积极形象，增强客户的忠诚度。设计关系营销策略时，首要的步骤是进行市场细分，准确地识别出目标客户群体。通过对市场数据的深入分析，企业可以了解不同客户群体的具体需求和期望，进而为不同的客户群体设计符合其特定需求的产品和服务。接下来，企业需要通过多种渠道与客户建立起有效的沟通机制。这包括但不限于电子邮件、社交媒体、客户服务热线等。通过这些沟通渠道，企业可以及时收集客户的反馈和建议，对产品或服务进行持续改进，以满足客户的期望。此外，个性化服务的提供也是关系营销策略中不可或缺的一环。通过利用大数据和人工智能等技术，企业可以对客户的购买历史、偏好、行为模式等进行深入分析，从而提供更加个性化、贴心的服务和产品推荐。

在实施关系营销策略的过程中，客户忠诚度的培养也是一项关键任务。企业可以通过设置会员制度、积分奖励计划、定期的客户感谢活动等手段，不断增强与客户之间的互动和联系，提升客户的忠诚度和满意度。值得注意的是，关系营销策略的实施并非一蹴而就，它需要企业进行长期的投入和耐心的培养。企业应该将关系营销视为一项系统工程，不断地优化和调整策略，以适应市场环境和客户需求的变化。

在现代市场营销的背景下，关系营销策略的设计与实施已经成为企业获取竞

争优势的重要手段。通过建立和维护与客户之间的良好关系，企业不仅能够提高客户的满意度和忠诚度，还能够通过口碑传播吸引更多的潜在客户，从而实现持续增长和发展。因此，企业应该高度重视关系营销策略的设计与实施，将其作为实现长期成功的关键因素。

（二）整合营销策略的创新与应用

在创新和应用整合营销策略时，重要的是识别和利用新兴技术和平台，以及如何将这些新兴工具与传统营销手段结合起来，形成一个全面、互补的营销体系。例如，通过数据分析和人工智能技术，企业可以更准确地定位目标消费者群体，个性化营销信息，提高营销活动的效果。此外，利用社交媒体平台的影响者营销，可以有效扩大品牌的覆盖范围和影响力。

品牌故事讲述是整合营销策略中的一个关键元素。通过构建吸引人的品牌故事，并在不同的营销渠道上一致地传达这一故事，可以加深消费者对品牌的认同感和忠诚度。这要求品牌在创造内容时，不仅要注重内容的质量和吸引力，还要确保不同平台上的内容风格、语调和信息是一致的。

为了有效实施整合营销策略，企业需要建立跨部门的协作机制，确保营销、销售、客户服务等不同部门之间的信息流通和策略一致。这种内部一致性是确保对外传达一致品牌信息的基础。

随着技术的不断进步和消费者行为的变化，整合营销策略的创新与应用也需要不断地调整和优化。企业应该持续跟踪和分析营销活动的效果，及时调整策略，以应对市场的变化。此外，企业还应积极探索和实验新的营销工具和方法，如增强现实、虚拟现实等新兴技术的应用，以创造更加沉浸式和互动式的消费者体验。

综上所述，整合营销策略的创新与应用要求企业不仅要精通各种营销工具和渠道，还需要能够洞察市场趋势，灵活运用新技术，建立有效的内部协调机制，以及不断地评估和优化营销活动。通过这些努力，企业可以更有效地与消费者沟通，建立强大的品牌影响力，从而在激烈的市场竞争中脱颖而出。

（三）整合营销策划的优势

跨界整合营销策划的优势主要体现在以下几个方面：首先，它可以帮助企业或品牌拓展新的市场和用户群体。通过与其他行业或领域的品牌合作，企业可以借助合作伙伴的用户基础，实现快速接触到新的潜在客户，从而扩大市场覆盖范围。其次，跨界整合营销能够创造独特的用户体验和价值提案。不同领域的结合往往能激发出新的创意和想法，为消费者提供前所未有的产品或服务体验，增加品牌的吸引力和竞争力。再次，这种策略有助于资源共享和成本效率的提升。合作双方可以共享彼此的营销资源和渠道，实现资源的优化配置，降低营销成本，提高营销效率。然而，跨界整合营销策划也伴随着一定的风险和挑战。一方面，合作双方的品牌形象、文化和价值观可能存在差异，若处理不当，可能会导致品牌形象受损或消费者信任度下降。另一方面，合作过程中的沟通协调成本较高，需要双方在策划、执行和监控等环节投入大量的时间和精力以确保合作的顺利进行。此外，市场反应的不确定性也是一个重要风险因素。跨界整合营销策划的成败在很大程度上取决于消费者的接受度和反应，如果市场调研和用户洞察不足，可能导致营销活动未能达到预期效果。

应对这些挑战和风险，企业在实施跨界整合营销策划时应采取一系列策略和方法。首先，进行充分的市场调研和用户洞察，确保合作项目与双方品牌的市场定位和用户需求相匹配。其次，建立有效的沟通机制和协调流程，确保合作双方在策划和执行过程中能够保持良好的合作关系和高效的信息交流。此外，企业应注重合作项目的创新性和独特性，通过提供独特的产品或服务体验来吸引消费者的注意力和兴趣。最后，企业应对合作项目进行严格的风险评估和监控，及时调整和优化营销策略，以应对市场变化和消费者反应。

通过精心策划和有效执行，跨界整合营销策划能够为企业带来显著的市场竞争优势和品牌价值提升。然而，成功的跨界整合营销不仅需要创新的理念和策略，还需要企业具备开放的合作态度、灵活的执行能力和敏锐的市场洞察力。在这个过程中，企业需要不断学习和适应，以充分发挥跨界整合营销的潜力，实现品牌和市场的双赢。

（四）客户关系管理的重要性

客户关系管理在市场营销策划中扮演着至关重要的角色。它不仅仅是一种策略或方法，更是一种深入企业文化和运营机制的理念，旨在通过维护和加强与客户的关系，实现企业的营销目标和长远发展。客户关系管理的核心在于理解和满足客户的需求，以客户为中心，构建企业的各项业务和服务，从而在激烈的市场竞争中脱颖而出。

在营销策划中，客户关系管理的重要性体现在几个关键方面。首先，它有助于企业精确识别和细分市场，通过收集和分析客户数据，企业可以更加准确地了解到目标客户的特征、需求和偏好，进而制定出更加符合客户期望的产品和服务，提高市场的响应度和客户满意度。其次，客户关系管理强调建立和客户之间长期稳定的关系，这种关系超越了一次性交易，它关注的是通过连续的互动和沟通，深化客户的忠诚度和黏性。这种长期的客户关系对于企业来说是一种持续的价值来源，不仅可以提升客户的生命周期价值，还能通过口碑效应吸引新客户，降低获取新客户的成本。此外，客户关系管理还能够提高企业的市场竞争力。在今天这个顾客为王的时代，企业之间的竞争实际上就是对客户的争夺。通过有效的客户关系管理策略，企业能够提供更加个性化、高质量的服务，增强客户体验，从而在众多竞争对手中脱颖而出，稳固自己的市场地位。

实施客户关系管理还需要企业拥有一套科学、系统的方法论。这包括但不限于客户数据的收集与分析、客户服务流程的优化、客户反馈机制的建立及客户忠诚度的培养。企业需要通过技术手段，如客户关系管理软件系统，来协助这些策略的实施，确保信息的准确传递和实时更新，以及各部门之间的有效协作。

在营销策划中运用客户关系管理，企业还应该注重策略的灵活性和创新性。随着市场环境的不断变化和客户需求的日益多样化，企业需要不断地调整和优化自己的客户关系管理策略，寻找新的互动渠道和方式，以适应市场的变化。例如，利用社交媒体平台进行客户互动和服务，或者通过数据挖掘技术发现客户潜在的需求和问题，都是现代客户关系管理策略中的创新应用。

综上所述，客户关系管理在营销策划中的角色与重要性不言而喻。它不仅能够帮助企业更好地了解和服务客户，提高客户满意度和忠诚度，还能够增强企业的市场竞争力和持续发展能力。因此，企业应该将客户关系管理视为一项长期的战略投资，不断地投入资源和努力，以构建和维护与客户之间的稳定、互利的关系。

第四节　绿色营销策划

一、绿色营销的含义与特点

（一）绿色营销的含义

绿色营销，作为市场营销策略的一种，强调在营销活动中融入环保的理念，以减少对环境的负面影响。这种营销方式不仅关注产品的环保特性和生产过程的绿色化，还包括促进消费者对环保产品的认识和接受，以及通过企业的社会责任实践来提升品牌形象。绿色营销的核心在于实现企业经济利益与社会环境责任的双赢。

绿色营销的实施，首要依托于产品的绿色设计，包括使用可再生资源或可降解材料，减少能源消耗和废弃物产生，以及延长产品的使用寿命。这不仅能够减轻企业生产活动对环境的压力，还能满足消费者对健康、环保产品的需求，从而在市场上获得竞争优势。除了产品设计外，绿色营销还涉及生产过程的环保改造，如采用清洁生产技术、提高资源利用效率和废物回收再利用。通过这些措施，企业不仅可以减少运营成本，还能减少对环境的负面影响，进一步强化其在消费者心中的绿色品牌形象。在促销策略上，绿色营销注重利用各种渠道传播环保信息，包括通过社会媒体、广告、公关活动等方式，加深公众对环保问题的认识和对绿色产品的兴趣。这种策略不仅有助于塑造企业的社会责任形象，也能激发消费者的购买意愿，促进市场对绿色产品的接受。

绿色营销的一个重要方面是建立与消费者之间的信任。这要求企业在宣传绿色产品时，提供真实、透明的信息，避免夸大其环保特性，以免造成消费者的误导和不信任。真诚的沟通能够加深消费者对品牌的信任，促进长期的客户关系。此外，绿色营销还需要企业在内部管理上实践环保理念，如实施环境管理体系，增强员工的环保意识和参与度。这不仅有助于提高企业的内部运营效率，还能通过员工的积极参与，向外界展示企业的环保承诺和实践，增强品牌的可信度。

绿色营销的成功实施，依赖于企业的全面策略规划和长期承诺。这包括对市场趋势的准确把握，对消费者需求的深入理解，以及对环保法规的严格遵守。通过这些努力，企业不仅可以在竞争激烈的市场中突出重围，还能为社会的可持续发展作贡献。

绿色营销不是一种短期行为，而是一种长期的战略选择。它要求企业不断创新，不仅在产品和服务上，还包括在营销方法和管理实践上。通过这种全方位的绿色转型，企业可以构建起与消费者、社会及环境之间的和谐关系，实现持续的发展与成长。绿色营销的核心特征首先体现在对产品全生命周期环境影响的全方位考量。这意味着从产品设计、生产、包装、运输、使用到废弃处理的每一个环节，都要尽可能减少对环境的负面影响。例如，使用可再生材料和环保包装，减少生产过程中的能源消耗和废物产生。此外，绿色营销还强调与消费者之间建立基于环保价值观的深层次连接。这不仅包括提供绿色产品，更重要的是通过环保教育和意识提升活动，引导消费者认识到选择绿色产品的重要性，从而促进消费者行为的改变。这种策略有助于形成企业与消费者之间的信任和忠诚度，为企业创造出独特的竞争优势。

（二）绿色营销的特点

在营销传播方面，绿色营销倡导使用清洁、高效的传播方式和渠道。这包括利用社交媒体、电子邮件营销等电子手段，以减少传统印刷广告带来的纸张浪费和环境污染。同时，通过故事化营销，讲述产品背后的环保故事和企业的绿色实践，可以更好地吸引和影响消费者。

企业社会责任的履行也是绿色营销的一个重要方面。这意味着企业不仅要在自身的生产和经营活动中实践绿色原则，还应该积极参与或发起环保项目和活动，如植树造林、环境清洁等，通过实际行动展示企业对社会和环境的责任感。

绿色营销的实施，对企业而言，是一种长期的投资。它要求企业在短期利润和长期可持续发展之间找到平衡。虽然初始阶段可能会因为环保技术的投入和绿色产品的研发而增加成本，但从长远看，这种营销策略能够帮助企业建立起良好的社会形象，增强消费者信任和忠诚度，最终实现品牌价值的提升和市场竞争力的增强。

绿色营销不仅仅是营销策略的一种变革，更是企业文化和价值观的体现。它要求企业领导层具有前瞻性的环保意识，能够将绿色理念融入企业的各个方面，包括产品设计、生产过程、营销策略及企业的日常运营中。通过这样的全方位实践，绿色营销能够有效地促进企业的可持续发展，同时为社会和环境的可持续性贡献力量。

环保意识的提升让越来越多的消费者在购买决策时考虑到产品和服务的环境影响。因此，绿色营销不仅能帮助企业满足这一消费趋势，还能通过环保的产品特性来吸引目标市场，建立企业的绿色形象和品牌差异化，从而在激烈的市场竞争中获得优势。

绿色营销的实施涉及产品的全生命周期，包括原料采购、生产过程、产品设计、包装、运输、使用和最终处置。这要求企业在操作过程中充分考虑环境保护的各个方面，采用环境友好的原料，减少生产过程中的能源消耗和废物产生，设计易于回收或降解的产品和包装，以及提倡产品的可持续使用和回收。此外，绿色营销还涉及与消费者的沟通。企业需要通过有效的营销传播策略，让消费者了解产品的绿色特性和环保价值。这不仅能增强消费者的环保意识，也能促进消费者对绿色产品的认可和购买，从而推动市场对环保产品和服务的需求。

然而，绿色营销的挑战也不容忽视。企业在推行绿色营销策略时，需要确保所宣传的环保特性是真实可靠的，避免陷入“绿色洗牌”的争议。这要求企业在产品设计、生产和营销过程中严格遵守环保标准和法律法规，通过第三方认证等手段来验证其绿色声明的真实性。

绿色营销在现代市场中的重要性还体现在它对企业社会责任的贡献上。通过实施绿色营销策略，企业不仅能提高自身的环保水平，还能积极参与社会环保活动，增强公众对企业品牌的好感和信任。这种积极的社会形象和品牌声誉的提升，进一步增强了绿色营销在现代市场竞争中的战略价值。

绿色营销策略的成功实施，能够为企业带来包括成本节约、消费者满意度提升、市场份额增加、品牌形象提升等多方面的利益。这些利益的实现，进一步证明了绿色营销在现代市场中的重要性，也鼓励更多企业采取环保和可持续的营销策略，共同推动社会向绿色、可持续的发展方向前进。

二、绿色营销的重要性与趋势

（一）绿色营销的重要性

绿色营销作为一种新型的营销理念，旨在通过推广环境友好型产品或服务，实现企业经济利益与社会环境责任的双赢。它强调在满足消费者需求的同时，最大限度地减少对环境的负面影响，促进可持续发展。这种营销方式不仅关注产品本身的绿色属性，如生态友好、可回收利用等，也关注产品生命周期中的每一个环节，包括原料采购、生产过程、产品包装、运输，甚至最终的废弃处理，都秉承环保的原则。

随着全球环境问题的日益严重，如气候变化、资源枯竭和生态退化等，消费者对环境保护的意识日益增强，绿色消费成为一种趋势。企业通过绿色营销来响应这一趋势，不仅能够建立起积极的社会形象，增强品牌竞争力，而且能够引导消费者进行环保消费，从而推动整个社会的可持续发展。此外，绿色营销也能够帮助企业在法律法规日益严格的环境下，减少环境风险，避免因环境问题导致的经济损失或声誉损害。

绿色营销的实施需要企业在产品设计、生产、销售等各个环节都采取环保措施。例如，在产品设计阶段，重视产品的可回收性、可降解性；在生产过程中，采用清洁能源，减少废水和废气排放；在包装上，减少材料用量，使用可回收材料；在营销传播中，突出环保属性，利用数字媒体等绿色宣传渠道。这些措施虽然会增加企业的初期成本，但从长远来看，它们能够为企业带来更大的经济和社会价值。绿色营销还涉及与消费者的互动和沟通，企业不仅要通过营销活动传达产品的绿色价值，还需要教育消费者认识到绿色消费的重要性，引导他们形成环保的消费习惯。此外，企业还可以通过参与环保公益活动，与环保组织合作，进一步强化其绿色品牌形象，扩大绿色营销的社会影响力。然而，绿色营销也面临着挑战，如绿色洗牌（即企业夸大其产品的环保属性）的现象普遍存在，这不仅误导了消费者，也损害了整个行业的信誉。因此，建立绿色营销的诚信体系，确保信息的透明度和真实性，对于绿色营销的健康发展至关重要。

（二）绿色营销的发展趋势

绿色营销的发展趋势表明，随着技术的进步和消费者环保意识的提高，绿色产品将会越来越受欢迎，绿色营销将成为企业营销战略中不可或缺的一部分。企业不仅要通过绿色营销满足市场需求，还要通过自身的实践推动整个社会的环境保护工作，为实现可持续发展目标作贡献。随着全球环境问题的日益严峻，包括气候变化、资源枯竭、生物多样性丧失等，消费者对于环境保护的意识也在不断提高。这种变化促使了绿色营销的快速发展。消费者开始更加倾向于选择那些对环境影响较小的产品和服务，企业也认识到了绿色营销策略的重要性，不仅因为它能够帮助企业建立起良好的社会形象，更因为它能够为企业带来长远的经济利益。

在实践中，绿色营销的表现形式多样，包括但不限于绿色产品设计、绿色生产过程、绿色包装、绿色广告及绿色物流等。绿色产品设计注重在产品的设计阶段就考虑到其对环境的影响，努力减少在生产和使用过程中对自然资源的消耗和对环境的破坏。绿色生产过程则通过采用清洁生产技术、节能降耗和废弃物循环利用等措施，减少生产活动对环境的影响。绿色包装着力于使用可回收或生物降解的材料，减少包装废弃物对环境的负担。绿色广告通过传播环保信息，引导消费者形成环保的消费观念和行为。绿色物流致力于优化物流过程，减少物流活动对环境的影响，如采用节能减排的运输工具、优化物流网络设计等。此外，绿色营销的发展还得益于政府政策的支持和引导。许多国家和地区已经出台了一系列旨在鼓励企业采取绿色营销策略的政策措施，如税收优惠、财政补贴、绿色认证等，这些政策大大提高了企业实施绿色营销策略的积极性。

（三）绿色营销的挑战与未来趋势

尽管绿色营销在全球范围内取得了显著的发展，但在实施过程中仍面临着一些挑战。例如，绿色产品的研发和生产成本往往高于传统产品，这可能会导致绿色产品的价格较高，从而影响消费者的购买意愿。此外，绿色营销的效果很大程度上依赖于消费者对环保问题的认知和态度，因此企业需要在提高产品的环保性能的同时，也要加强对消费者的环保教育。

尽管存在挑战，但绿色营销的趋势是不可逆转的。随着技术的进步和消费者环保意识的不断提高，绿色营销将继续深化和发展。企业通过实施绿色营销策略，不仅可以减轻对环境的影响，还可以在激烈的市场竞争中脱颖而出，实现可持续发展。因此，企业应该更加重视绿色营销，将其作为企业战略的一个重要组成部分，不断探索和创新，以适应不断变化的市场和环境要求。

随着消费者环保意识的提升和全球气候变化的影响加剧，企业和品牌越来越意识到绿色营销不仅是对社会负责的体现，也是实现长期竞争优势的关键。未来，绿色营销的发展趋势将表现在以下几个关键方面：首先，消费者对绿色产品的需求日益增加。越来越多的人开始重视产品的环保属性，如可回收材料的使用、低碳排放和生态友好的生产过程。这种趋势促使企业将环保作为产品开发和营销策略的核心。未来，将会看到更多通过环保认证的产品出现在市场上，同时，产品包装也将朝着更加简化和可持续的方向发展。其次，数字化转型在绿色营销中的角色日益凸显。随着数字技术的发展，社交媒体和在线平台成为企业推广绿色理念和产品的主战场。通过这些平台，企业不仅可以直接与消费者沟通，还可以借助数据分析更准确地了解消费者的需求和偏好。此外，数字化还为绿色营销提供了创新的手段，如利用虚拟现实和增强现实技术展示产品的环保特性，提供沉浸式的消费体验。

环境法规和政策的加强也将影响绿色营销的未来趋势。全球范围内，各国政府正在实施更加严格的环保法规，要求企业减少污染，提高能效，并采取可持续的生产和运营方式。这些政策不仅推动了绿色技术和材料的研发，也促进了绿色营销策略的采纳。企业在遵守法规的同时，也通过绿色营销来展示其对环境责任的承诺，以此吸引对环保有高度责任感的消费者。面对环境挑战，单一企业的努力往往难以产生广泛的影响。因此，企业之间、企业与非政府组织，甚至跨行业的合作变得愈发重要。通过共享资源、技术和知识，这些合作伙伴能够共同开发新的环保解决方案，推广绿色消费习惯，共同推进可持续发展的目标。此外，透明度和真实性是绿色营销未来发展的关键要素。随着消费者对品牌的绿色声明和环保行为越来越持怀疑态度，企业必须确保其绿色营销行为的真实性和透明度。这意味着企业需要公开其环保实践、供应链管理和产品生命周期的详细信息，以建立和维护消费者的信任。

总的来说，绿色营销的未来趋势是多方面的，包括消费者需求的变化、数字化转型的深化、环境法规的加强、合作伙伴关系的建立及透明度和真实性的提升。企业在这一领域的创新和实践不仅能够带来环境上的积极影响，也将为其带来经济上的长期收益。随着全球对可持续发展的重视程度不断提高，绿色营销将成为企业战略中不可或缺的一部分。

三、绿色营销策划的策略与方法

（一）绿色营销策划的策略

绿色营销策划的策略框架是一个综合性的思维模式，旨在通过促进环境保护和可持续发展的方式，实现企业的市场目标和社会责任的双重盈利。在当下社会，消费者对环境保护的意识日益增强，这要求企业在进行市场营销时，必须融入绿色理念，采用更为环保的营销策略和方法。

绿色营销策划的策略框架包括了对产品、价格、渠道和促销等营销组合要素的绿色化改造，以及通过这些改造实现的环境和社会价值的最大化。在产品策略方面，企业应关注产品的整个生命周期，从设计、生产、包装到消费和回收处置的各环节，减少对环境的负面影响。这包括使用可再生材料、减少资源消耗、提高能源效率及增强产品的可回收性和可降解性。

价格策略在绿色营销策划中同样重要。企业可以通过内部成本节约来降低绿色产品的价格，使其更具竞争力。同时，也可以通过价格策略反映环保成本和价值，如对环保产品采取优惠价格策略，鼓励消费者的绿色消费行为。

在渠道策略方面，绿色营销要求企业选择或构建环境友好型的销售渠道。这可能包括优化物流和配送方法，减少碳排放，或选择绿色认证的销售平台和合作伙伴。此外，利用数字化渠道进行营销，不仅可以减少纸张使用，还能提高营销效率，实现绿色传播。

促销策略在绿色营销策划中扮演着至关重要的角色。企业应该利用各种通信工具和平台，积极传播绿色环保的理念和信息，提高公众对环境问题的认识和对绿色产品的认可度。这包括在广告宣传中强调产品的环保特性，以及通过社会媒体、公益活动等形式，增强与消费者的互动和沟通，培养消费者的绿色消费习惯。

除了传统的营销组合策略外，绿色营销策划还强调企业社会责任的履行。企业应该在其业务操作中主动采取措施，以减少对环境的负面影响，并积极参与环境保护活动。通过这种方式，企业不仅能够提升自身的品牌形象和市场竞争力，还能够为社会的可持续发展做出贡献。

（二）绿色营销策划的方法

绿色营销策划的有效方法涵盖了一系列旨在促进环保产品或服务的策略和手

段，通过这些方法，企业能够在保护环境的同时实现商业目标。这一过程中，企业需要综合考虑产品的生命周期，从原材料的采购、产品设计、生产、销售，直至产品回收和再利用，确保整个过程对环境的影响最小化。

环保意识的提升促使越来越多的消费者偏好选择绿色产品，这对企业来说既是挑战也是机遇。有效的绿色营销策划不仅能帮助企业建立良好的社会形象，还能开拓市场，提升竞争力。为实现这一目标，企业需要采取以下方法：

1.产品绿色化：确保产品在设计和生产过程中尽可能减少对环境的负面影响。这包括使用可再生材料或回收材料、减少能源消耗和废物产生、提高产品的可回收性和可持续性。

2.绿色认证和标签：通过获得环保标志或认证，来验证产品的环保属性。这些标签为消费者提供了易于识别的证据，证明产品的环保性能，增加了产品的市场吸引力。

3.透明沟通：公开透明地分享产品的环保信息，包括生命周期评估结果、环境影响和改进措施等。通过建立开放的沟通渠道，如可持续发展报告，企业能够增强消费者的信任和忠诚度。

4.绿色营销合作：与其他企业、环保组织或政府机构合作，共同推广绿色产品和服务。这种合作可以采取多种形式，包括共同营销活动、绿色项目赞助或参与环保标准的制定等。

5.消费者教育：通过各种渠道，如社交媒体、研讨会、广告等，教育消费者识别和选择绿色产品。提高消费者的环保意识有助于增加其对绿色产品的需求。

6.利用数字营销：借助数字营销工具，如社交媒体、搜索引擎优化和内容营销，有效传达绿色营销信息。数字平台能够帮助企业精确地定位关心环境问题的目标群体，提高营销效率。

7.绿色价值链优化：不断优化供应链管理，确保供应链中的所有环节都符合环保标准。这不仅包括选择环保的供应商，还涉及改进物流和分销过程，以减少碳排放和资源浪费。

通过实施这些方法，企业不仅能够有效地推广其绿色产品和服务，还能长期为社会和环境作贡献。绿色营销策划的核心在于创建一个可持续的商业模式，这要求企业在追求经济利益的同时，也考虑社会责任和环境保护。

在绿色产品开发方面，企业需要重视产品的环保设计和生产过程，力求在原材料采购、产品设计、生产、包装等各个环节最小化环境污染和资源消耗。例如，使用可回收材料进行产品包装，或者开发能够降低能源消耗的新产品。通过这种方式，不仅可以减少生产活动对环境的影响，还能满足越来越多消费者对环保产品的需求。

在绿色价格策略上，企业可以考虑采用环境成本内部化的策略，将环保成本计入产品价格之中。虽然这可能导致产品价格略高于普通产品，但是通过有效的市场沟通和品牌建设，向消费者传递产品的环保价值，可以吸引更多愿意为环保付费的消费者。

在绿色促销活动方面，企业可以利用各种传播渠道，如社交媒体、线上线下活动等，宣传其环保理念和产品特点。例如，举办环保知识讲座、绿色生活方式工作坊，或者参与公共环保项目，以此来提高品牌的绿色形象，并促进消费者的购买意愿。

在绿色分销渠道建设方面，企业应当优先选择环保的物流和分销合作伙伴，例如，采用节能减排的物流运输方式，以及建立电子商务平台减少实体店铺的碳排放，这些都是实施绿色营销策划的有效方法。

许多企业通过实施绿色营销策略成功地提升了自己的品牌形象，增加了市场份额，并实现了经济效益和环境保护的双赢。例如，一家知名饮料公司通过减少包装材料的使用和优化物流系统来减少碳足迹，不仅节约了成本，也提高了公司在消费者心中的绿色形象。另一家电子产品公司通过回收旧产品和使用环保材料来生产新产品，成功吸引了大量注重可持续发展的消费者。

综上，绿色营销策划不仅需要企业在产品、价格、促销和分销等方面采取创新的策略，还需要企业建立起强大的品牌责任感和社会责任感，通过持续的努力和改进，真正实现产品和服务的绿色化，最终赢得市场和消费者的认可。这种以环境保护为核心的营销理念，正逐渐成为企业获得长期竞争优势的重要途径。

第六章　市场营销战略的创新升级与未来趋势

第一节　创新导向的市场营销战略升级

一、引入创新理念，打破传统营销思维束缚

引入创新理念，理解并应用创新理念，对于市场营销战略的升级至关重要。在竞争日益激烈的商业环境中，企业只有打破传统营销思维的束缚，采纳和实践新的理念，才能在市场中脱颖而出。创新理念的引入，不仅仅是对新技术的采用，更重要的是在思想和策略上的革新。这涉及对市场的新理解，顾客需求的深度挖掘，以及营销手段的创新使用。

理解创新理念首先要从市场本质认识开始。市场不再是简单的商品交换场所，而是充满变化和机会的动态系统。在这个系统中，顾客需求多样化、个性化，市场信息流转速度快，竞争对手变化无常。因此，企业必须具备快速响应市场变化的能力，这就要求营销策略能够灵活调整和创新。

应用创新理念，则要求企业在营销实践中不断尝试新的方法。例如，利用大数据分析来更准确地识别目标客户群，采用社交媒体和移动互联网进行营销推广，以及通过故事讲述等方式来增加品牌吸引力。这些方法与传统的广告投放、促销活动等有着本质的不同，其更加注重与顾客的互动和关系建立。

在引入创新理念的过程中，企业需要培养一种开放和学习的企业文化。鼓励员工提出新想法，不惧失败，从错误中学习。同时，企业应该建立起快速试错和迭代的机制，将有前景的创新快速推向市场，不断调整和完善。

创新也意味着对传统市场细分的重新定义。通过深入分析顾客行为，企业可以发现新的市场机会，开发出满足特定需求的产品和服务。这种基于深度顾客理解的市场细分方法，能够让企业更准确地定位，避免在广阔市场中迷失方向。

除了产品和服务的创新，营销渠道和手段的创新同样重要。随着科技的进步，数字营销成为企业不可忽视的领域。通过数字化手段，企业可以更精准地触达目标客户，实现个性化营销。同时，数字化还为客户提供了更加便捷的购买渠道，改善了购物体验，增强了顾客满意度。

创新不应仅限于营销本身，更应融入企业的每一个环节。从产品研发到顾客服务，每一步都需要创新思维的引导。这种全方位的创新，能够形成企业内外的协同效应，共同推动企业的长期发展。引入创新理念，不是一蹴而就的过程，而是需要企业持续投入和努力的长期任务。通过理解和应用创新理念，企业能够在市场营销的战略上不断进步，最终实现与众不同的市场地位。这种创新导向的市场营销战略升级，是企业应对未来市场挑战，把握市场机会的关键。

创新导向的市场营销战略升级，首要是理解市场和消费者的本质变化。随着互联网和移动通信技术的发展，消费者获取信息的渠道更加多样化，决策过程也更加复杂。消费者不再是被动接受信息的对象，而是能够主动搜索、比较和分享信息。这种变化要求营销者放弃传统的以产品为中心的思维模式，转向以消费者为中心，深入理解消费者的需求和行为，通过数据分析和市场研究来设计更加个性化、互动性更强的营销策略。

除此之外，创新导向的市场营销战略还强调跨界合作和利用新兴技术。在数字经济时代，行业边界逐渐模糊，不同行业之间的合作成为创新的重要来源。通过与科技公司、内容创作者，甚至是竞争对手的合作，可以开发出新的产品和服务，为消费者提供前所未有的价值。同时，利用大数据、人工智能、物联网等新兴技术，可以实现对消费者行为的实时监控和分析，提高营销活动的精准度和效率。

在内容营销方面，传统的广告推送方式已经逐渐失效，消费者对于内容的要求更高，不再满足于表面的产品介绍，而是寻求与品牌价值观相契合的深层次内容。这就要求营销者创造有教育意义、娱乐性或情感共鸣的内容，通过故事讲述、场景体验等形式，增强与消费者的情感连接，从而建立起品牌忠诚度。

社会责任感也是创新导向市场营销战略中不可忽视的一部分。随着消费者对企业社会责任的关注度日益提高，企业在进行市场营销时，需要将社会责任融入品牌传播和产品设计之中，通过实际行动展示企业的价值观和社会责任感，这不仅能够提升品牌形象，还能够吸引那些有共同价值观的消费者。

总的来说，破除传统营销思维的障碍，需要营销者具备开放的心态和创新的精神，不断探索适应新时代消费者需求和市场变化的营销策略。通过深入理解消费者、利用新技术、跨界合作及强化社会责任感，可以有效提升市场营销的效果，实现品牌的长期发展。

同时，要加强创新思维与市场营销战略的融合。首先，体现在对市场需求的深刻洞察上。传统营销往往基于现有市场情况进行策划和实施，而创新导向的市场营销战略更注重预测未来趋势，通过前瞻性分析，识别潜在需求，开发新的市场机会。这种基于创新的思维模式，使企业能够先人一步，捕捉到其他竞争者忽视的市场空白区域。其次，体现在产品和服务的开发上，创新思维的融入使企业能够跳出传统的框架，运用新技术、新材料或新工艺，开发出真正符合市场未来需求的产品和服务。这不仅提升了产品的市场竞争力，也增强了消费者对品牌的认同感和忠诚度。再次，体现在营销传播策略上，创新思维的运用同样关键。随着数字化时代的到来，社交媒体、移动互联网等新兴渠道为营销人员提供了前所未有的平台。通过创新的内容营销、互动营销等手段，企业可以更有效地与目标消费者建立连接，实现品牌信息的有效传播和共鸣。此外，创新思维还促使企业在市场营销战略中更加注重可持续性和社会责任。通过开发环保产品、实施绿色营销等措施，企业不仅能够满足消费者对健康、环保的需求，也能够在社会责任方面树立良好形象，从而在竞争中脱颖而出。

然而，要实现创新思维与市场营销战略的有效融合，企业还需要建立一种鼓励创新、包容失败的文化环境。这意味着，企业领导层需要为员工提供足够的自由度，鼓励他们尝试新的思路和方法，即使这些尝试可能不会立即带来成功。同时，企业还需要加强内部团队之间的沟通与协作，确保创新思维能够贯穿于市场营销战略的每一个环节。

通过上述分析可见，创新思维与市场营销战略的融合为企业提供了多维度的竞争优势。从深刻洞察市场需求、开发符合未来趋势的产品和服务，到运用新兴营销渠道和手段，再到强调可持续性和社会责任，这种融合优势确保了企业能够在不断变化的市场环境中保持领先地位。因此，对于任何希望在当今竞争激烈的市场中保持长期发展的企业来说，深化创新思维与市场营销战略的融合是一项不可或缺的任务。

二、以顾客为中心，构建全新营销战略框架

（一）构建以顾客为中心的战略框架中的重点

在构建以顾客为中心的战略框架理念时，重点在于将顾客需求和体验作为企业市场营销活动的核心。这一理念的根本出发点是认识到顾客是企业成功的关键，企业的所有市场营销策略和行动都应围绕满足顾客需求展开。在这一框架下，企业需要深入研究和了解顾客的行为、偏好和需求，以及这些需求是如何随时间变化的。

要实现这一理念，企业必须采取一系列战略和操作措施。这包括利用数据分析和市场研究来深入了解顾客群体，通过社交媒体和其他渠道与顾客进行互动，以及定期收集顾客反馈来持续改进产品和服务。此外，企业还需开发个性化营销策略，为不同的顾客群体提供定制化的产品和服务，以更好地满足其独特需求。

在构建全新营销战略框架的过程中，企业还需要考虑到技术的角色和影响。随着数字化和互联网技术的发展，企业有了更多机会以创新的方式与顾客互动，如通过社交媒体、移动应用和虚拟现实等。这些技术不仅使企业能够更有效地收集和分析顾客数据，还提供了新的渠道来吸引和保持顾客的注意力，增强顾客体验。

另一个关键方面是企业文化和内部流程的转变。要真正实施以顾客为中心的战略框架，企业需要确保其文化和组织结构支持这一理念。这可能涉及对内部培训程序的调整，以确保所有员工都理解以顾客为中心的重要性，并具备实现这一目标的技能和动力。此外，企业还需确保其内部流程和系统能够支持快速响应顾客需求的能力，以及灵活调整市场策略以应对市场变化。

在实践中，以顾客为中心的战略框架也要求企业进行持续的创新和适应。这意味着企业不仅需要关注当前的顾客需求，还要预测未来的趋势和变化，并相应地调整其产品、服务和营销策略。通过不断地创新和改进，企业可以保持其在竞争中的优势，同时提高顾客满意度和忠诚度。最终，实施以顾客为中心的战略框架，这不仅能帮助企业更有效地满足顾客需求，还能促进企业的长期成功。通过将顾客需求置于战略规划的核心，企业能够建立起强大的顾客关系，提高市场竞争力，并实现可持续的增长。此外，这种战略框架还有助于企业在不断变化的市场环境中保持灵活性和创新能力，从而更好地应对未来的挑战和机遇。在这种营

销方法中，顾客的反馈和数据分析起到了核心作用。企业通过收集和分析顾客数据，例如，购买历史、在线行为和社交媒体互动，来获得对顾客需求的深刻理解。这种理解使企业能够预测顾客的行为，设计出能够满足他们当前和未来需求的产品和服务。此外，构建顾客导向的营销方法还意味着企业需要在所有触点上提供一致且高质量的顾客体验。这包括从顾客第一次了解品牌开始，到购买产品或服务，再到售后支持的每一个环节。为了实现这一目标，企业需要采用跨部门合作的方式，确保营销、销售和客户服务等各个部门能够共享顾客数据和洞察，以提供无缝且个性化的顾客体验。

在实施顾客导向的营销策略时，创新技术的运用不可或缺。例如，人工智能可以帮助企业在大数据中识别模式和趋势，从而更准确地预测顾客行为和偏好。同时，数字化工具和平台，如社交媒体、移动应用和在线社区，提供了新的方式来与顾客进行互动和沟通，进一步增强了顾客体验。

（二）构建顾客导向的全新营销方法

为了成功地构建和实施顾客导向的营销方法，企业需要培养以顾客为中心的文化。这意味着每一个员工，无论其职位高低，都需要将顾客的满意度作为工作的首要目标。此外，企业还需要不断地学习和适应，因为顾客的需求和行为是不断变化的。这要求企业保持灵活性，能够快速响应市场变化，并不断调整其营销策略以满足顾客的新需求。

在构建顾客导向的营销方法中，企业还应该注重构建长期的顾客关系，而不仅仅是一次性的交易。通过建立信任和忠诚度，企业可以促进顾客的重复购买和口碑推荐，这对于品牌的长期成功至关重要。要实现这一点，企业需要超越传统的营销方法，采用更加个性化和情感化的营销策略，以真正赢得顾客的心。

总结来说，构建顾客导向的全新营销方法要求企业从顾客的角度出发，深入了解顾客的需求和期望，并通过创新技术和策略来满足这些需求。这种方法不仅能够提升顾客满意度和忠诚度，还能够促进企业的持续增长和竞争优势。为了成功实施这种营销方法，企业需要培养以顾客为中心的文化，采用跨部门合作的方式，并不断地学习和适应市场变化。

创新的顾客体验设计在营销中的应用，标志着企业市场竞争策略的一次重大转变。随着市场环境的日益复杂和消费者需求的多样化，传统的产品或服务导向的营销策略已经无法满足当前市场的竞争需求。因此，以顾客体验为核心，构建全新营销战略框架成为企业获得持续竞争优势的关键。顾客体验设计的核心在于了解并满足消费者的深层次需求，通过提供超越期待的服务和产品来创造独特、难忘的顾客体验。

在营销中应用创新的顾客体验设计，首先，要求企业进行市场细分，深入了解不同顾客群体的具体需求和偏好。这一过程涉及大量的数据收集和分析，包括但不限于顾客购买行为、偏好变化、社交媒体互动等信息。通过这些数据，企业可以构建顾客画像，进而设计符合其期望的产品和服务。接着，企业需要在产品设计、服务流程、顾客互动等多个环节中融入创新思维。例如，利用最新的技术如人工智能、大数据、物联网等，为顾客提供个性化的推荐、智能化的客户服务和无缝的购物体验。此外，创新的顾客体验还包括创建独特的购买环境和氛围，如线下体验店的情景营销、线上虚拟现实试穿等，这些都能有效提升顾客的购买愿望和品牌忠诚度。在实施创新顾客体验设计的过程中，企业还需注重体验的一致性和连贯性。无论顾客在哪个接触点体验到的品牌，都应保证高质量和一致性的服务标准，确保顾客在每一个接触点都能获得相同的满足感和归属感。这要求企业对内部各个部门进行有效的协调和整合，确保前端和后端流程的无缝连接。此外，创新的顾客体验设计不仅是一次性的活动，而是一个持续的过程。企业需要建立起快速响应市场变化的机制，定期收集顾客反馈，对体验进行持续的优化和迭代。这种持续的改进不仅可以提升顾客满意度，还可以作为企业持续创新的动力源泉。

在全球化竞争加剧的今天，创新的顾客体验设计已成为企业区分自身与竞争对手的重要工具。通过提供独一无二的顾客体验，企业不仅能够吸引更多的顾客，还能够建立起顾客的长期忠诚度，为企业的长远发展奠定坚实的基础。因此，企业应将顾客体验设计作为战略规划的核心部分，不断探索和实践，以适应不断变化的市场环境和顾客需求。

三、强化市场敏锐度，快速响应市场变化

（一）强化市场敏锐度

在当今这个高度动态且竞争激烈的市场环境中，企业要想获得持续的竞争优

势，仅仅依靠传统的营销战略已经不足以应对快速变化的市场需求和客户偏好。因此，建立并强化市场敏锐度，快速响应市场变化已成为企业营销战略中不可或缺的一部分。市场敏锐度是指企业能够敏感地察觉并理解市场变化（包括消费者需求、竞争对手行为、技术进步等）的能力，这种能力使企业能够迅速做出反应，调整其市场战略，以满足市场的新需求，从而获得或维持竞争优势。

提高市场敏锐度，首先需要企业建立一套有效的市场信息收集和分析机制。这包括利用各种市场研究方法和工具，如消费者调研、竞争对手分析、社交媒体监听等，来持续跟踪市场的最新动态。通过这些机制，企业可以及时获得有关市场变化的第一手资料，从而更好地了解消费者需求的变化趋势及竞争对手的策略动向。

除了建立信息收集机制，企业还需要强化内部的沟通和决策流程，以确保信息能够快速流通，且能够在短时间内做出反应。这意味着，企业内部的各个部门，特别是市场营销部门、产品开发部门和高层管理部门之间需要有良好的沟通机制，确保市场信息能够快速共享，并且能够迅速集结资源来应对市场的变化。

在市场敏锐度的基础上，企业还需要培养快速响应市场变化的能力。这不仅仅是指快速做出决策，还包括能够迅速将决策转化为实际行动。例如，针对消费者需求的变化，企业能够迅速调整产品特性或推出新产品；针对竞争对手的策略调整，企业能够快速采取应对措施，如调整定价策略、推广策略等。快速响应能力的关键在于企业的灵活性和执行力，这要求企业在组织结构、流程设计，以及企业文化等方面都要支持快速决策和执行。

实现市场敏锐度的提升和快速响应能力的培养，企业还需要依靠先进的技术和工具。随着大数据、人工智能等技术的发展，企业可以利用这些技术来加强市场信息的收集和分析能力，提高决策的精准度。例如，通过数据分析工具可以帮助企业发现消费者行为的隐藏模式，预测市场趋势；通过人工智能技术，企业可以优化产品推荐系统，提高营销活动的效果。

总体来说，建立并强化市场敏锐度的重要性在于它能够帮助企业更好地理解市场，快速响应市场变化，从而在激烈的市场竞争中获得优势。这需要企业不断投入资源于市场信息的收集和分析，优化内部决策和执行流程，同时也需要借助先进技术的力量，提高企业的市场适应能力和竞争力。

（二）快速响应市场变化

快速响应市场变化的首要前提是强化市场敏锐度。这意味着企业需要建立和完善市场信息收集和分析的系统，通过对市场趋势、消费者需求、竞争对手动态等信息的实时监控，及时捕捉市场信号。此外，企业还需要加强对外部环境变化的感知能力，如政策法规、经济形势、技术进步等，这些都可能对市场产生重大影响。

企业要快速响应市场变化，还需优化内部决策和执行流程。这包括简化决策结构，缩短决策链条，确保关键决策能够迅速做出并执行。同时，加强跨部门的沟通和协作，确保信息流动顺畅，各部门能够协同作战，迅速响应外部变化。

技术的应用是提高快速响应能力的关键。现代信息技术，尤其是大数据分析、云计算、人工智能等，为企业提供了有效工具，帮助企业实时收集和分析大量市场数据，从而提高决策的速度和准确性。此外，数字化平台和工具也能够提升企业的运营效率，加快产品开发和市场推广的速度。

在战略层面，企业需要建立一种灵活多变的战略思维。这意味着企业在制定长期战略的同时，也能够根据市场的实时变化做出调整，采取灵活的战略部署，以适应市场的不断变化。企业还应培养一种创新文化，鼓励员工敢于尝试新事物，快速学习和适应新环境，从而提升企业整体的快速响应能力。

针对市场变化的快速响应还涉及企业与客户之间的互动。企业应通过社交媒体、客户服务平台等渠道，加强与消费者的沟通和互动，及时收集消费者反馈，快速解决消费者问题。这不仅能够提高消费者满意度，还能够帮助企业及时调整产品和服务，更好地满足市场需求。

综上所述，快速响应市场变化要求企业在多个方面进行系统的优化和创新。通过加强市场敏锐度、优化内部流程、利用先进技术、灵活调整战略，以及加强与消费者的互动，企业能够在竞争激烈的市场环境中保持竞争优势，抓住市场机会，有效应对市场挑战。

第二节　具体探究创新市场营销战略

一、案例分析：领先企业的创新营销实践

在创新市场营销战略的实践中，许多领先企业通过创造性的方法和策略在市场中脱颖而出，以下是三个具体的案例，展示了如何通过创新营销实现企业的成功。

1. 星巴克的个性化数字化营销

星巴克成功地利用了数字化转型的力量，通过移动应用程序和大数据分析来提升客户的个性化体验。星巴克推出了会员积分计划和移动支付功能，客户可以通过星巴克应用程序订购饮品、累积积分并享受个性化优惠。这一创新不仅提高了用户的便利性，还通过收集用户消费数据，深入了解客户的消费习惯，进而向不同客户群体提供个性化的产品推荐和促销优惠。例如，基于用户的购买历史，星巴克可以向喜欢特定口味咖啡的客户推送个性化优惠券，或为会员提供独家新品试饮。这种精准的数字化营销极大提升了客户黏性和品牌忠诚度。

星巴克通过其数字化平台，实现了高效的个性化营销，大幅度提升了用户体验和忠诚度。这种创新做法将技术与营销策略结合，使星巴克能够更加准确地定位和服务消费者需求，创造了强大的品牌效应。

2. 耐克的品牌故事营销和社会责任感

耐克一直以来通过故事讲述的方式来构建其品牌形象，尤其是强调“激励”和“突破自我”的品牌价值观。近年来，耐克通过支持各种社会议题进一步深化了品牌与消费者之间的情感连接。例如，耐克在其营销活动中强调种族平等、性别平等和环境保护等社会责任议题，其中最具代表性的案例是耐克在 2018 年推出的“Just Do It”广告系列，启用了前美国职业橄榄球大联盟球员科林·卡佩尼克（Colin Kaepernick），该广告聚焦于种族平等和社会正义问题。尽管该广告引发了争议，但它也帮助耐克巩固了其在年轻消费者中的品牌形象，吸引了更多认同其价值观的消费者。

耐克通过社会责任营销，不仅提升了品牌知名度，还在情感层面上与消费者建立了更深的联系。通过对社会议题的关注，耐克不仅传递了积极的品牌形象，还成功吸引了具有相同价值观的消费者，这种创新的营销策略为其赢得了更广泛的市场支持。

3. 特斯拉的直销模式与社交媒体营销

特斯拉是通过创新的市场营销战略颠覆传统汽车行业的典型案例之一。首先，特斯拉摒弃了传统的汽车经销商模式，采用直销模式，客户可以通过在线平台直接从公司购买车辆。这不仅简化了购买流程，还大幅降低了成本。特斯拉还通过社交媒体进行营销，尤其是利用埃隆·马斯克（Elon Musk）在社交媒体上的个人影响力进行产品推广。特斯拉通过发布技术更新、产品创新和新车发布的消息，与大量的粉丝进行直接互动，从而形成了高度忠诚的用户群体。此外，特斯拉还通过举办创新性的发布活动和试驾体验，吸引媒体和消费者的关注。

特斯拉的直销模式打破了传统汽车销售的壁垒，使其能够与消费者建立更直接的关系。而通过社交媒体营销，特斯拉以低成本但高效的方式获取了广泛的市场关注，创造了强大的品牌忠诚度。这种结合创新销售渠道和数字化营销的策略，是其快速崛起的重要原因。

这些案例表明，领先企业通过多样化的创新营销策略，创造了显著的竞争优势。星巴克通过数字化平台实现个性化营销，耐克通过品牌故事和社会责任感赢得了消费者的情感认同，特斯拉则通过颠覆性的销售模式和社交媒体互动强化了与消费者的直接联系。这些创新实践展示了企业如何在快速变化的市场环境中，通过灵活运用新技术、渠道和营销理念，推动企业持续增长并引领市场潮流。

二、创新营销策略的制定与执行

（一）创新营销策略的制定

制定创新营销策略的核心要素涉及对市场环境、消费者行为、技术发展及竞争对手行为的深入分析。了解市场环境是创新营销策略制定的基础，其中不仅包括宏观经济状况、法律法规变化，也涉及行业趋势、市场结构等方面。消费者行为的研究则关注目标市场的消费偏好、购买决策过程和消费者与品牌的互动方式。随着信息技术的快速发展，新兴的营销渠道和工具也对营销策略产生重大影响，因此对技术发展趋势的洞察同样不可忽视。对竞争对手的营销行为和战略布局进行分析，有助于企业寻找差异化竞争的空间。

在掌握上述核心要素的基础上，制定创新营销策略的步骤则可以分为以下几个关键环节：目标市场的选择与细分、目标顾客的明确、价值主张的创新、战略执行渠道的选择、营销资源的配置与整合及策略的执行监控和调整。

目标市场的选择与细分要求企业明确自己的服务或产品能够最大程度满足哪个市场细分群体的需要。这一过程需要企业综合考虑市场规模、增长潜力、竞争状况和自身的资源能力等因素。

明确目标顾客是企业制定有效营销策略的前提。这不仅意味着要细化市场细分，而且要深入了解目标顾客的生活方式、价值观念、消费习惯等，从而设计出能够触动他们情感、满足其需求的产品和服务。

价值主张的创新则要求企业在了解市场和顾客的基础上，提炼出自身产品或服务的独特价值，并通过创新的方式传达给消费者。这可能意味着对产品设计、服务流程或者营销传播方式的革新。

选择合适的战略执行渠道是营销策略成功的关键。在当今数字化时代，企业不仅要利用传统的销售和营销渠道，还需探索社交媒体、移动应用、电子商务平台等新兴渠道，以拓宽触达顾客的途径。

营销资源的配置与整合要求企业在人力、财力、物力等方面进行科学规划和高效利用，同时通过跨部门、跨渠道的协同作业，形成强大的营销执行力。

策略的执行监控和调整是保证营销策略有效实施的重要环节。企业需要设定可量化的目标和关键绩效指标，定期评估营销活动的效果，并根据反馈及时调整策略。

通过以上步骤，企业可以系统地制定和执行创新营销策略，这不仅能够有效应对市场的不断变化，还能够在竞争中占据有利地位，实现利润长期发展。在制定和实施创新营销策略的过程中，持续的创新思维和对市场变化的敏锐洞察是企业成功的关键。

（二）创新营销策略的执行

在实施创新营销策略的过程中，明确策略目标是首要步骤。企业需明确营销策略所要达成的具体目标——无论是提高品牌知名度、扩大市场份额，还是提升用户参与度等。明确目标可以帮助企业精确地定位策略实施的方向和重点，从而让策略的实施更有的放矢。其次，细化策略的执行计划至关重要。这包括资源分配、时间规划、责任人指派等方面，确保每一项工作都有明确的执行标准和进度安排。例如，在数字营销策略中，企业应该基于消费者行为数据来定位目标客户群，通过社交媒体、搜索引擎优化、内容营销等多渠道协同作战，保证策略的多点触及和高效执行。营销策略的实施还需要依靠科技工具和平台的支持。当前，大数据分析、人工智能、区块链等技术为营销策略的实施提供了强大的工具。这些技术能够帮助企业更加精准地分析市场和消费者数据，实现个性化营销，同时提高策略实施的效率和效果。过程监控和调整也是策略实施中不可或缺的一环。企业应定期跟踪营销活动的执行情况，收集相关数据，并对策略的有效性进行实时评估。这种持续的监控和及时的反馈机制，能够帮助企业在策略实施过程中及时发现问题和不足，调整策略，以适应市场的快速变化。策略实施的最终环节是效果评估。评估应涵盖广泛的指标，既包括直观的销售数据、市场份额变化，也包括品牌知名度、客户满意度、客户忠诚度等间接指标。利用这些指标，企业能够全面地分析营销策略的成效，评价其对企业业务和品牌价值造成的实际影响。此外，策略评估还应关注投入产出比。这不仅包括财务成本的投入产出比，还应包括时间、人力等非财务资源的投入产出效率。这一综合性的评估，可以更全面地指导企业进行资源优化配置，实现策略目标的高效达成。

创新营销策略的实施与评估是一个循环往复、持续进行的过程。通过实施过程中的实时监控、评估和调整，企业能够不断深化对市场的理解，优化营销策略，以适应市场环境的持续变化，从而在激烈的市场竞争中取得优势，实现可持续发展。

三、评估创新营销战略的效果与持续改进

评估创新营销战略的实践效果是确保企业营销目标实现和持续优化过程的关键环节。通过系统的评估，企业不仅能够了解战略实施的成效，还能发现存在的问题和不足，为后续的战略调整和优化提供依据。在这个过程中，包括了对营销目标达成度的量化分析、市场反应的定性判断及未来趋势的预测等多个方面。

一个高效的评估体系首先要建立在明确、量化的营销目标基础上。这些目标可能包括市场份额的提升、品牌知名度的增强、顾客满意度的提高等。通过将这

些目标具体化、量化，企业可以更方便地追踪和衡量创新营销战略的具体效果。例如，通过市场调研获取的数据可以反映品牌知名度的变化情况，销售数据则可以直接显示市场份额的变动情况。

此外，评估创新营销战略的实践效果还应结合对外部市场动态的敏感度和适应性。市场环境是不断变化的，一个昨天还行之有效的营销手段，今天可能就已经过时。因此，评估不仅需要关注营销行为本身，还需要与市场环境的变化进行对比，分析创新营销战略在不同市场环境下的适应性和灵活性。

在评估过程中，多角度、多维度的分析方法是不可或缺的。比如，通过顾客满意度调查了解顾客对新营销策略的接受度和体验，利用社交媒体分析工具来监测网络上关于品牌和产品的讨论与反响，进一步通过竞争对手的市场表现反观自身策略的差异性和优势。每一个维度的分析不仅能帮助企业全面理解创新营销战略的实际效果，还能针对性地指出需要改进和调整的领域。

评估过程中的数据收集和分析能力是评估成功与否的关键。在大数据时代背景下，利用数据分析工具和技术来处理大量的市场和营销数据，不仅可以提高评估的准确性，也能大幅提升评估的效率。通过数据挖掘和机器学习等技术，可以从大量复杂的数据中提取有价值的信息，为评估和决策提供强有力的支持。

有效的评估还需要有一个反馈和调整的闭环机制。评估不仅是一个单纯的结果检查过程，更是一个持续改进和优化营销战略的过程。通过评估发现问题后，应立即纳入战略调整的考量中，及时调整不适应市场的营销策略，或是针对性地加强已经取得成功的策略。这样的循环过程能够确保企业的营销战略始终保持活力和竞争力。评估创新营销战略的实践效果的关键在于将评估视为一个整体的策略管理过程的一部分，而非一项孤立的任务。这一过程需要企业高度重视并不断优化，以确保营销活动能够有效支撑企业的长期发展目标。通过系统的评估，企业不仅能及时调整战略应对市场变化，还能持续创新，保持其在激烈的市场竞争中的领先地位。

提升并持续改进创新营销战略的策略是市场营销领域不断变化和竞争加剧的应对之道。在当今快速变化的市场环境中，公司必须不断地对其营销战略进行评估和调整，以确保其竞争力和有效性。这一过程涉及多个方面，包括对现有营销战略的持续分析，引入新技术和方法，以及根据市场和消费者需求的变化进行创新。

在评估和改进营销战略的过程中，定期对营销活动和战略进行绩效评估是至关重要的。这可以通过收集和分析关键绩效指标来完成，这些指标可以包括销售数据、市场份额变化、客户满意度和品牌意识等。这些数据不仅可以提供对营销活动成功与否的即时反馈，也可以识别出需要改进的领域。

引入新技术是提升创新营销战略的关键因素之一。随着数字技术的快速发展，社交媒体、数据分析、人工智能和机器学习等工具已成为营销人员的宝贵资源。通过有效利用这些技术，企业可以更准确地定位目标市场，个性化他们的营销信息，并提高营销活动的效率和效果。例如，数据分析可以帮助企业深入了解消费者行为，而人工智能则能够优化客户服务和个性化推荐，从而提高用户体验。

对市场和消费者需求变化的快速响应，也是提升营销战略的关键。市场环境和消费者偏好的变化往往非常迅速，企业需要保持警惕，并能够迅速调整其营销策略以适应这些变化。这要求企业不仅要密切监控市场趋势和消费者行为，还要拥有灵活的营销系统和流程，以便能快速实施调整。

除了对内部战略的不断检查和改进外，企业还需要关注外部合作伙伴和竞争者的行动。通过对竞争对手的分析，企业可以了解行业内的最佳实践和创新趋势，从而在自身的营销战略中融入这些元素。此外，与其他公司或组织建立合作关系可以共享资源，拓展市场，并共同开发创新的营销解决方案。

在持续改进营销战略的过程中，培养一个以创新为中心的企业文化同样重要。企业应鼓励员工提出新想法，并为其提供实验和实现这些想法的资源和支持。这样一个开放和支持创新的环境，不仅有助于激发员工的创造力和热情，还能使企业更容易适应市场的变化和挑战。

综上所述，提升并持续改进创新营销战略需要企业密切关注市场和消费者需求的变化，有效利用新技术，保持营销活动的高度灵活性，以及培养一种以创新为中心的企业文化。通过这些策略，企业不仅可以提高其市场营销的效果，还能确保其在不断变化的市场环境中保持竞争力。

第三节　市场营销的数字化转型与创新

一、探讨数字化对市场营销战略的影响

（一）数字化对市场营销战略的影响

数字化趋势对市场营销战略的影响体现在多个方面，从消费者行为的变化到营销渠道的多样化，再到数据分析的深化应用，这些都是数字化时代营销战略不可忽视的要素。在数字化的浪潮下，企业必须适应新的市场环境，重塑营销战略，才能在竞争中保持优势。

随着互联网和移动互联网的快速发展，消费者获取信息的渠道和方式发生了根本性的变化。消费者更多地依赖网络平台来了解产品信息、评价商品、进行购买决策。这种变化促使企业必须调整营销战略，优化线上内容，提高线上互动的质量和效率，以吸引和维护消费者。

微博、微信、短视频平台等新媒体的兴起，为企业提供了更加丰富、灵活的营销工具。企业可以通过多种渠道与消费者建立连接，提供定制化和个性化的服务和信息。这不仅可以提升消费者体验，还可以增加消费者的参与度和品牌忠诚度。

数据分析的应用是数字化转型在市场营销中的又一重点。大数据技术的发展让企业能够收集和分析消费者行为数据，从而更准确地了解目标市场和消费者需求。通过数据驱动的营销策略，企业可以实现更高效的市场细分、精准营销和个性化推广，提高营销投入的回报率。

技术的创新也是推动市场营销战略变革的重要动力。例如，人工智能和机器学习技术的应用，使得个性化推荐、智能客服成为可能，极大提升了消费者的购物体验。此外，虚拟现实和增强现实技术的应用，为体验式营销提供了新的可能，增加了营销的互动性和吸引力。

在数字化趋势影响下，内容营销的重要性日益凸显。优质的内容不仅可以吸引消费者的注意力，还可以建立起品牌的权威性和信赖感。因此，企业需要注重

内容的创新和质量，通过故事化、情感化的内容与消费者建立深层次的连接。

社交媒体的力量在数字化营销中不容忽视。社交网络的传播效应可以迅速放大营销信息的影响力。通过有效利用社交媒体，企业不仅可以扩大品牌曝光度，还可以通过直接与消费者互动获取宝贵的反馈信息和市场洞察。在数字化趋势的影响下，企业的市场营销战略必须保持灵活和创新。适应数字化环境的变化，利用现代技术和平台的优势，对营销理念和方法进行创新升级，是当下企业获得市场竞争优势的关键。通过对这些趋势的深入了解和应用，企业可以更有效地接触到目标消费群体，提升品牌影响力和市场份额。

数字化工具的核心在于数据的收集、分析与应用。通过高效的数据分析工具，企业能够深入了解消费者的需求与行为，实现精准营销。数字化平台如社交媒体、电子商务网站、移动应用程序等，提供了丰富的用户互动数据，使得市场分析变得更加细致与准确，因此，企业可以通过这些渠道进行品牌宣传、产品推广及消费者互动，提升品牌知名度和消费者忠诚度。此外，数字化转型还意味着营销渠道的多元化。过去，企业营销依赖于传统的媒体如电视、报纸和广播。但现在，随着互联网和移动设备的普及，社交媒体营销、内容营销、搜索引擎优化、电子邮件营销等数字营销方式日益成为企业不可忽视的营销渠道。这些渠道不仅成本较低，而且能够实现即时反馈和互动，有利于企业及时调整营销策略。

在使用数字化工具进行市场营销时，个性化营销策略的应用也变得尤为重要。通过对大数据的分析，企业可以准确识别不同消费者的偏好和需求，从而提供更为个性化的产品和服务。个性化营销不仅可以提高用户满意度和忠诚度，还可以有效提升转化率和销售业绩。

数字化工具还带来了实时营销的可能。社交媒体的迅速响应机制使得企业能够即时捕捉到市场的热点和消费者的需求变化，通过实时发布相关内容或推广活动，增强与消费者的互动和参与感，从而提升品牌影响力。

（二）数字化转型中的挑战

然而，数字化转型并非没有挑战。数据安全和隐私保护是企业在进行数字化营销时必须面对的重要问题。随着数据泄露事件频发，消费者对于个人信息保护变得越来越关注。因此，企业在收集和使用消费者数据时，必须遵循相关法律法规，确保数据的安全性和消费者隐私的保护。

随着数字渠道和平台的不断涌现，企业需要不断适应新的技术和平台，以免落后于市场趋势。这要求企业不仅要有高效的技术更新机制，还要拥有灵活的市场战略调整能力。

数字化工具优化市场营销战略的过程中，企业应坚持以消费者为中心，利用数据驱动的策略做出决策，同时关注数字营销的安全性和合规性。通过这种方式，企业不仅能够提高其市场竞争力，还能更好地实现与消费者的长期互利合作。在未来，随着技术的不断进步，数字化将继续深化其在市场营销领域的应用，成为企业竞争战略中不可或缺的一部分。

个性化营销是通过收集和分析大量的用户数据，识别不同消费者的需求和偏好，进而提供定制化的产品推荐和服务。这种策略的核心在于利用数据分析工具捕捉用户行为，从而实现营销活动的个性化定制。未来，随着数据分析技术的进一步发展，企业将能够更加精细地了解消费者的需求，个性化营销将变得更加精准和高效。

人工智能技术在市场营销中的应用也越来越广泛，从自动化的客户服务、聊天机器人到智能内容创造和消费者行为预测，人工智能正在改变传统的营销模式。预计在未来，随着算法的不断优化和学习能力的提高，人工智能将能够提供更加丰富和复杂的营销解决方案，帮助企业实现更高的营销效率和效益。

数据已成为现代市场营销的核心资产。在数字化的背景下，市场营销的每一步都可以生成数据并依赖数据。从消费者行为分析、市场趋势预测到营销策略的优化，数据驱动的决策制定过程确保了营销活动的精准性和有效性。今后，随着大数据技术的持续进步和数据处理能力的增强，数据驱动的市场营销决策将变得更加智能和灵活。

跨平台整合营销反映了消费者信息接触点的多元化。消费者在多个数字平台上的活动增加了营销渠道的复杂性，要求企业在不同的平台之间实现信息、品牌形象和营销活动的一致性和协调性。未来，随着技术的发展，实现跨平台整合的营销技术和策略将更加成熟，为消费者提供一致而无缝的品牌体验。

随着数字化市场营销的不断发展，隐私保护和数据安全问题也日益受到关注。消费者对个人信息安全的关注正在上升，这要求企业在进行数字化营销的同时，必须加强对消费者隐私的保护和对数据的安全管理。在未来，隐私保护和数据安全将成为企业进行数字化市场营销时必须重视的关键领域，合规性和透明度将是企业获取消费者信任和保持竞争力的重要因素。

综上所述，未来数字化市场营销战略的展望蕴含着巨大的机遇和挑战。技术的不断革新将为市场营销带来更多可能性，而企业如何在保护消费者隐私的前提下，利用这些技术进行高效的营销，将是决定其在竞争中脱颖而出的关键。随着个性化、人工智能、数据驱动、跨平台整合及隐私保护等方面的不断进步和深入，数字化市场营销的未来将无疑更加丰富多彩，充满挑战。

二、数字化转型的关键步骤和实施策略

数字化转型是当前市场营销发展的必然趋势，它不仅仅是技术层面的更新换代，更是企业经营理念、组织结构、业务流程乃至企业文化的全面革新。在这一转型过程中，关键步骤的识别与实施成为决定成功与否的重要因素。

（一）数字化转型的关键步骤和实施

要实现高效且具有战略意义的数字化转型，企业首先需确立清晰的数字化愿景和目标。这涉及对企业未来发展方向的深刻理解和预测，需要基于对市场趋势、顾客需求、技术进步等多方面因素的考量。明确的愿景和目标不仅为转型提供方向，还能增强团队的参与感和动力。进行现有数字基础设施的评估与技术选型也尤为关键。企业需要客观评估现有技术状态，包括数据管理系统、客户关系管理系统、供应链管理等关键系统的数字化水平。技术选型应着眼于未来，选择既能满足当前需要，又具备一定前瞻性的技术解决方案。

制定全面的数字化策略是关键步骤之一。策略应涵盖不同业务单元的数字化转型计划，包括但不限于营销、销售、客户服务、产品研发等。策略制定过程中应考虑如何通过数字化手段优化流程、提升效率、增强客户体验、创新产品服务等。

人才能力的培养和团队构建也是数字化转型中不可或缺的一环。数字化转型不仅需要技术人才，更需要能够了解数字化战略和业务需求的复合型人才。培养和引进这些人才，以及围绕数字化目标构建跨部门协作的团队机制，是成功转型的基石。

数据驱动决策机制的建立对于数字化转型而言至关重要。企业需构建和完善数据收集、处理、分析和应用的能力，利用大数据、人工智能等技术提升决策的

科学性和精准性。数据的有效利用能够极大提高市场反应速度和操作效率，为企业带来竞争优势。

数字化转型过程中，安全与隐私保护不容忽视。随着企业越来越多的业务和数据转移到线上，如何确保数据的安全和客户的隐私权益成为一个重要的议题。这不仅需要技术层面的防护措施，更需要从制度和流程上进行规范和管理。

深化客户关系和体验的优化是数字化转型的主要目标之一。通过数字化手段，如社交媒体、移动应用、虚拟现实等，企业可以与顾客建立更密切的联系，更好地理解顾客需求和行为，从而提供更加个性化、高质量的服务。

持续创新和学习是保持数字化转型动力的重要方式。在数字化领域，技术和市场的变化日新月异，企业需要保持强烈的学习和创新意识，及时调整和优化数字化战略和实践。创建一个鼓励创新和容错的企业文化，为员工提供持续学习和成长的机会，既是激励人才的有效手段，也是企业长期发展的需要。

通过上述关键步骤的实施，企业可以有效推进数字化转型，提升自身的市场竞争力和未来发展潜力。这一过程虽然充满挑战，但通过科学规划和积极执行，将能为企业带来深远的变革和价值。

通过实施一系列策略，企业能够有效地进行数字化转型，进而提升自身的竞争力。

（二）实施数字化转型的策略

理解客户需求始终是成功执行数字化转型的核心。通过数据分析和市场研究，企业可以获得关于消费者行为和偏好的深刻洞察。这些信息能够为企业提供制定个性化服务和产品的依据，从而增强用户体验和满意度。

技术基础设施的升级是数字化转型的基石。云计算、大数据、物联网、人工智能等先进技术的应用，为企业处理大量数据提供了可能，同时也极大地提高了操作效率和业务灵活性。选择适合自己业务特点的技术平台和工具，是数字化转型成功的关键因素之一。

企业文化的改革是数字化转型得以成功实施的内在动力。传统的组织结构和惯例往往难以适应新的市场环境，因此，建立一个开放、创新、以结果为导向的文化至关重要。这涉及鼓励员工的主动性和创造性，以及构建跨部门合作的工作机制，从而形成整个组织的协同效应。

数字化转型也需关注数据的安全与隐私保护。在数据驱动的商业模式中，确保客户信息的安全是企业信誉的重要组成部分。因此，企业需要投入资源保证数据的安全，遵循相关法规，并构建起强大的网络安全防护体系。

培训和发展计划对于提升员工的数字技能至关重要。员工是企业进行数字化转型的关键要素，因此，为他们提供学习新技能和新工具的机会，将直接影响转型进程的效率和成效。通过定期的培训课程，不仅可以确保员工的技能与时俱进，还能激励他们对新事物的探索与接纳。

对于顾客接触点的重新设计也是实施数字化转型的重要环节。在线渠道和社交媒体提供了与客户互动的新途径。通过这些平台，企业能够更加直观、便捷地收集反馈，同时为客户提供更加个性化的服务。在这个过程中，企业能够更好地理解客户需求，提高客户满意度和忠诚度。

实施数字化转型的策略集中于创造一个以数据为核心，以客户为中心的商业模式。这不仅更加强调了客户体验的重要性，也提出了对技术、人才和企业文化综合升级的要求。通过不断地创新和改进，企业能够在数字化时代中获得持续的竞争优势。

三、利用数字化工具提升营销效率和效果

（一）数字化工具的应用

在当今这个信息技术迅速发展的时代，数字化工具在市场营销中的作用日益增强，成为提升营销效率和效果的重要手段。对数字化工具的理解和选择变得尤为重要，它不仅关系到营销活动的成败，更是企业能否在激烈的竞争中脱颖而出的关键。

数字化工具是指那些利用数字技术来执行营销活动的工具和平台，包括但不限于社交媒体平台、电子邮件营销软件、客户关系管理系统、数字广告平台、搜索引擎优化工具、内容管理系统和数据分析工具等。这些工具的共同特性是能够通过数字化手段，高效、精准地与目标消费者进行互动，收集和分析营销数据，从而实现营销活动的优化和效果的提升。

为了在众多的数字化工具中做出恰当的选择，首先需要深入了解自己的营销目标和目标受众。不同的营销目标和目标受众，对工具的需求也会有所不同。例

如，如果目标是提高品牌知名度，那么社交媒体平台和数字广告可能是较为合适的选择；若目标是提高客户忠诚度，客户关系管理系统和电子邮件营销可能更加有效。其次，了解各类数字化工具的功能和特点也至关重要。例如，社交媒体平台擅长于创建品牌的社会影响力和促进用户间的互动；电子邮件营销软件的优势在于能够进行个性化的沟通和维护现有客户关系；而数据分析工具则能够帮助企业从大量的营销数据中提炼出有价值的信息，指导营销决策。选择数字化工具时，还需要考虑企业的资源配置，包括预算、人力和时间。不同的数字化工具在成本和操作复杂度上存在差异，有的工具可能需要较大的初期投入和专业的操作团队，而有的工具则可能更加经济高效。因此，企业需要根据自身的实际情况，进行合理的资源分配和选择。此外，持续跟踪和评估所选择工具的效果，也是提升营销效率和效果的关键步骤。利用数据分析工具可以帮助企业监测各项指标，如点击率、转化率、用户参与度等，从而评估营销活动的效果和投资回报率。基于这些分析结果，企业可以及时调整策略，优化营销活动。

在数字化转型的浪潮中，新的营销工具和技术层出不穷。例如，人工智能和机器学习技术的应用，能够进一步提高个性化营销的精准度和效率；区块链技术有望解决营销中的信任和透明度问题。因此，对新兴技术保持敏锐地观察和学习，对于选择和应用数字化工具同样重要。

总的来说，对数字化工具的理解和选择是一个全面而动态的过程，它要求企业准确把握市场营销的目标和趋势，了解和评估各种工具的功能和效果，合理分配资源，并持续跟踪和优化营销策略。通过精心的选择和应用，数字化工具能够显著提升市场营销的效率和效果，帮助企业在竞争激烈的市场环境中获得成功。

（二）数字化工具的优势

在现代市场营销领域，数字化工具的应用正变得越来越普遍与重要。这不仅仅是因为数字化进程符合当前的技术发展趋势，更因为它以其独特的优势，大大提高了营销的效率和效果。具体到利用数字化工具进行精准定位和分析，在营销战略中占据了举足轻重的地位。

数字化工具的核心优势在于其数据处理和分析能力。通过收集用户的数据，如浏览历史、购买习惯、社交媒体互动等，企业能够构建出详细的用户画像。这一过程称为精准定位，它让企业明确了解目标客户的特征和需求。不同于传统营销中以广泛的市场调查和经验判断为基础的用户分析，数字化工具所提供的是基于大数据分析的结果，这种结果往往更加精确和实时。

精准定位是数字化工具的另一个优势，它能有效节省营销资源，提高营销投入的回报率。在了解了目标客户的具体需求和行为特征后，企业可以更加有针对性地设计营销活动，避免无效和重复的营销投放，从而降低营销成本，提高效率。

除了精准定位，数字化工具在客户数据的分析处理上同样显示出其不可替代的作用。数据分析不仅可以帮助企业追踪营销活动的效果，评估营销策略的有效性，还能够预测市场趋势和消费者行为变化。例如，通过对比分析不同时间段内用户数据的变化，企业可以准确把握市场动向和消费者需求的演变，进而调整营销策略，以适应市场变化。

数字化工具还极大地拓展了营销渠道和方式。社交媒体、移动应用程序、搜索引擎等数字平台提供了全新的营销途径，使得营销信息的传播更加广泛而迅速。同时，这些工具的互动性，提高了用户参与度和品牌忠诚度，从而加深了顾客与品牌之间的联系。

进一步而言，利用人工智能、机器学习等先进技术，数字化工具能够实现自动化和个性化营销。通过自动跟踪和分析用户行为，企业可以实时调整营销策略，甚至能够实现个性化推荐，提供定制化的信息和服务，满足用户的个性化需求，这在提升用户体验和增加用户黏性方面起着决定性的作用。

然而，利用数字化工具进行精准定位和分析虽富有成效，但也面临着数据隐私和安全的问题。随着越来越多的个人数据被收集和分析，如何保护用户的隐私成为不可忽视的问题。因此，在实践中，企业需要严格遵守数据保护相关的法律法规，确保数据的合法合规使用，以建立和维护用户的信任。

综上所述，利用数字化工具进行精准定位和分析，已经成为现代营销战略中的一个重要组成部分。它不仅能够帮助企业更加准确地了解和分析目标市场和消费者，而且能够促进营销资源的有效配置，提高营销效率和效果。随着数字化技术的不断发展和完善，其在市场营销领域的应用也将更加广泛和深入。同时，企业在利用这些工具的过程中也应该注意平衡营销效益和用户隐私保护，确保可持续发展。

第四节　跨界合作与共创营销新价值

一、跨界合作的背景和意义

（一）跨界合作的产生背景

跨界合作的产生背景是市场环境和消费者需求的快速变化所驱动的。在互联网技术飞速发展的今天，信息的传播速度和范围之广前所未有，这导致消费者对产品和服务的需求更加多样化、个性化。同时，随着经济全球化的深入发展，市场竞争变得异常激烈，企业面临的挑战与日俱增。在这样的背景下，企业为了满足消费者的复杂需求，提高市场竞争力，开始寻求跨界合作的新模式。

跨界合作指的是不同行业、领域或者界限的企业或组织之间建立的合作关系，这种合作超越了传统行业的界限，其通过资源的互补和优势的结合，创造出新的市场价值和消费体验。它的产生背景受到多重因素的影响，主要包括市场环境变化、消费者需求多样化、技术快速发展等几个方面。

市场环境的变化表现在竞争日益激烈，传统的产品和服务越来越难以满足市场的需求。这推动企业寻求新的发展道路，跨界合作成为企业突破传统边界，开拓新市场的有效策略。通过与其他行业的企业合作，可以借助合作伙伴的资源和优势，共同开发新的产品和服务，以更好地适应市场的变化和消费者的需求。

消费者需求的多样化则是由于现代社会消费者对个性化、定制化服务的需求日益增长。消费者不再满足于单一的产品或服务，而是寻求更加丰富多彩、具有个性特色的消费体验。这种趋势迫使企业不得不思考如何通过创新来满足消费者的需求。而跨界合作，正是企业满足消费者个性化需求、提升消费体验的有效手段之一。

技术的快速发展，尤其是信息技术的进步，为跨界合作提供了更多可能性。互联网、大数据、云计算等新技术的应用，使得不同行业的企业可以更加便捷地交流和协作，资源共享、信息交流的成本大大降低。这不仅为企业提供了更多合作的机会，而且也促进了合作效率和效果的提升。

跨界合作不仅仅是不同行业间的简单协作，更是一种创新的商业模式。它通过整合不同领域的资源和优势，推动产品、技术和市场的创新，为消费者带来全新的消费体验。因此，跨界合作已成为企业适应市场变化、实现可持续发展的重要策略。

在这个过程中，企业需要有广阔的视野和开放的心态，寻找与自己相互补充，能够共同创造价值的合作伙伴。同时，企业还需要有强大的整合能力，能够整合来自不同领域的资源和优势，打造差异化的竞争优势。

（二）跨界合作的的意义

跨界合作的产生背景和意义对于企业来说，既是挑战也是机遇。它要求企业不断探索和创新，以灵活多变的合作模式，响应市场的变化，满足消费者的需求，最终实现企业的持续发展和价值的创造。

跨界合作的核心理念是基于不同行业、领域或市场之间的资源整合与优势互补，通过创新的合作模式，实现共同的市场目标和价值增长。这种合作方式突破了传统行业边界的限制，让参与方能够超越自身资源的局限，探索新的业务机会和市场空间。

在全球化及数字化时代背景下，市场竞争愈发激烈，消费者需求多样化、个性化的趋势日渐明显。跨界合作成为企业寻求突破、创新和持续发展的重要策略之一。该核心理念基于互利共赢的原则，强调在保持各自核心竞争力的同时，通过资源共享、能力互补，达到品牌影响力扩大、市场占有率提高及新产品或服务创造的目的。

具体而言，跨界合作能够带来以下几个方面的核心价值和意义：

1. 资源共享与优势互补：合作双方或多方可以通过共享市场渠道、技术支持、品牌资源等，实现资源配置的优化和效率提升，从而降低运营成本，增强市场竞争力。

2. 创新驱动，推动产品和服务的多元化：跨界合作为参与方提供了一个思维碰撞和创新的平台，有利于激发新的业务模式、产品或服务设计的灵感，满足消费者日益多样化的需求。

3. 扩大市场影响力，提升品牌价值：通过跨界合作，企业可以借助合作方在其领域内的品牌影响力和市场基础，实现品牌价值的共同提升，扩大目标消费者群体，增强市场竞争力。

4. 促进产业融合发展，探索新的增长点：跨界合作促进了不同领域、行业间的深度融合，有助于探索和创造新的业务增长点，为企业可持续发展提供新的动力。

为了实现跨界合作的成功，需要企业具备以下几个方面的能力和认识：首先，明确合作的目标和预期成果，确保合作双方或多方的利益一致性；其次，高度重视合作伙伴的选择，合作双方应具有较强的互补性和协同潜力；再次，构建有效的沟通与协作机制，保障合作过程中的信息共享、决策协调和执行效率；最后，保持开放和创新的合作态度，对合作过程中可能出现的挑战和问题保持积极的解决和调整能力。

跨界合作不仅是一种战略选择，更是企业创新与发展的重要途径。在快速变化的市场环境中，积极拥抱跨界合作，挖掘合作新价值，将有助于企业捕捉更多增长机会，实现可持续发展。

在市场竞争日益激烈的今天，企业面临着产品同质化严重和创新不够的双重挑战。跨界合作能够为企业带来差异化的竞争策略，通过与不同领域的伙伴联手，共同开发新产品、新服务或新的营销模式，使企业能够打破传统的界限，进而吸引更多消费者的注意力，激发市场活力。例如，时尚品牌与科技公司的合作推出智能穿戴设备，既满足了消费者对科技产品的需求，又满足了追求时尚的欲望，这样的跨界合作创造了全新的市场空间。

跨界合作还意味着资源的有效整合。在合作过程中，各方可以分享彼此的市场渠道、技术能力、品牌影响力等资源，这种资源的互补和整合，使得合作双方能够实现资源优化配置，提高运营效率，降低成本，从而在激烈的市场竞争中获得先机。资源整合还包括知识和信息的共享，这对于快速响应市场变化、把握消费趋势具有重要意义，有助于合作双方提前布局，增强市场敏锐度。

品牌影响力的提升是跨界合作的另一个显著效益。通过跨界合作，企业可以借助合作伙伴的品牌力量，共同推广产品和服务，这不仅可以扩大品牌的知名度，还能提升品牌形象，增加品牌的附加值。例如，通过与知名艺术家或设计师的合作，一些品牌成功地将自己定位于高端、个性化市场，吸引了一大批忠实消费者。

更重要的是，跨界合作还是推动行业创新的重要动力。当来自不同领域的企业和组织携手合作时，不同的思维模式、技术方法和管理经验相互碰撞，会激发出新的创意和解决方案，推动产品、技术和模式创新，进而驱动整个行业的进步和变革。这种基于合作的创新，不仅能够满足消费者不断变化的需求，还能够引领市场潮流，塑造行业新标准。

综上所述，跨界合作的现实意义不仅仅体现在通过合作创造市场新需求、提升企业竞争力这一层面，更重要的是，它能够实现资源的有效整合，提升品牌价值，推动行业创新和变革。这种超越传统边界的合作方式，为市场营销战略的创新升级提供了新思路和新方法，对于企业乃至整个行业的可持续发展具有深远的影响。因此，深入理解和把握跨界合作的意义，对于企业制定未来发展战略，实现长期成功至关重要。

（三）跨界合作的作用

在品牌形象刷新方面，跨界合作通过引入不同领域或行业的独特资源和元素，为企业或品牌注入新鲜血液。当两个来自不同背景的品牌联合推出产品或服务时，通常能够激发公众的好奇心和兴趣，进而提高品牌的话题性和可见度。这种新奇性不仅能吸引目标消费者的注意力，还能够促使原有消费者重新审视品牌，从而增强品牌形象的活力和吸引力。

在目标市场拓展方面，跨界合作使企业能够接触到原本难以触及的消费群体。通过与其他领域的企业或品牌合作，可以实现资源和客户基础的互补，使双方都能够进入对方原本的市场。这种策略不仅为企业提供了新的增长机会，也使其能够更有效地分散市场风险，提高整体的市场稳定性和持续增长的潜力。

创新资源的整合是跨界合作带来的另一重要利益。在不同行业间进行合作可以促进知识、技术和信息的交流与共享，为企业提供了从别的领域汲取创新灵感的机会。这种跨领域的资源融合不仅可以加速产品和服务的创新进程，还能够提高企业解决复杂问题和应对市场变化的能力，从而在激烈的市场竞争中占据有利位置。

增强消费者体验是跨界合作在市场营销中的另一项关键作用。当今的消费者越来越追求个性化和差异化的产品与服务。跨界合作能够提供非传统的、新颖的消费体验，满足消费者对多样化和定制化需求的追求。这种独特的消费体验有助于加深消费者对品牌的认同感和忠诚度，促进品牌与消费者之间的情感联系。

提升市场竞争力是跨界合作带来的核心价值之一。在快速变化的市场环境中，企业之间的竞争不再仅仅是产品和价格的竞争，更是创新和差异化的竞争。跨界合作通过结合不同行业的优势和资源，能够快速反应市场变化，实现产品和服务的持续创新，从而提升企业的核心竞争力。这种战略不仅有助于企业在当前市场中占据有利位置，还为其长期发展奠定了坚实的基础。

综上所述，跨界合作在市场营销领域中的作用是多方面的，从品牌形象的刷新、目标市场的拓展、创新资源的整合、消费者体验的增强到市场竞争力的提升，这些都充分展示了跨界合作策略对于企业市场营销实践的深远影响。随着市场环境的不断变化和消费者需求的不断升级，跨界合作将继续成为企业探索市场营销新模式、创造市场新价值的重要途径。

二、寻找合适的跨界合作伙伴和模式

在当今市场环境中，跨界合作已成为企业创新发展的重要策略之一。它不仅能够促进资源共享，还能为参与方创造出新的市场价值和竞争优势。而要实现有效的跨界合作，确定合作目标和挑选合适的跨界合作伙伴是其基础也是关键步骤。

（一）跨界合作成功的关键

确定合作目标是跨界合作成功的先决条件。这一过程需要企业明确自身的发展需求，并确定预期通过跨界合作达成的目的。合作目标通常包括但不限于扩大市场份额、共同研发新产品、提升品牌知名度或共享关键技术等。只有当双方的合作目标高度一致或互补时，合作才可能产生 1+1>2 的效果。因此，企业在确定合作目标时，不仅要考虑自身利益，还要充分考虑潜在合作伙伴的需求和利益点，确保双方目标的契合性。

挑选合适的跨界合作伙伴，要基于彼此间的资源互补性、品牌协同效应及文化适配度进行。资源互补性是指双方在资源上的互补，比如一方拥有成熟的市场渠道，而另一方具有先进的技术产品。只有资源互补，合作才能产生实质性的价值。此外，品牌之间的协同效应也不容忽视。选择品牌形象相符、市场定位接近的合作伙伴，更容易获得市场的认可和支持，共同提升品牌影响力。不同的企业文化背景可能会导致合作中出现理念冲突，影响合作的深度和效率。因此，在选择合作伙伴时，评估企业文化的适配度同样重要，确保双方能够在合作过程中保持良好的沟通和协调。

除了上述几点，能够快速响应市场变化的伙伴也是优选对象。在市场条件和消费者需求不断变化的今天，合作伙伴的市场敏感度和变革能力直接影响到合作项目的实施效率和成功率。因此，企业在选择合作伙伴时也需要评估其适应变化的能力。

在具体操作过程中，企业还可以通过设定评分标准、进行深度调研和试点合作等方式，进一步筛选和确认合适的跨界合作伙伴。评分标准可以包含但不限于企业规模、市场影响力、技术创新能力、合作经验、品牌形象等。而深度调研则可以帮助企业更全面地了解潜在合作伙伴的综合实力和合作潜力。在此基础上，通过短期的试点合作，双方可以更直观地评估合作的实际效果，为后续的全面合作打下坚实的基础。

综上所述，确定合作目标和挑选合适的跨界合作伙伴是跨界合作成功的关键。这一过程需要企业充分评估自身及潜在合作伙伴的优势与需求，确保合作目标的一致性和资源的互补性。通过深入调研和前期试点合作，企业可以更加精准地选择出最合适的合作伙伴，从而最大化地发挥跨界合作的价值。

（二）跨界合作模式

设计和选择有效的跨界合作模式是当前市场营销战略中的一项越发重要的议题。在快速变化的商业环境中，跨界合作不仅能够为企业带来创新的思路和方案，还能够开拓新的市场空间，实现资源的优化配置。因此，如何设计和选择有效的跨界合作模式成了企业不可或缺的战略考量之一。

跨界合作模式按照合作的深度和广度，可以划分为多种类型，例如，资源共享模式、联合推广模式、品牌联盟模式、联合研发模式等。每一种模式都有其独特的优势和适用场景，因此企业在设计和选择跨界合作模式时，需要考虑合作双方的资源、能力、市场定位及长远目标的匹配性。

资源共享模式侧重于合作双方资源的共享和互补，通过共享技术、产品、市场渠道等资源，实现双方的共赢。这种模式适用于资源互补性强，但单独行动难以达成目标的情况。联合推广模式则侧重于在市场营销领域的合作，通过合作组织推广活动、共同参与市场营销等方式，扩大品牌影响力和市场占有率。品牌联盟模式通过两个或多个品牌的联合，利用彼此的品牌优势和市场影响力，实现双方或多方利益的最大化。联合研发模式则是指合作双方在产品研发方面进行深度合作，共同开发新产品或研究新技术，这种模式要求合作双方在技术、研发等方面有较强的能力和深度的合作意愿。

在设计和选择跨界合作模式时，首要任务是深入了解和分析合作双方的核心资源和能力，明确合作目标及预期的合作效果。此外，还需要对市场环境、竞争对手及潜在风险进行全面的评估。有效的跨界合作模式往往是在彻底了解合作双方的基础上，通过充分的沟通和协商，结合市场和行业的具体情况而精心设计的。

设计和选择跨界合作模式的另一个重点是合作双方的价值观、企业文化是否匹配。价值观的不一致往往是导致合作失败的根本原因之一。因此，在设计合作模式之初，合作双方需要就合作的基本原则、目标、执行方式等达成共识，确保在合作过程中能够有效地沟通和协调，降低因理念不合导致的合作风险。

合同和法律框架也是保证跨界合作模式有效执行的关键。在确定合作模式后，应详细规定合作的范围、权利义务、利益分配、风险控制及解决争议的机制等，通过法律手段为合作双方提供保障，防止在合作过程中出现的法律纠纷。

有效的跨界合作模式还要求具有一定的灵活性和可调整性。市场环境和企业自身情况的变化可能会对合作模式产生影响，合作双方应在设计模式时考虑到这一点，预留调整空间，确保合作关系能够随着外部条件的变化而做出相应的调整。

总的来说，设计和选择有效的跨界合作模式是一个系统性工程，它涉及对合作双方实力的评估、对市场环境的判断、对合作风险的控制及对合作结果的预期。通过精心设计和选择，跨界合作不仅能够带来即时的市场效益，还可以在长远的发展过程中，为企业积累宝贵的资源和经验，提升企业的竞争能力和市场地位。

（三）跨界合作的重要性

利用跨界合作创造新的营销价值，是近年来市场营销领域中发展迅速且成效显著的一种策略。这一策略的核心在于两个或多个行业之间通过合作，将各自的资源、技术、品牌和市场渠道等进行整合，从而创造出传统营销模式所无法实现的新价值。跨界合作在现今多元化和个性化需求日益凸显的市场环境中，成为企业寻求创新与发展的重要手段。

在进行跨界合作时，寻找合适的合作伙伴显得尤为关键。合适的伙伴应当具备与合作目标相匹配的资源和优势，比如品牌影响力、市场渠道、技术力量等。同时，双方的合作目标、价值观和企业文化也应当存在一定的契合度，以确保合作过程中的顺畅进行和最终目标的实现。

跨界合作的模式多样，可以是产品或服务的联合推出、共同研发新技术或新产品、共同举办营销活动、资源共享等。无论哪种模式，其核心目的都在于通过合作，整合双方优势资源，以创新的方式满足市场需求，从而在竞争中获得优势。

在创造新的营销价值方面，跨界合作有以下几个方面的显著优势：首先，它能够为企业打开新的市场和消费群体。通过与其他行业的企业合作，可以将产品或服务介绍给合作伙伴的客户群，从而拓展业务范围和市场份额。其次，跨界合作能够增强品牌的创新形象和价值。在合作中推出独特的产品或服务，巩固和提升企业的品牌形象，吸引更多的消费者关注和兴趣。最后，跨界合作还能够通过资源共享和合作研发，降低研发新产品或服务的成本和风险，提升企业的竞争力。

在进行跨界合作创造新的营销价值的过程中，双方还需要注意以下几个方面的问题：如何确保合作双方资源的有效整合，如何管理和协调双方的合作关系，如何通过合作创造真正意义上的市场新需求和消费者价值。

在实施跨界合作策略时，企业还需要对合作过程进行严格的项目管理，设定清晰的合作目标、明确双方的责权、合理分配合作成果，并建立有效的沟通机制，确保项目的顺利推进。同时，应密切关注合作过程中可能出现的法律问题和市场风险，采取合理的风险防控措施。

通过跨界合作创造新的营销价值，不仅能为企业带来短期的市场效应和品牌提升，从长远来看，还能帮助企业积累竞争优势，实现持续发展。故此，跨界合作作为一种创新的营销策略，值得各行各业的企业高度重视和积极探索。

三、共创营销新价值的案例和实践

（一）共创营销价值的概念

共创营销价值的概念起源于消费者和品牌之间日益紧密的互动关系，这一概念强调在市场营销活动中，消费者不再仅仅是被动接受信息的一方，而是转变为与品牌共同创造价值的积极参与者。传统的市场营销模式往往强调企业对消费者的一方面影响，而忽视了消费者对品牌价值增长的贡献。然而，在当今这个信息爆炸、社交媒体高度发达的时代，消费者的声音比任何时候都能够更加广泛地传播，他们对品牌形象、产品与服务的认知在很大程度上能够影响其他潜在消费者的决策。因此，共创营销价值就成了实现品牌与消费者共赢的关键所在。

要实现共创营销价值，品牌需要首先认识到消费者的变化，并且愿意打开心扉，真正地将消费者纳入创造过程中。这意味着企业需要放下过往那种高高在上的姿态，转而以更加平等、互动的姿态与消费者沟通。品牌可以通过社交媒体、在线社区等平台，邀请消费者参加新产品的设计、投票选择新口味、提出服务改进的建议等。通过这种方式，消费者能够感受到自己的参与对产品或服务有实实在在的影响，从而生成共鸣和认同感，这是共创价值过程中至关重要的一环。

而要有效地实践共创营销，企业与品牌需要发展一套系统化的方法。这包括建立积极的消费者参与机制，如设置专门的消费者互动平台，训练员工认识并鼓励消费者参与的意义，以及通过数据分析挖掘消费者的潜在需求和优化产品。此外，企业应当利用现代科技手段，如大数据、人工智能等工具，对消费者参与过程进行监控和分析，以精准地了解消费者的需求变化，并快速响应。这一过程不仅能够加深品牌与消费者之间的联系，同时也能够让产品和服务更加贴近市场的实际需求，从而提升市场竞争力。

在实现共创营销价值的过程中，还需要注意保持品牌的一致性和诚信。这意味着即便是在极力追求消费者参与的同时，也不能忽视品牌自身价值、理念和形象的维护。品牌需要确保消费者参与的过程和结果能够与品牌的长期目标相契合，不偏离品牌初衷和使命。此外，诚信透明的态度也是建立消费者信任、实现长期共创价值不可或缺的一部分。这包含了对消费者意见的真诚采纳与反馈，对参与共创的消费者给予充分的认可和奖励，以及在面对可能的挑战和失败时展现出的勇于承担的态度。

综上所述，共创营销价值是一个涵盖了消费者参与、品牌互动、技术应用及企业文化等多个方面的综合过程。这一过程要求品牌能够逐步开放自身的创新过程，积极引入消费者的智慧和力量，同时维护品牌核心价值，通过诚信和透明的方式建立长期的共赢关系。只有这样，共创营销价值才能在日益激烈的市场竞争中成为品牌持续成长和发展的重要动力。

（二）共创营销价值的案例

共创营销通过将消费者、品牌和其他利益相关者整合到产品或服务的创新和推广过程中，构建了一个新的营销生态系统。这种策略不仅加强了消费者与品牌之间的联系，而且还推动了创新的共同发展，实现了价值的共创。在这一领域，国内外众多品牌的成功案例不断展现出共创营销的巨大潜力和多面价值。

在国际市场上，可口可乐的“Share a Coke”（分享可乐）活动便是共创营销的典范之一。该活动将个性化标签引入到可口可乐的营销中，消费者可以在可乐瓶上找到自己的名字，或者送给朋友一瓶印有其名字的可乐。这种个性化的方式不仅激发了消费者的购买意愿，还在社交媒体上引发了广泛的讨论和共享，成功地将消费者变成了品牌的推广者。通过这一策略，可口可乐不仅提高了产品的销量，而且加深了品牌与消费者之间的情感联系。

在国内，阿里巴巴的“双 11”全球狂欢节则是另一个共创营销的成功案例。阿里巴巴通过与全球数万家品牌和商家的合作，共同创建了一个全新的购物节日，让消费者在此期间享受到前所未有的促销和折扣。此外，阿里巴巴还运用大数据分析，帮助合作伙伴更好地了解消费者需求，优化产品和服务，实现了品牌与消费者之间的深度连接和互动。通过共创营销，“双 11”不仅成了全球最大的线上购物活动，也极大地促进了电子商务和零售行业的创新发展。

乐高公司与其消费者之间的互动，也是共创营销成功的一个实例。乐高通过其在线平台 LEGO Ideas，邀请消费者提交自己的乐高创意设计，并通过网络投票选出最受欢迎的设计。获胜的设计将有机会被乐高生产并销售，设计者不仅可以获得一定的版税收入，还能看到自己的创意成为现实。这种模式不仅激励了消费者积极参与和创新，同时也为乐高带来了持续的产品创新灵感和动力。

国内外众多共创营销的成功案例展示了这种策略的强大生命力和广泛适用性。通过与消费者的深入合作，品牌能够更准确地捕捉到市场的需求，促进产品或服务的不断优化和创新。同时，共创营销也极大地增强了消费者的品牌忠诚度和参与度，为品牌带来了更广泛的影响力和竞争力。随着社会的不断发展和消费者需求的不断升级，共创营销无疑将继续成为驱动品牌成长和创新的重要力量。

（三）共创营销价值面临的挑战

共创营销价值在现代市场营销中扮演着日益重要的角色，它通过品牌与消费者之间的互动合作，共同创造出新的产品或服务价值，以此满足消费者个性化的需求，增强品牌的市场竞争力。然而，在共创营销价值的过程中，企业面临着众多挑战，需要采取有效的策略来应对。

第一个挑战便是平衡创新与品牌一致性的关系。在共创过程中，品牌可能会引入与现有产品或服务不同的新元素，这可能会对品牌形象产生影响。解决这一挑战的策略是，品牌在进行共创活动时，需要确保新引入的创新元素与品牌的核心价值观和品牌形象保持一致。品牌应该将自身的专业知识和消费者的创意相结合，创造出既新颖又符合品牌形象的产品或服务，以此维护品牌的一致性和稳定性。

第二个挑战是确保消费者的积极参与。共创营销的成功很大程度上取决于消费者的参与度，但消费者可能因为各种原因，如缺乏兴趣、时间或资源，而不愿意参与共创过程。面对这一挑战，企业可以通过提供激励机制来鼓励消费者参与。例如，可以为参与共创的消费者提供优惠、奖品或者是独特的体验机会。此外，打造一个用户友好的参与平台，简化参与流程，确保参与过程的乐趣和便捷，也是提高消费者参与度的有效策略。

第三个挑战是处理好企业与消费者之间的知识和信息不对称问题。消费者虽然拥有对自身需求的深刻了解，但可能缺少相关的专业知识，而企业则可能对消费者的具体需求认识不足。为解决这一问题，企业可以采用教育营销的手段来填补消费者的知识空白，同时通过市场调研和数据分析深入了解消费者的需求和偏好。通过构建双向的沟通渠道，实现信息的有效交流，企业可以更好地引导共创过程，确保共创活动能够精准地满足消费者需求。

另外，维护共创过程的透明度和公正性也是一个重要的挑战。在共创营销中，消费者对于自己的创意如何被企业使用持有极大的关注。企业需要确保在共创过程中，消费者的贡献被公正对待，对于采用的消费者创意给予适当的认可和奖励。通过建立清晰的规则，确保共创过程的公开和透明，企业可以建立起消费者的信任，从而更有效地促进共创活动的开展。

面对共创营销价值的挑战，企业需要采取综合的策略，从确保品牌一致性、提高消费者参与度、处理知识和信息不对称，到维护过程透明度和公正性等方面入手，以此推动共创营销的健康发展。通过有效的策略实施，共创营销不仅可以帮助企业满足消费者的个性化需求，还能够促进企业的创新进程，提升品牌竞争力，为企业带来持续的市场成功。

第七章　市场营销战略的创新实施路径

第一节　树立以满足消费者个性需求为核心的市场营销理念

一、深入了解消费者需求与行为变化

在当今日益全球化和信息化的社会背景下，消费者需求的多元化和个性化趋势愈发显著，对市场营销战略的制定和执行提出了前所未有的挑战。这一趋势不仅反映在消费者对产品和服务种类的需求上，而且也体现在对产品和服务质量、设计、功能及消费体验的要求上。随着社会经济的发展和科技的进步，消费者的价值观、审美观和消费观正在不断地发生变化，这使得市场更加细分，消费者需求更加多样化和个性化。

多元化的消费需求表现在消费者对不同类型、不同风格的商品和服务有着广泛的需要。随着生活水平的提升和文化水平的提高，消费者在追求物质满足的同时，也追求精神层面的享受和个性化的表达。比如，一部分消费者可能更倾向于环保、健康、绿色的生活方式，对应的产品和服务需求也会体现出这种特点；另一部分消费者则可能更注重产品的科技感、时尚感或是奢侈感。这种多样化的需求促使企业不断地创新产品和服务，以满足不同消费者群体的特殊需求。

个性化的消费需求则是指消费者对产品和服务的需求具有极强的个性化特征，不仅仅满足于市场上普遍提供的标准化产品或服务。消费者期望根据自己的特定需求、兴趣偏好或生活习惯来定制化商品和服务。例如，在线购物平台上的个性化推荐服务能够根据消费者的购物历史、浏览习惯及喜好来推荐商品，从而提供更加个性化的购物体验。同样，在旅游、餐饮等服务行业，消费者也越来越希望能享受到贴合个人需求和喜好的定制化服务。

应对消费需求的多元化和个性化趋势，企业需要深入分析和了解消费者的具体需求及其背后的动机。这要求企业采集和分析大量的消费者数据，通过数据挖掘技术获取消费者偏好和行为模式的深入洞察。基于对消费者需求深入的理解，企业能够更精准地进行市场细分，开发出更符合目标消费者需求的产品和服务，从而提供更加个性化的消费体验。此外，利用最新的技术手段，如人工智能、大数据分析、云计算等，可以有效地实现对消费者需求的快速响应和满足。例如，应用人工智能技术进行智能化客户服务能够实时解答消费者的疑问和需求；大数据技术可以帮助企业实时捕捉市场动态和消费者趋势；云计算可以提高企业运营效率，快速定制和推出新产品或服务。因此，面对消费需求的多元化和个性化趋势，企业需采取灵活多变的市场策略，不断创新产品和服务的设计、开发及交付方式，加强与消费者的互动和沟通，从而满足消费者日益增长的多样化和个性化需求，赢得市场竞争。通过建立以消费者为中心的市场营销理念和战略，企业可以更好地把握市场脉搏，实现可持续的发展和增长。

对消费者行为变化的深度洞察和解读对于市场营销策略的制定和调整至关重要。在信息时代背景下，消费者需求和行为的变化趋势复杂多样，变化迅速，这要求营销者不断适应并预测消费者的需求，才能实现产品和服务的精准匹配。深入理解消费者需求的本质是识别和满足消费者的个性化需求，这不仅包括物质层面的需求，更包括心理和情感层面的需求。

消费者行为变化的洞察首先需要基于大数据分析和市场调研的支持。通过对消费者购买行为、在线行为、社交互动等数据的分析，可以描绘出消费者需求变化的趋势图。例如，通过数据挖掘技术可以发现消费者对于某一产品类别的兴趣是否增加，或者他们在何种场合更倾向于使用某一服务。此外，社会文化的变化也是影响消费者行为的重要因素。随着生活节奏的加快和科技的发展，人们的生活方式和消费观念不断发生变化，这影响了他们的购买决策。例如，环保意识的提升使得越来越多的消费者倾向于购买环保产品，对于高碳足迹的产品逐渐敬而远之。

消费者心理的变化也是营销者需要密切关注的。消费心理是影响消费者选择和购买行为的重要内在因素，包括消费者的态度、情感、动机、感知等方面。消费者的购买决策往往不是完全理性的，情感和态度在其中扮演着重要角色。了解消费者的心理需求，能够帮助企业设计出能够触动消费者内心的营销策略。

技术发展对消费者行为的影响不可忽视。随着移动互联网和人工智能技术的快速发展，消费者获取信息的方式和消费习惯发生了根本性变化。例如，电子商务的兴起改变了人们的购物方式，社交媒体的普及影响了人们的品牌偏好和购买决策。营销者需要充分利用技术手段，通过个性化推荐、虚拟试穿等技术，提升消费者的购物体验，满足他们对于便捷和个性化的需求。

最后，对消费者行为变化的深度洞察和解读需要建立在持续的学习和适应之上。随着市场环境的不断变化和消费者需求的多样化，营销者必须保持灵活的思维和创新的能力，持续调整和优化市场营销策略。通过构建与消费者的持久互动和沟通，了解和预测消费者需求的变化，才能精准实施市场营销战略，实现企业的长期发展目标。

二、定制化营销策略，满足个性化需求

（一）定制化营销策略

定制化营销策略在现代市场营销实践中扮演着日益重要的角色。随着消费者需求的多样化与个性化日益凸显，传统的“一刀切”式营销策略已不再适应市场的需求，转而需要企业采取更为灵活和个性化的营销策略来应对。定制化营销策略的核心在于通过深度了解消费者的具体需求及偏好，提供个性化的产品或服务，从而实现与消费者之间的更深层次连接。这种策略背后的需求驱动理念，强调的是一个从消费者需求出发，以满足这些需求为营销活动的核心目标。

需求驱动理念是定制化营销策略的基石。这一理念认为，企业的营销策略应当基于对消费者需求的准确把握和深入理解，而不是单纯地依赖于产品推广或者价格竞争。在实施定制化营销策略时，企业首先需要通过市场调研、数据分析和消费者行为研究等方式，收集并分析消费者的需求数据。这包括了解消费者的购买习惯、偏好、生活方式及消费触点等多维度信息。有了这些深入的洞察，企业才能够设计出真正符合消费者期待的个性化产品和服务。

进一步实施定制化营销策略的企业还需要构建起一套有效的需求响应机制。这意味着企业不仅要在前端收集和分析消费者需求，还要在产品设计、生产、销售和服务等各个环节建立起快速响应消费者需求的能力。例如，利用先进的信息技术和数据分析工具，实时跟踪消费者需求的变化，并据此调整产品或服务的

提供。同时，个性化的产品或服务往往要求企业具备更为灵活的生产和供应链管理能力，以便能够在不牺牲成本效率的前提下，快速定制化地满足消费者的特定需求。

除了产品和服务的个性化之外，定制化营销策略还需要企业在沟通和交互方式上提供个性化体验。这包括利用社交媒体、移动应用、公众号等多种渠道，与消费者建立起更为紧密和个性化的沟通连接。通过这些互动平台，企业不仅可以更加有效地传播个性化的营销信息，还可以收集消费者的反馈和建议，以进一步优化产品和服务。

在需求驱动的定制化营销策略中，持续创新同样至关重要。这是因为消费者的需求和偏好是不断变化的，企业必须保持敏锐性，不断探索和尝试新的方法来应对市场的变化。无论是在产品开发、服务提供，还是在营销沟通上，企业都需要不断地创新思维和实践，以保持其个性化优势。

总的来说，定制化营销策略的需求驱动理念要求企业将消费者需求置于核心位置，通过深入洞察和分析这些需求，设计出符合消费者个性化需求的产品和服务。在此过程中，企业需要建立起灵活的需求响应机制，提供个性化的沟通体验，并持续创新以满足消费者需求的变化。这种策略的成功实施，能够为企业带来更紧密的消费者关系和更强的市场竞争力。

（二）定制化营销策略的制定与实施

定制化营销策略的制定与实施是市场营销中一项重要的创新活动，其核心目的在于通过对消费者个性化需求的深入挖掘和满足，推动企业产品或服务的差异化发展，从而在激烈的市场竞争中占据优势。这一战略的成功实施，不仅需要企业拥有敏锐的市场洞察力和强大的产品开发能力，还需要构建一套有效的营销策略框架，包括市场研究、产品设计、营销传播和客户互动等多个环节的协调一致。

市场研究是定制化营销策略制定的基础。了解和掌握消费者的个性化需求，是制定定制化营销策略的前提。这一过程中，企业需要借助多种市场调研工具和数据分析方法，如消费者调查、焦点小组讨论、社交媒体分析等，收集消费者的基本信息、偏好、购买行为等数据，以此为依据进行深入的消费者洞察和需求分析。

产品设计环节则是实现个性化需求满足的关键。在充分了解目标消费者的基础上，企业需要将消费者需求转化为具体的产品设计方案。这一过程不仅涉及产品本身的功能、外观、材质等方面的个性化定制，还包括了产品开发的速度和灵活性。为此，企业通常需要引入敏捷开发模式，缩短产品从设计到市场的周期，确保及时响应消费者需求的变化。

营销传播是定制化营销策略中的重要一环，其目的是通过有效的信息传递，让目标消费者了解和认可企业提供的个性化产品或服务。在这一环节中，企业需要选择适宜的传播渠道，如社交媒体、电子邮件营销、内容营销等，以及针对不同消费者群体定制传播内容，确保营销信息的精准投放。

客户互动则是定制化营销策略实施中维系消费者关系的关键环节。在个性化需求日益凸显的市场环境下，一对一的客户服务和互动变得尤为重要。企业需要通过建立客户服务热线、在线客服平台、社交媒体互动等多种渠道，及时响应消费者的反馈和需求，收集消费者的使用体验和建议，不断优化产品和服务。

成功实施定制化营销策略，还需要企业具备灵活的组织结构和高效的运营机制。在定制化程度高的市场环境下，企业的各个部门之间需要高度协作，从市场研究、产品设计到营销传播、客户服务等每一个环节都要紧密连贯，共同致力于满足消费者的个性化需求。此外，企业还需要通过建立和完善内部数据共享机制，确保各环节能够高效获取和利用相关信息，提升定制化营销策略的整体执行力。

综上所述，定制化营销策略的制定与实施是一个系统工程，涉及企业内部多个部门的紧密合作，以及对外部市场信息的高度敏感和快速响应。只有通过不断优化产品与服务，精准定位和有效沟通，企业才能在满足消费者个性化需求的过程中，实现品牌差异化，提升市场竞争力。

（三）定制化营销的机遇与挑战

在当前的市场经济环境下，消费者需求日趋多样化和个性化，这对企业来说既是挑战也是机遇。定制化营销包含一个核心理念，即企业在生产和营销过程中，应关注每位消费者的独特需求，并据此提供定制化的产品或服务。此举能够使企业在激烈的市场竞争中获得优势，原因如下：

首先，定制化营销策略能够提升消费者满意度和忠诚度。当消费者发现产品能够精确符合他们的特定需求和偏好时，他们对该品牌的满意度通常会大幅提升。这种满意感会转化为忠诚度，使得消费者在未来的购买决策中更倾向于选择同一品牌。忠诚的消费者不仅自己会重复购买，而且还可能通过口碑传播，吸引更多的新客户。其次，定制化营销有助于企业更准确地锁定目标市场。通过分析消费者的个性化需求，企业可以更清晰地了解目标消费者的需求和偏好，进而优化产品设计、生产和营销策略，精确地针对目标市场。这种精准营销有助于提高营销效率，减少资源浪费。再次，定制化服务或产品能够为企业创造出独特的竞争优势。在许多行业中，产品的同质化现象严重，企业很难通过传统的产品功能或价格竞争获得优势。而通过提供符合个体化需求的定制产品或服务，企业能够显著区别于竞争对手，构建独特的品牌形象和市场地位。最后，定制化营销能够激发消费者参与感和创造性，特别是在一些涉及个性化设计的产品或服务中。这种参与感和创造性不仅能提高消费者体验，增加其对品牌的忠诚度，而且还能为企业带来新的创意和灵感，进一步促进产品和服务的创新。

然而，实施定制化营销策略并非没有挑战。企业需要投入大量的资源进行市场研究，以便准确捕捉和理解消费者的个性化需求。同时，个性化生产和服务通常成本较高，企业需要通过优化供应链、采用先进的生产技术等措施来控制成本。此外，处理和保护消费者的个性化数据也是一大挑战，涉及数据安全和隐私保护等问题。

在实施定制化营销策略时，企业应该综合考虑消费者需求的多样性和自身的资源能力，采取切实可行的措施。例如，可以通过构建灵活的供应链系统、运用大数据和人工智能技术提高生产和服务的定制化水平，同时加强与消费者的沟通和互动，充分了解他们的需求和偏好。

总的来说，定制化营销策略在市场竞争中为企业带来显著优势，能够有效提升消费者满意度和忠诚度，增强企业的市场定位和品牌价值。尽管面临一定的挑战和成本压力，但通过策略优化和技术应用，企业完全有能力克服这些困难，实现个性化营销的成功。

三、建立与消费者的情感连接和品牌忠诚度

（一）建立与消费者的情感连接

在当今日益多元化和个性化的消费时代，建立消费者情感连接成了企业市场营销策略的关键环节。消费者情感连接的建立及其重要性对于品牌维护和市场份

额扩大至关重要。

消费者情感连接指的是消费者对品牌产生的情感依恋和心理认同，这种情感依恋让消费者在面对众多选择时倾向于选择与之建立情感连接的品牌，甚至愿意为之支付更高的价格。情感连接超越了传统的客户满意度，它能使消费者经历由简单的购买行为到成为品牌忠实拥护者的转变。

构建消费者情感连接的首要步骤是理解消费者的需求和愿望。这不仅仅包括他们对产品或服务的基本需求，更深层次地涉及他们的生活方式、价值观、社交需求等。品牌可以通过市场调研、社交媒体互动、客户反馈等渠道来深入了解目标消费者群体。

了解消费者之后，品牌需要通过有针对性的市场营销策略来触动消费者的情感，比如通过故事营销来传达品牌价值观，以真实的案例展示品牌如何在消费者的生活中发挥作用，或者通过社会责任营销强化品牌的正面形象，使消费者感受到与品牌之间的价值观匹配。

除了通过内容和故事来建立情感连接，品牌还需要通过一系列的互动体验让消费者感受到品牌的关怀和尊重。这包括优质的客户服务、个性化的产品或服务体验、会员专属活动等。通过这些细节体现品牌的诚意，进一步加深消费者的情感连接。

（二）建立与消费者的情感连接的重要性

建立消费者情感连接的重要性不仅仅体现在直接的销售增长上，更为重要的是，强有力的情感连接能够促使消费者转变为品牌的自发性传播者。在社交网络高度发达的今天，消费者的口碑传播效应显著，他们的推荐比任何一种广告都更能引起其他潜在消费者的信任。

此外，情感连接还是品牌差异化的重要工具。在产品同质化日益严重的市场环境中，情感连接可以作为品牌独特的卖点，使之在竞争中脱颖而出。

维护消费者的情感连接是一个持续的过程，需要品牌在各个触点不断地与消费者互动才能保持和加深这种连接。通过持续的努力，品牌可以构建起一个忠实的消费者社群，这不仅可以增强品牌的市场竞争力，还能在面对市场波动时提供一定的抵御能力。

总之，消费者情感连接的建立及其重要性不容忽视。它不仅关系到品牌的即时销售，更关乎品牌的长期发展和市场地位的稳固。通过深入了解消费者，触动他们的情感，以及持续的维护和深化这种情感连接，品牌可以在激烈的市场竞争中稳固自己的地位，甚至赢得更大的成功。

（三）建立与消费者的情感连接的实现方式

消费者情感连接的实现方式是市场营销领域内一个至关重要的议题，它关乎品牌与消费者之间建立起一种超越单纯商品交易的深层次关系。在当前竞争激烈的市场环境下，消费者不再仅仅满足于产品的功能性或是价格的优势，他们渴望与品牌之间能够建立起情感上的联系，这种连接有力地促进了消费者的品牌忠诚度和再购买意愿。

实现消费者情感连接的首要在于理解消费者的内心需求和情感状态。这需要企业进行深入的市场调研，了解消费者的生活方式、价值观、购买动机，以及他们在使用产品过程中的心理体验。这种理解能够帮助企业更准确地捕捉目标消费者的情感诉求，从而在产品设计、营销传播、顾客服务等各个环节做出相应的调整，以情感价值为核心打造品牌特色。

品牌故事的塑造和传播是情感连接的重要手段。一个引人入胜、能够引起共鸣的品牌故事，能够有效地触动消费者的情感，让消费者在心理层面与品牌建立起情感联系。品牌故事不仅仅是历史沿革的简单罗列，而是要深挖品牌的使命、愿景，以及品牌背后的文化和价值观，通过情感化的语言和有吸引力的内容形式，如视频、影像、文字等多种媒介来进行传播。

社交媒体的运用是加强消费者情感连接的有效渠道。社交媒体的互动特性为品牌与消费者之间建立情感连接提供了良好的平台。通过社交媒体，企业可以及时分享品牌故事、产品信息、用户评价等内容，同时也能够实时监听并响应消费者的反馈和需求，进行即时的沟通和互动。这种双向的、即时的交流方式，能够让消费者感受到品牌的关怀和温度，从而加深情感连接。

在产品和服务层面，个性化定制是建立情感连接的又一实用策略。随着技术的发展和数据分析能力的提升，企业能够更加精细地捕捉到每一个消费者的特征和偏好，从而提供更加个性化的产品和服务。当消费者感觉到品牌能够理解并满足他们独特的需求时，就更容易产生情感上的依赖和信任。

此外，高质量的顾客服务体验也是塑造情感连接的重要方面。卓越的顾客服务不仅仅是解决问题的过程，更是品牌展示关怀、建立好感的机会。无论是前台的接待、在线咨询还是售后服务，高标准的服务质量、体贴入微的服务态度都能够有效提升消费者的满意度和忠诚度。

总体上，实现消费者情感连接需要企业从消费者需求出发，通过深入的市场洞察、情感化的品牌传播、社交媒体的有效利用、个性化的产品和服务及高质量的顾客服务等多维度策略相结合，不断强化与消费者之间的情感纽带，从而促进品牌忠诚度的提升和市场竞争力的加强。在这一过程中，企业应不断创新和调整策略，以适应不断变化的市场环境和消费者偏好，确保情感连接策略的有效性和持续性。

（四）品牌忠诚度的提升

个性化服务不仅体现在产品本身，也体现在购买体验、售后服务等各个方面，充分体现出品牌对消费者个性化需求的重视和尊重。

在分析个性化消费者需求与品牌忠诚度之间的关系时，需明白个性化服务可以增强消费者的满意度，提升其对品牌的好感和信任感。消费者在享受到贴合其个性化需求的产品和服务时，会感到被尊重和重视，这种积极的情绪转化为对品牌的忠诚是一个自然而然的过程。品牌通过对消费者行为的追踪和数据分析，能够更精确地预测消费者的需求，提供更为个性化的服务或产品，从而加深消费者对品牌的认同和依赖。

此外，建立与消费者的情感连接是加强个性化需求满足与品牌忠诚度之间联系的关键环节。情感连接通过共鸣和信任建立，不断深化消费者与品牌之间的关系。当消费者感觉到品牌能够持续提供符合其个性化需求的产品或服务时，这种情感连接就会不断加强，最终转化为牢固的品牌忠诚度。情感连接的强化，让消费者在面对竞品时更加坚定地选择已经建立情感联系的品牌，因为在他们眼中，这个品牌能够提供的远不止是商品，更多的是一种情感上的认同与支持。

品牌忠诚度的提升离不开对消费者反馈的有效收集和响应。主动倾听消费者的意见和建议，并针对这些反馈进行及时的调整和改善，可以让消费者感受到品牌的诚意和努力，这种互动体验本身也是个性化服务的一部分。通过这样的过程，消费者对品牌的信任和忠诚度会逐步建立和加强。

（五）实施个性化市场营销战略中的挑战与机遇

对品牌而言，实施个性化市场营销战略意味着挑战与机遇并存。挑战在于如何准确捕捉到消费者的个性化需求，并通过技术和创新来高效精确地满足这些需求。机遇则在于，通过个性化服务提升品牌差异化竞争力，构建起更为牢固的消费者群体和市场地位。在这个过程中，利用先进的数据分析工具和人工智能技术来辅助了解消费者的深层次需求和行为模式，对于提高服务的个性化水平和效率至关重要。

个性化需求满足与品牌忠诚度之间的紧密关系揭示了一个重要的市场营销趋势：随着市场竞争的加剧和消费者需求的多样化，个性化服务已经成为品牌与消费者之间建立长期稳定关系的重要途径。品牌通过持续地提供贴心的个性化服务，不仅能够有效提升消费者的满意度和黏性，还能促进品牌忠诚度的提升，从而在激烈的市场竞争中脱颖而出。因此，探索和实施个性化服务战略，对于任何希望在市场中长期发展的品牌来说，都是不可或缺的。

个性化服务的核心，在于通过深入了解消费者的特定偏好和需求，并提供更加贴心、符合个人期待的产品或服务，从而促成更稳固的消费者与品牌之间的情感连接。

品牌忠诚度的提升，本质上是建立在消费者认可和信任的基础之上的。当消费者感受到品牌能够连续不断地提供满足其个性需求的产品或服务时，便会产生较强的信任感和安全感，逐步转化为对品牌的忠诚。这种忠诚不仅仅体现在重复购买上，更体现在消费者愿意成为品牌的积极推广者，向他人分享自己的正面体验。

实现这一转化的关键，首先是对消费者需求的深入了解。企业需要投入资源，通过市场调研、消费者访谈、数据分析等方式，准确捕捉目标消费者群体的具体需求和偏好。随着大数据和人工智能技术的发展，企业可以更精准地绘制出消费者画像，从而为提供个性化服务提供坚实的基础。

在了解了消费者的个性化需求后，接下来的挑战是如何高效地满足这些需求。这要求企业在产品设计、生产、供应链管理等多个环节具备较高的灵活性和创新能力。例如，通过模块化设计让消费者能够根据自己的喜好定制产品，或者提供定制服务，如个性化的包装、刻字等，这些都能有效提升消费者的满意度和忠诚度。

除此之外，建立与消费者的情感联系也至关重要。这不仅仅是通过产品和服务本身实现，更需要通过品牌传播、客户服务等多个触点来共同营造。企业可以利用社交媒体、线下活动等多种渠道，与消费者建立更直接、更亲密的沟通和互动。通过倾听消费者的声音，及时响应他们的反馈和建议，可以让消费者感受到自己的重要性，从而增强对品牌的情感认同和忠诚度。

提升品牌忠诚度的过程是一个长期且持续的任务，需要企业在满足个性化需求的同时，不断优化和创新自己的产品与服务，确保与消费者的情感连接不断加深。这不仅要求企业内部具备灵活的运营机制和强大的创新能力，也需要企业外部通过有效的市场洞察和消费者沟通，持续捕获和预判消费者需求的变化。通过这样的循环往复，企业可以逐步构建起一个忠实且活跃的消费者群体，为品牌的持续发展与竞争优势的构建奠定坚实的基础。

第二节　实施深度的市场调研与大数据分析以指导创新

一、精准市场调研，识别市场机会与威胁

（一）精准市场调研

市场调研在市场营销战略制定与执行过程中的重要性不容小觑。它是企业了解市场环境、消费者需求、竞争对手状况及行业发展趋势的基础。通过系统的市场调研，企业能够掌握市场的大局，为战略决策提供坚实的数据支撑，从而有效地发现市场机会，以应对市场威胁。

市场调研可以帮助企业在复杂多变的市场环境中找到明确的定位。通过深度地了解目标市场，企业能够确定自己的产品或服务是否满足消费者的需求，是否有足够的潜力去满足未被其他竞争对手满足的特定需求。同时，它还能够帮助企业识别和理解目标客户的行为模式、购买习惯和偏好，从而更精准地制定市场进入策略和产品开发方向。进一步而言，精准的市场调研能够让企业及时发现和把握市场机会。在动态变化的市场环境中，消费者的需求和偏好可能会发生快速变化，新的消费趋势和市场机会随时可能出现。企业通过持续和系统的市场调研，

能够及时捕捉这些变化，并快速响应，抓住成长的机会。比如通过对新兴市场的调研，企业可能会发现新的消费群体或新的消费需求，从而提前进入该市场，建立品牌优势。同时，市场调研还是识别和评估市场威胁的重要工具。市场中的竞争对手动态、技术变革、行业规则变化等都可能对企业造成威胁。通过市场调研，企业能够及时获得这些外部变化的信息，评估这些变化对自身业务可能产生的影响，并及时调整策略，避免或降低这些威胁的影响。例如，通过对竞争对手的调研，企业可以了解对手的战略动向和产品创新，从而更好地制定自己的竞争对策和创新计划，确保在竞争中保持领先。此外，市场调研在帮助企业优化资源分配方面也发挥着重要作用。通过对市场容量、增长速度、利润率等关键数据的分析，企业能够更合理地规划产品开发、市场推广和销售策略，确保资源被有效利用，最大化投资回报。与此同时，利用大数据分析方法，企业可以对海量市场数据进行深入挖掘，更精确地识别市场趋势和消费者行为，为创新提供有力的数据支撑。

（二）实施市场调研

在实施市场调研时，企业需要关注数据的质量和分析方法的准确性。只有高质量的数据才能支持有效的分析和决策。因此，选择合适的市场调研方法和工具，以及确保数据收集和分析过程的严谨性是至关重要的。随着技术的发展，人工智能、机器学习等技术的应用，市场调研的方法和工具正变得越来越先进，能够提供更深入、更准确的市场洞察，帮助企业更有效地发现和抓住市场机会，应对市场威胁。

市场调研的重要性不仅体现在它能够帮助企业发现市场机会和应对市场威胁上，更在于它能够帮助企业构建持久的竞争优势，实现可持续发展。通过持续的市场调研，企业能够不断地深化对市场的理解，优化和创新其产品和服务，加强与消费者的连接，构建独特的品牌价值。这样，企业才能在激烈的市场竞争中稳固自己的地位，实现长期成功。

在现代市场营销中，精准市场调研是识别市场机会与威胁的关键手段之一。随着科技的进步，尤其是大数据技术的发展，运用大数据进行精准市场调研已成为行业内的重要趋势。这种方法通过分析海量数据来揭示消费者行为模式、市场趋势及产品或服务的潜在需求，从而为企业的市场战略创新提供强有力的支持。

大数据在市场调研中的应用起源于对互联网用户行为数据的分析，随后扩展到了社交媒体、移动应用等多个维度，覆盖了消费者的线上与线下行为。这样的调研方法不局限于传统的问卷或访谈，而是依靠算法和机器学习技术，从而能够处理和分析大量复杂数据。这使得企业能够更加深入地了解市场和消费者，提高决策效率和准确性。

具体而言，大数据市场调研主要包含以下几个方面的内容：

1. 消费者行为分析。通过分析消费者的购买历史、搜索记录、社交媒体互动等数据，企业可以了解消费者的偏好、购买动机及决策过程。这些信息有助于企业制定更加个性化的营销策略，提高营销效率。

2. 竞争情报。大数据技术可以帮助企业收集和分析竞争对手的在线信息，如价格变动、促销活动、新产品发布等。这些数据的分析结果将为企业的市场定位、产品开发和营销策略提供重要参考。

3. 市场趋势预测。通过大数据分析，企业可以识别出行业内的长期趋势和季节性变化。此外，利用情感分析技术，企业还能够通过社交媒体等渠道监测消费者对特定事件或趋势的情感反应，这对于预测市场动态、把握市场机会具有重要意义。

4. 产品与服务创新。大数据分析不仅能帮助企业了解现有产品或服务的市场表现，还能够发现消费者的未满足需求。这为企业提供了进一步创新产品或服务的方向和灵感。

如何有效实施大数据市场调研，是企业在当前环境下需要重点考虑的问题。首先，企业需要建立和完善数据收集和管理系统，确保数据的质量和安全。其次，企业应当拥有专业的数据分析团队，或者与专业的数据分析服务提供商合作，以利用先进的技术和算法进行数据分析。此外，大数据分析的结果需要与企业的实际情况相结合，通过不断的试验和优化，找到最适合企业的市场战略。

运用大数据进行精准调研，无疑为市场营销的理论与实践提供了新的视角和方法。它不仅能够帮助企业更准确地识别市场机遇与威胁，而且能够促进企业战略创新，从而在激烈的市场竞争中获得优势。未来，随着技术的不断进步和应用场景的不断拓展，大数据在市场调研中的作用将会更加显著，为企业提供更加丰富和深入的洞察。

通过深度的市场调研获取的信息，特别是在查验市场实况和理解竞争格局方面，对于市场营销战略的制定和创新有着至关重要的作用。市场调研不仅仅是收集数据和信息的过程，它更关乎于如何准确解读市场动态、消费者需求及竞争对手的战略，从而在市场中寻找并把握机会、识别并应对威胁。

（三）深度市场调研

深入查验市场实况意味着要全面掌握市场的当前状态和发展趋势。这包括市场规模的估计、市场增长的速度、市场需求的变化、消费者的偏好和行为模式的转变等。通过对这些方面的详细分析，企业可以更好地了解市场的整体景象，识别出潜在的增长点和可能面临的下滑风险。例如，数字化和网络化的发展正在不断改变消费者的购物习惯和方式，企业通过深度市场调研，能够及时发现并顺应这一趋势，进而调整自身的营销战略。

理解竞争格局则要求企业不仅关注直接竞争对手的动态，还要分析潜在竞争者的威胁，以及行业外的替代品对市场的影响。这涉及对竞争对手的产品、价格、分销渠道、促销活动等进行全方位的比较和分析。同时，也需要观察行业中的新进入者和退出者，了解他们的策略如何影响市场竞争机制和企业自身的市场地位。通过对竞争格局的深入分析，企业能够准确识别自身的竞争优势和不足，从而制定出更为有效的竞争对策。

利用大数据分析是深度市场调研中不可或缺的一环。随着信息技术的飞速发展，企业可以通过收集和分析大量的在线和离线数据，获取消费者行为的深入洞察，预测市场趋势，甚至实现个性化营销。大数据分析能够帮助企业从海量的信息中提炼出有价值的洞见，更精准地识别市场机会和威胁。

值得注意的是，进行深度市场调研时需要关注数据的真实性和准确性。信息来源的多样化和信息量的庞大可能导致数据的不一致性和误导性。因此，企业在进行市场调研时需要选择可靠的数据来源，并通过多种方法和渠道进行验证，以确保得到的信息是真实和准确的。

此外，深度市场调研还需要一个持续和动态的过程。市场环境在不断变化，消费者需求、竞争对手的策略及外部环境等都可能影响企业的市场地位。因此，企业需要定期进行市场调研，及时调整和优化自己的营销战略，以保持竞争优势。

通过深度的市场调研，企业可以更精确地了解市场需求、客户偏好及竞争环境，这为市场营销战略的创新和实施提供了坚实的基础。无论是开发新产品，还是寻求新的市场细分，亦或是调整定价策略和促销手段，深入的市场分析都能够提供关键的指导和支持。这不仅增强了企业对市场变化的适应能力和响应速度，而且有助于企业捕捉到更多的创新机会，最终实现市场地位的提升和业务的持续增长。

二、大数据分析在营销策略制定中的应用

（一）大数据技术介绍

在当今信息化快速发展的时代背景下，大数据分析工具和技术在营销策略制定中扮演着日益重要的角色，它们基于海量数据的挖掘和分析，能够为企业提供精准的市场洞察，从而指导营销策略的制定和优化。此过程不仅增强了营销活动的针对性和有效性，也促进了市场营销战略的创新实施。

大数据技术的核心在于收集、存储、分析和处理大规模数据集，以揭示人们的行为模式、消费趋势和市场动态等关键信息。在营销策略制定中，这涉及从多个数据源中提取有价值的信息，并通过高效的数据处理和分析方法，转化为有用的商业洞察。

高级数据挖掘技术，如机器学习和人工智能，已成为分析消费者行为和预测市场趋势的强大工具。通过对历史购买数据、社交媒体行为、搜索引擎查询及消费者反馈等多种数据的分析，企业能够识别潜在的消费者需求，进而制定更为个性化和精准的营销策略。

情感分析是大数据技术在营销领域应用的一个典型示例，通过分析社交媒体上的评论、帖子和反馈，企业可以获得消费者对品牌和产品的真实感受。这种即时反馈使得企业能够快速调整营销策略，以更好地满足消费者需求，提升客户满意度和品牌忠诚度。

预测分析是大数据技术在营销领域的另一项重要的应用。它通过对历史数据的分析来预测未来趋势。在营销策略制定中，预测分析能够帮助企业预见未来的市场变化，从而提前做出策略调整，抓住市场机会，避免潜在的风险。

大数据技术还能够优化营销效果的跟踪和评估，通过对营销活动的数据进行实时收集和分析，企业可以准确获得每一项营销措施的效果，以数据为依据进行营销策略的及时调整和优化，确保营销资源的有效利用。

随着移动互联网和物联网技术的发展，实时数据流的获取变得更加容易，这为实施动态的营销策略提供了可能。通过实时监控市场动态和消费者行为，企业能够更快速地响应市场变化，实施更为灵活和创新的营销策略。

集成化大数据平台的建设对企业而言极为关键，它不仅需要强大的数据处理能力，还需要高效的数据分析工具和算法，以及对数据安全和隐私保护的高度重视。通过建立一套完善的数据收集、分析、应用流程，企业能够最大限度地挖掘大数据的潜力，驱动营销策略的持续创新。

尽管大数据技术为营销策略的制定提供了强大的工具和方法，企业也需要注意数据质量和分析结果的准确性。错误的数据或分析方法可能会导致错误的市场判断，从而影响营销策略的效果。因此，在运用大数据分析工具和技术时，企业需要持续优化数据处理和分析模型，确保所获取的商业洞察是准确可靠的。此外，企业还需注重数据分析人才的培养，这些人才的专业知识和经验对于大数据技术的有效应用至关重要。通过培养一支懂技术、懂业务的数据分析团队，企业能够更好地利用大数据技术，推动营销战略的创新与实施。

（二）大数据分析对于营销策略制定的价值

大数据分析对于营销策略制定的价值及影响不可小觑。它通过处理和分析海量的数据，揭示消费者行为的模式和趋势，为企业提供前所未有的市场洞察力。在竞争日益激烈的市场环境中，利用大数据分析来指导营销策略的制定，能够使企业更加精准地定位目标市场，有效地优化营销资源分配，提升营销活动的效果，从而为企业创造更大的价值。

大数据分析能够帮助企业深入理解顾客需求和偏好。通过分析顾客的购买历史、社交媒体行为、网页浏览习惯等数据，企业可以洞察到顾客的真实需求和偏好，从而开发出更符合市场需求的产品和服务。这种基于数据的客户洞察，可以有效提升产品的市场适应性和顾客满意度，进一步增强顾客忠诚度。

此外，大数据分析还能够提升营销活动的目标精准度。通过对目标市场细分人群的详细数据分析，企业能够更准确地识别出最具潜力的客户群体，然后通过定制化的营销信息和策略，有效提高营销活动的转化率和投资回报率。这种以数据驱动的精细化市场细分策略，使得营销资源得到了更有效地利用，极大地提高了营销效率和效果。

大数据分析在促进营销渠道优化方面也体现了重要价值。通过分析不同渠道的营销效果和顾客反馈，企业能够精准地评估各营销渠道的效能，以及顾客对不同渠道的偏好。这样，企业就可以根据大数据分析的结果，优化自己的营销渠道组合，选择更高效的渠道进行资源投入，从而在合适的时间、以合适的方式触达目标顾客，实现营销资源的最大化效益。

通过大数据分析，企业还能进行风险管理和预测市场趋势。利用大数据工具，企业可以实时监控市场动态和消费者行为的变化，及时调整营销策略，以应对市场变化和潜在风险。同时，通过对历史数据的深入分析，企业能够预测未来的市场趋势和消费者行为的变化，从而提前制定相应的营销策略，抓住市场机遇。

大数据分析还为营销策略的持续优化提供了依据。通过对营销活动实施前后的数据进行对比分析，企业能够全面评估营销策略的效果，识别存在的问题和不足，然后对策略进行调整和优化。这种基于数据的持续优化过程，使得营销策略能够不断适应市场和顾客需求的变化，保持其有效性和竞争力。

综上所述，大数据分析在营销策略制定中的应用极为广泛，它通过提供深入的市场和顾客洞察，帮助企业制定更具针对性和效果的营销策略。在信息时代，掌握并有效利用大数据分析的能力，已成为企业竞争的重要砝码，对于企业的市场定位、产品开发、营销优化乃至整体战略规划都有着深远的影响。因此，企业需要不断提高对大数据分析的认识和应用能力，以便更好地把握市场动态，实现持续创新和发展。

三、实时数据监控与反馈，优化营销策略

（一）实时数据监控的重要性

理解并应用实时数据的重要性，在今天这个信息快速更迭的时代显得尤为重要。随着科技的日新月异，数据的采集、处理与分析技术不断进步，使得企业能够实时获取和分析市场数据成为可能。在市场营销战略的创新实施路径中，实时数据的监控与反馈，对优化营销策略尤为重要。

实时数据提供了最新的信息反馈，这些信息对于企业快速响应市场变化、精确定位客户需求、实现个性化营销具有重要作用。通过实时追踪消费者行为、市场趋势、竞争对手动态等，企业能够及时调整营销策略，从而提高市场反应速度

和竞争力。例如，利用实时数据分析，企业可以迅速发现某一营销活动或产品推广的实际效果，如果发现效果不佳，就可以立即调整策略或者创新方法，以避免资源的进一步浪费。

实时数据还能帮助企业深入了解客户行为模式和偏好。通过分析顾客实时反馈和社交媒体互动，企业可以获取关于客户喜好、购买习惯等宝贵信息，这些信息有助于企业更准确地定位目标市场，设计出更符合消费者需求的产品和服务。此外，基于实时数据的个性化营销也日益成为提升顾客满意度和忠诚度的关键手段。

在运用实时数据进行市场决策时，数据的准确性和真实性至关重要。因此，企业需要建立健全的数据收集和分析体系，确保数据的质量和安全。同时，由于实时数据的海量性和复杂性，企业需要采用高效的数据分析工具和技术，比如人工智能、机器学习等，以提高数据分析的深度和广度，发掘数据的最大价值。

随着大数据和云计算等技术的发展，实时数据的应用将更加广泛和深入。企业能够实时收集和处理来自各个渠道的大量数据，这不仅提高了营销策略的灵活性和有效性，也为企业带来了前所未有的创新机会。例如，在新产品开发阶段，通过实时分析市场需求和消费者反馈，企业可以更快地调整产品设计，缩短产品上市时间，提高市场竞争力。

值得注意的是，实时数据的应用也带来了一系列挑战，如数据隐私保护、信息安全等问题。因此，企业在利用实时数据优化营销策略的同时，也必须重视这些问题，遵守相关法律法规，确保数据的合法合规使用。

紧随市场脉动，通过实时数据监控与反馈优化营销策略，不仅能够帮助企业实现快速准确的市场定位，还能够提高决策的时效性和准确性，增强企业的竞争力。在未来，随着技术的不断进步和创新，理解并应用实时数据的重要性将愈发凸显，它将成为驱动市场营销创新和实现可持续发展的关键因素之一。

（二）实施深度的实时数据监控和分析

实时数据监控是当今市场营销战略中的一个重要组成部分，它使企业能够实时捕捉市场和消费者的最新动态，及时调整和优化营销策略。实现这一目标的方法和工具种类繁多，涵盖了从基础的数据收集技术到复杂的分析算法和软件应用。

在实时数据监控的方法上，采集数据是基础步骤。数据来源可以是社交媒体、企业网站、在线销售平台、客户反馈系统等。这些数据反映了消费者的行为习惯、购买倾向及对品牌和产品的看法，对于驱动营销创新至关重要。为了确保数据的有效性和准确性，企业需要借助自动化工具，如网页爬虫、API 接口调用等技术来实现高效的数据采集。

数据分析是实时数据监控的核心环节。通过运用统计学方法、机器学习算法等技术，企业可以从海量的数据中挖掘出有价值的信息，识别出市场趋势、消费者行为模式、竞争者动态等关键指标。这些分析结果能够帮助企业做出更加科学和精确的决策，比如针对特定用户群体推出个性化营销活动，调整产品线，或者优化价格策略。

在实施实时数据监控的过程中，选择合适的工具至关重要。市场上存在众多的软件和平台，支持从数据采集到分析的整个过程。比如，Google Analytics 专为网站流量和用户行为分析设计，而 HootSuite 等社交媒体管理工具能够实时跟踪品牌在社交平台上的表现和用户互动情况。对于需要处理大量数据和复杂分析的情况，大数据分析平台如 Apache Hadoop 和 Spark 提供了强大的计算能力和灵活的数据处理框架。

企业在实施实时数据监控时，也需要注意数据的安全和隐私保护。这不仅涉及法律法规的遵守，更是维护企业声誉和消费者信任的关键。因此，数据收集和处理过程中，确保透明度和合法性，以及对敏感数据进行加密和匿名化处理，是企业不能忽视的部分。

另外，实时数据监控不仅仅是技术和工具的应用，更是一种以数据为驱动的营销理念和文化。这需要企业在组织结构、流程管理等方面进行相应的调整，比如建立跨部门的数据分析团队，确立数据驱动决策的机制，培训员工掌握数据分析的技能。

通过实施深度的实时数据监控和分析，企业可以实时感知市场变化，快速响应消费者需求，有效预测和引领市场趋势。这不仅能够优化现有的营销策略，更能够为企业带来新的商业机会和竞争优势，实现持续的创新和增长。在数字化和数据化日益成为企业竞争核心能力的今天，实时数据监控与分析无疑是推动企业市场营销战略创新的重要工具和手段。

数据反馈在优化营销策略中扮演着至关重要的角色。在当今竞争日益加剧的市场环境下，企业必须灵活调整其市场策略以保持竞争力。实时数据监控与反馈机制提供了一种有效方式，帮助企业获取市场动态，及时调整营销策略，以更好地满足顾客需求并提高市场占有率。

实时数据驱动的营销策略通过捕获和分析消费者行为数据、市场趋势和相关社交媒体动态，使企业能够洞察市场变化，快速响应消费者需求，实现营销的精细化和个性化。

这一策略的核心在于实时数据的有效捕获和深度分析能力。在实际操作中，企业需要通过各种数据收集工具和平台，如网站追踪工具、在线问卷调查等，收集消费者的实时行为数据和反馈信息。此外，大数据技术的应用使得处理庞大数量的数据集成为可能，通过对这些数据进行深入的分析，企业可以捕捉到消费者需求的微妙变化，洞察市场的最新趋势。

数据的实时监控和分析可帮助企业更加精准地定位目标市场和消费者群体。通过对消费者在线行为、购买习惯及反馈的实时分析，企业可以更好地了解消费者的需求和偏好，从而调整营销信息和策略，实现更为个性化的市场沟通。实时数据还能够帮助企业实现价格策略和产品推广策略的动态调整，通过市场反馈快速优化营销组合，提高营销活动的效率和效果。

（三）案例分析

亚马逊作为全球著名的电子商务平台之一，一直以来都在积极运用实时数据驱动的营销策略，以提升市场竞争力和客户体验。通过大数据分析和实时监控，亚马逊能够快速响应市场需求，优化其营销策略和运营效率。

亚马逊通过对社交媒体、客户评论和在线用户行为进行实时监控，能够捕捉到最新的消费趋势和热点话题。例如，当某种商品在社交媒体上受到热议时，亚马逊能够迅速调整其营销计划，增加相关产品的库存，确保在需求高峰期能够满足客户的购买需求。

利用实时数据，亚马逊能够根据用户的浏览和购买行为动态调整搜索引擎广告和社交媒体推广的投放策略。通过分析用户的兴趣和购买历史，亚马逊能够精准投放个性化的广告，从而提升广告的转化率和投资回报率。例如，当用户在搜索特定类型的商品时，亚马逊会即时显示与该商品相关的广告，吸引用户点击。

亚马逊还通过实时分析用户反馈和行为，不断优化其网站和移动应用的用户体验。例如，通过监测用户的点击率、停留时间和购物车放弃率，亚马逊可以识别出影响用户购买决策的因素，并针对性地进行改进。这种优化不仅提高了客户满意度，还增加了用户的忠诚度。

通过实施实时数据驱动的营销策略，亚马逊在销售和客户满意度方面取得了显著的提升。实时监控和分析使得亚马逊能够迅速响应市场变化，确保其产品和服务始终符合消费者的需求。同时，个性化的广告投放和不断优化的用户体验有效提升了转化率和客户忠诚度，进一步巩固了亚马逊在电子商务领域的领先地位。

亚马逊的案例表明，运用实时数据驱动的营销策略不仅能够提高企业的市场响应速度和灵活性，还能够通过优化用户体验和个性化营销，显著提升客户的满意度和忠诚度。这为其他企业在制定营销策略时提供了宝贵的参考。

使用实时数据驱动的营销策略能够帮助企业更加准确地了解和预测市场和消费者行为，并对营销策略进行及时和精准的调整，达到提高效率、最大化营销效果的目的。随着数字化技术和大数据分析能力的不断进步，实时数据驱动的营销策略将成为企业获取竞争优势的关键。这要求企业不仅需要投资先进的数据收集和分析技术，还需要培养跨职能的团队，以确保数据分析成果能够有效地转化为营销决策和行动。通过持续的学习和优化，企业可以更好地利用实时数据，创造独特的市场价值，赢得竞争。

第三节　利用信息技术拓宽市场营销活动的新渠道

一、社交媒体营销、内容营销等新型营销方式

（一）社交媒体营销

社交媒体营销作为新型营销方式，在现代市场营销活动中占据了极其重要的位置。随着信息技术的飞速发展，社交媒体平台如雨后春笋般涌现，它们为企业提供了一个展示品牌、沟通用户、扩大市场影响力的全新舞台。社交媒体营销不仅仅是一个传播信息的渠道，更是企业与消费者进行互动、了解消费者需求、塑

造品牌形象和增强用户忠诚度的有效工具。因此，开展社交媒体营销，对企业来说，已经成了一项不可或缺的战略任务。

在进行社交媒体营销时，各企业需精准定位其目标受众，清晰了解他们的喜好、习惯和需要，从而制定出符合目标受众偏好的营销内容。社交媒体上的内容营销应注重创意和价值的传递，通过高质量的内容吸引用户关注、互动和分享，实现品牌影响力的自然增长。除了日常的品牌传播，企业还应利用社交媒体平台开展产品推广、顾客服务、市场调研等活动，以全方位地提升品牌价值和市场竞争力。

有效的社交媒体营销策略还应包括利用数据分析工具监控营销活动的效果，通过对数据的分析评估，企业能够了解到哪些内容更受目标受众欢迎，用户参与度如何，从而及时调整营销策略，优化营销效果。同时，借助社交媒体平台的强大数据分析能力，企业可以更准确地捕捉市场趋势和消费者行为，对产品和服务进行创新升级，更好地满足市场和消费者需求。

社交媒体营销的另一个关键要素是构建与用户之间的互动关系。企业应积极响应用户的评论和询问，通过及时有效的交流来建立积极的用户体验，增强用户对品牌的信任和好感。在此基础上，企业还可以通过组织在线活动，如竞赛、问答、直播等，进一步激发用户的参与热情，促进社区的活跃度，通过社群的力量传播品牌，实现口碑营销的效果。

除了传统的社交媒体平台，如微博、微信等，企业还应关注新兴的社交媒体渠道，比如短视频、直播平台等，这些新兴渠道正逐渐成为年轻消费者获取信息和娱乐的主要方式。利用这些新渠道的特点，企业可以通过更加生动、互动的形式与消费者进行沟通，为品牌营销注入新的活力。

谈及社交媒体营销，还需强调内容的原创性和创新性。在信息爆炸的时代，只有充满创意、能够触动人心的内容才能在社交媒体上脱颖而出，吸引用户的关注和分享。因此，企业在执行社交媒体营销时，应不断尝试新的内容形式和表达方式，通过故事化、视觉化等手法，提高内容的吸引力和感染力，让品牌信息在短时间内广泛传播。

总的来说，社交媒体营销在当前和未来一段时间内，仍将是企业市场营销活动中的重要组成部分。通过精准的目标受众定位、创意的内容营销、有效的策略实施和持续的用户互动，企业的社交媒体营销可以实现品牌价值的最大化。此外，随着技术的不断进步和消费者行为的变化，企业还需不断探索和适应新的社交媒体营销趋势和策略，以确保在激烈的市场竞争中保持领先。

（二）内容营销

内容营销是市场营销的一个重要分支，它依靠有价值的内容来吸引并留住目标受众，进而驱动盈利性的客户行动。随着互联网和数字技术的飞速发展，内容营销的形式和渠道也在不断创新，从而有效扩大了市场营销的影响力。在当前的市场环境中，内容营销的创新手段主要表现在以下几个方面：个性化内容的创建、多渠道内容分发、与受众互动的优化、利用数据分析提升内容效果等。

个性化内容的创建是内容营销创新的重要方向。通过分析客户数据和行为模式，企业可以定制化内容以满足不同用户群体的需求和兴趣，从而提高内容的吸引力和关联度。例如，利用人工智能技术进行内容推荐，通过用户的历史浏览记录和互动反馈，智能生成和推送个性化内容，能够极大地增强用户体验和满意度。

多渠道内容分发是内容营销另一个创新点。在社交媒体、博客、视频平台、电子邮件等多样化的发布渠道中，精准地投递内容，可以有效地触及更广泛的受众。为了实现这一点，企业需要研究不同渠道的特点和用户偏好，制定相应的内容策略和发布计划。例如，视频内容在社交媒体上的传播速度和覆盖范围远大于文字内容，针对这一点，企业可以优化其内容制作计划，增加视频内容的比例。

与受众的互动优化也是内容营销创新的关键环节。内容营销不仅仅是内容的单向传播，更重要的是建立与受众的双向沟通和互动。通过评论、问答、调查问卷等形式积极引导用户参与，收集用户反馈和建议，不仅能够增强用户的参与感和归属感，还能为企业提供宝贵的第一手市场和顾客数据。

此外，利用数据分析优化内容营销效果是创新手段中不可或缺的一环。通过对用户行为、内容表现、渠道效果等数据的实时监测和分析，企业可以实时调整和优化内容策略，提高内容的传播效率和转化率。例如，A/B 测试是一个简单而有效的方法，通过对比不同内容版本的表现，快速发现最佳的内容形式和表现方式。

效果评估是内容营销循环中的重要一环，它帮助企业衡量内容营销活动的成效，为未来的营销策略提供参考。评估内容营销的效果，通常需要关注以下几个关键指标：内容覆盖范围、用户参与度、转化率、投资回报率等。通过设置合理的评估周期和采用科学的数据分析方法，企业能够清晰地看到每一次内容营销活动的具体成效，进而优化营销策略和内容创作。

总的来说，内容营销的创新手段及其效果评估对于提升企业的市场竞争力具有重要意义。在当前数字化、信息化的市场环境中，不断探索和实践新的内容营销策略，利用先进的技术手段优化内容创作和分发，建立与受众的有效互动，以及科学地评估营销效果，是企业实现市场营销目标、增强品牌影响力和客户忠诚度的关键。

二、线上线下融合，打造全渠道营销体验

（一）新型信息技术

新型信息技术在打造全渠道营销体验中扮演着至关重要的角色，通过创新性地应用互联网、大数据、云计算、人工智能等技术，企业能够实现线上线下融合，为消费者提供无缝、个性化的购物体验。这种融合不仅增强了消费者的购买动力，而且极大地提升了品牌的市场竞争力。以下将深入探讨新型信息技术在打造全渠道营销体验中的主要作用。

互联网技术为企业提供了一个强大的平台，使其能够通过线上商店、社交媒体和移动应用等方式与消费者进行直接互动。这种互动不仅让消费者能够随时随地获取产品信息，还可以即时反馈自己的需求和意见，为企业优化产品和服务提供宝贵的数据。通过对这些大量数据的分析，企业能够更好地了解消费者行为，精准定位市场需求，从而制定更为个性化的营销策略。

大数据技术的应用使得企业能够处理和分析巨量的消费者数据，这些数据涵盖了消费者的购买历史、偏好、行为模式等多个维度。通过深度学习和数据挖掘，企业能够描绘出消费者的详细画像，进而实现精准营销。例如，根据消费者的购买习惯和偏好，向他们推送最感兴趣的产品信息，或者提供定制化的优惠券和活动邀请，这都极大地提高了营销的效果和效率。

云计算技术提供了强大的数据存储和处理能力，使得企业能够高效地管理其线上线下的所有营销渠道。通过云平台，企业可以实时更新产品信息和库存状态，确保消费者无论通过哪个渠道进入，都能获得一致的品牌体验和服务。此外，云

计算还支持企业快速部署新的营销工具和应用，灵活应对市场的变化，提高营销活动的响应速度和创新能力。

人工智能技术在全渠道营销体验中的作用也不可忽视。通过自然语言处理、机器学习等技术，企业可以实现智能客服和个性化推荐，提高服务的质量和效率。智能客服可以解答消费者的咨询，处理订单和售后问题，减轻人工客服的压力，同时提供 24 小时不间断的服务。个性化推荐系统可以根据消费者的历史行为和偏好，为他们推荐最可能感兴趣的产品，这种定制化的服务极大增强了消费者的购买满意度和忠诚度。

此外，新型信息技术还助力企业优化物流和供应链管理，确保线上线下订单的高效执行。利用物联网和智能分析技术，企业可以实时监控库存和物流状态，预测供需变化，合理规划库存，减少缺货或过剩的问题。高效的物流和供应链不仅保障了消费者的购物体验，也提升了整个营销体系的运营效率。

通过上述分析可知，新型信息技术在打造全渠道营销体验中发挥着极其重要的作用。它不仅提高了消费者体验的连贯性和个性化水平，而且提升了企业竞争力，为企业开拓市场和提高效益提供了强大的技术支撑。在信息技术不断发展的今天，企业应充分利用这些技术资源，创新营销策略和手段，以实现持续的业务增长和品牌价值提升。

（二）线上线下融合策略

线上线下融合策略与全渠道营销体验构建是当前市场营销领域中的一个重要议题，这种策略着重于打破传统的销售渠道界限，通过线上线下的紧密结合，为消费者提供无缝链接的购物体验，进而提升品牌影响力和销售业绩。在当今数字化、信息化程度日益加深的社会背景下，企业若能有效地实施线上线下融合策略，并构建全渠道营销体验，将在激烈的市场竞争中占据有利地位。

线上线下融合策略的核心在于利用线上的资源和平台，拓宽传统销售的地理和时间限制，通过数据分析、客户行为研究等方法，实现产品推荐、销售和服务的个性化和定制化。同时，线下的实体店面可以提供更为直观、实体的购物体验和即时的服务支持，为消费者营造良好的品牌印象。这种融合不仅能提升消费者的购物满意度，还能增加品牌的忠诚度和口碑传播效果，形成良性循环。

构建全渠道营销体验需要企业具备高度的数据整合能力和客户服务意识。首要任务是构建一个中央数据管理平台，实现线上线下数据的互通和整合。这样，无论消费者是在网上浏览还是到店购买，企业都能获得一致的客户信息，对客户进行精确画像，实现个性化营销。此外，全渠道营销体验还要求企业能够通过多种渠道与消费者建立稳定的互动关系，包括社交媒体、手机 App、线下门店等，各个渠道之间要实现信息的即时更新和互动的无缝对接。

在实施线上线下融合策略时，对于线下门店而言，不仅是销售的场所，更是展示品牌形象、提供体验服务和收集消费者反馈的重要平台。门店可以利用智能化的设备和系统，如虚拟试衣镜、自助结账机等，增加消费者的购物便利性和体验感。同时，通过门店举办产品发布会、体验活动等，增强与消费者的互动，进一步提升品牌影响力。

与此同时，线上营销也在不断创新中拓展其功能和作用。利用大数据、人工智能等技术，企业可以对消费者的行为进行深入分析，实现更精准的营销推送。社交电商的兴起，为企业提供了一个通过社交网络进行产品推广和销售的新渠道。线上平台的互动性和即时性，也使得消费者反馈信息能够快速被企业捕捉，从而及时调整营销策略和服务内容。

总的来说，线上线下融合策略与全渠道营销体验的构建是一个复杂系统工程，需要企业综合运用多种技术和策略，不断优化顾客体验。在这一过程中，数据的作用不可替代，它不仅关系到营销策略的制定，还直接影响到企业对市场的响应速度和服务质量。因此，这一策略实施的成功，依赖于企业内部的数据整合能力、技术创新能力及跨部门协作的效率。通过不断探索和实践，建立起线上线下无缝对接、多渠道协同运作的营销体系，企业方能在市场竞争中稳固并扩大自己的优势，实现可持续发展。

三、利用虚拟现实、增强现实等技术提升营销互动性

（一）虚拟现实技术

虚拟现实技术在市场营销领域的应用是近年来的重要创新之一。虚拟现实技术能够创造一个全方位、沉浸式的 3D 环境，使用户可以身临其境地体验产品或服务，从而极大地增强消费者的参与感和互动性，打开市场营销的新局面。

传统的市场营销方式普遍依赖于视觉和听觉的传达，而虚拟现实技术的引入

使得触觉，甚至嗅觉也能够在营销中得到应用，实现了多感官的全方位刺激。这种技术的核心优势在于它能够创建一个高度仿真的虚拟环境，让消费者能够直观地体验产品或服务的使用场景和效果。例如，在房地产行业中，通过虚拟现实技术，潜在的买家可以在建设完成前就漫游新建的房屋或公寓，感受空间布局和设计美学。这种体验远比传统的平面图或电脑模拟的 3D 图像更加真实和直观，有助于提高消费者的购买意愿。

此外，虚拟现实技术在零售行业中同样显示出巨大的潜力。零售商可以利用虚拟现实技术创建虚拟的试衣间，让消费者在不离家的情况下就能试穿衣物。这不仅方便了消费者，减少了退货率，同时也为零售商提供了更高效的销售模式。同样的，汽车行业也可以通过虚拟现实技术提供虚拟的试驾体验，让消费者在不到访实体展厅的情况下，就能体验驾驶新车的感受。

在旅游行业，虚拟现实技术能够提供远程旅游体验，特别是对于那些难以亲自前往的遥远或昂贵的目的地。通过虚拟现实体验，消费者可以提前体验旅游地的风景和文化，这种独特的体验往往能激发消费者的旅游兴趣和购买欲望。

从市场营销的角度来看，虚拟现实技术提供的不仅仅是一种新的广告形式或销售工具，它还能够构建品牌形象，增强品牌与消费者之间的连接。通过提供独特的沉浸式体验，品牌可以在消费者心中留下深刻的印象，从而增强品牌忠诚度。此外，虚拟现实技术还具有收集用户数据的潜力。在虚拟现实体验过程中，品牌可以收集关于用户行为和偏好的数据，这些数据可以用于优化产品设计、提高营销效率和个性化用户体验。

尽管虚拟现实技术在市场营销中展现出巨大潜力，但企业在实施过程中也面临着一些挑战。首要的挑战是成本问题，无论是创建虚拟现实内容还是购买相应的硬件设备，对于许多企业来说都是一笔不小的投资。此外，虽然虚拟现实技术能够提供独特的体验，但过度依赖虚拟现实技术可能会使消费者感到疲劳，因此企业需要在使用虚拟现实技术和其他营销手段之间找到恰当的平衡。

综合来看，虚拟现实技术在市场营销中的应用正成为推动营销创新的重要力量。它不只是实现了与消费者之间更加深入地互动，还为市场营销开辟了新的渠道和方式。通过有效利用虚拟现实技术，企业可以在竞争激烈的市场中脱颖而出，为消费者提供前所未有的产品体验和服务，从而赢得市场的青睐。然而，企业也需要留意对于虚拟现实技术的正确投资和应用，以确保技术引入能够实际提升营销效果和消费者满意度。

（二）增强现实技术

增强现实技术通过在用户的现实世界中叠加数字信息，创造了一种新的互动体验，这一技术在营销领域的应用为品牌与消费者之间的互动带来了革命性的变革。通过增强现实技术，企业可以将虚拟信息以图像、视频、3D 模型的形式集成到现实环境中，提升用户的体验，增强与品牌的互动性。

在营销互动性方面，增强现实技术技术能够让消费者以全新的方式体验产品或服务。消费者可以通过智能设备的屏幕观看到虚拟产品在现实环境中的样貌，比如，家居公司可以让消费者在自己的家中通过增强现实技术技术预览家具如何摆放会更合适，服装品牌允许消费者在不到店铺实际试穿的情况下，通过增强现实技术技术预览穿上衣物的样子。这些互动体验能极大地提升消费者的购买欲望，增强品牌的吸引力。

除了增强产品体验，增强现实技术技术还为营销活动带来了更多的创新可能。企业可以通过增强现实技术技术举办线上线下结合的互动活动，如增强现实技术寻宝游戏，让消费者在现实世界中寻找虚拟宝藏，通过这种方式促进用户的参与度，提升品牌的曝光率和用户忠诚度。此外，增强现实技术技术还可用于广告投放，比如在报纸、杂志或户外广告中嵌入增强现实技术标记，消费者扫描后可以看到动态的 3D 广告或是直接链接到电子商务网站，这种新型的广告形式能吸引更多的消费者注意力，提高广告的转化率。

增强现实技术技术还为企业提供了收集用户数据的新渠道。通过分析用户与增强现实技术内容的互动情况，企业可以更准确地了解消费者的偏好和行为模式，从而进行更有针对性的市场细分和个性化营销策略的制定。例如，通过追踪用户在增强现实技术试衣镜中尝试的服装种类和时间长度，品牌可以发现哪些产品更受欢迎，或是用户对哪些产品特点更感兴趣。

增强现实技术技术的应用还体现在提升售后服务上。通过增强现实技术技术，企业可以创建虚拟的用户手册或是操作指南，用户通过扫描产品即可获得 3D 的指导动画，这种直观的指导方式比传统文本手册更容易理解，大大提高了用户的满意度和品牌的好感度。

然而，增强现实技术技术的应用也面临一些挑战。其中技术成本和用户的使用习惯是两大阻碍。尽管随着技术的发展，增强现实技术设备的成本正在逐渐降低，但高质量的增强现实技术内容制作仍需较高的投资。此外，让用户适应和欢迎这种新形式的营销手段也需要时间，企业需投入资源进行市场教育。为了克服这些挑战，企业必须不断探索和创新，通过不断的实践和调整，找到最适合自身产品和市场的增强现实技术营销策略。

增强现实技术技术无疑为市场营销打开了一个新的维度，它通过增强现实与虚拟的融合，为消费者提供了前所未有的互动体验，对于品牌而言，有效利用增强现实技术技术不仅可以增强产品的吸引力和市场的竞争力，还能打开与消费者沟通的新渠道，提升用户体验，从而在激烈的市场竞争中脱颖而出。随着技术的不断进步和成本的逐渐降低，增强现实技术技术在未来的市场营销领域将扮演越来越重要的角色。

在当今数字化时代，虚拟现实和增强现实技术的飞速发展不仅重塑了人们的生活方式和工作模式，也为市场营销带来了革命性的变革。这些技术通过创造沉浸式体验和互动性场景，使品牌能够以全新的方式与消费者建立联系，开辟了市场营销的新渠道和策略。

虚拟现实技术通过创造一个完全虚拟的环境，让用户能够身临其境地体验到产品或服务。这种技术的使用，允许企业展示他们的产品在真实使用场景中的样子，让消费者在购买之前就能以最直观的方式理解产品特性和使用方式。例如，房地产企业通过虚拟现实技术，可以让潜在的买家在实际参观房产之前，先进入一个虚拟环境中体验房产的内部结构和周围环境，这样不仅节省了时间和成本，也增加了买家的购买兴趣。

增强现实技术则通过在真实世界中叠加虚拟信息，为用户提供更加丰富和互动的体验。与虚拟现实不同，增强现实不是替代真实世界，而是在真实世界的基础上增加额外的信息层。这种技术的应用，使得商品营销能够更加生动和直观。举例来说，零售业可以利用增强现实技术，让消费者通过手机或平板电脑的摄像头看到商品的 3D 模型，甚至可以在虚拟试衣间中试穿衣服或在家中看到家具摆放的效果。

结合虚拟现实和增强现实技术的创新营销策略，关键在于创造与消费者之间的深度互动和沉浸感体验。这要求企业不仅要了解和掌握这些先进技术本身，还要能够通过创意思维，将技术应用到市场营销的各个方面。例如，为了提高品牌认知度和用户参与度，企业可以开发虚拟现实游戏或增强现实互动应用，通过游戏或互动环节引导用户学习产品知识、参与品牌活动，甚至促成购买决策。

此外，结合虚拟现实和增强现实技术的营销策略还应注重个性化和定制化。通过收集用户的行为数据和偏好，企业可以定制个性化的虚拟体验，满足不同用户的特定需求，从而提升用户满意度和忠诚度。同时，这种策略还可以增加用户对品牌故事的共鸣，加深品牌印象。

然而，在实施这些创新营销策略的过程中，企业也面临着技术挑战、高成本及用户接受程度等问题。因此，企业在采用虚拟现实和增强现实技术进行市场营销时，需要充分考虑技术的适应性和成本效益，同时应通过市场调研了解目标用户的接受度和偏好，以确保营销策略的有效性和成功。

总体而言，利用虚拟现实和增强现实技术的创新营销策略，为企业提供了与众不同的方式去吸引消费者，提高市场竞争力。随着技术的不断发展和完善，预期这些策略将会更加普遍和有效地被应用于各行各业的市场营销实践中，为企业带来新的增长机遇。

第四节　创新营销组合策略的制定与实施

一、传统营销组合策略的回顾与反思

（一）传统营销组合策略

传统营销组合策略，也被业界称为 4Ps 营销理论，由美国市场营销学者麦卡锡 1960 年代提出。这一理论将营销策略的核心要素细化为产品、价格、渠道和促销四个基本组成部分。这个框架为企业制定市场战略提供了一个简单、明确的指导思想，帮助企业更有效地推广商品和服务。

产品策略是指企业针对市场需求，设计和开发产品或服务的过程，以满足目标顾客的需求。产品不仅是指有形的商品，也包括无形的服务和解决方案。在制定产品策略时，企业需要考虑产品的功能、设计、品质、品牌、包装、服务等多个维度，确保产品能够明显区分于竞争对手，满足甚至超越顾客的期待。

价格策略涉及决定产品或服务的销售价格。这一策略对于企业的销售和盈利非常关键，因为价格不仅影响顾客的购买决定，也直接关系到企业的利润空间和市场竞争力。在制定价格策略时，企业需要综合考虑成本、市场需求、顾客价值感知、竞争状况及企业自身的定位目标等因素。

渠道策略，或称作地点策略，涉及产品或服务从生产者传递到消费者手中的路径选择。这包括选择销售的地点、分销渠道的类型（如直销、经销商、零售商等），以及物流和供应链管理等。一个有效的渠道策略可以确保产品在合适的时间、以合适的条件被目标顾客获得，同时最小化分销成本，提高产品的市场覆盖率和顾客满意度。

促销策略是指企业通过不同的渠道和方式，将产品信息传达给目标顾客的过程。这包括广告、公关、销售促销、直接营销、社交媒体营销等多种形式。推广策略的目的是提高目标顾客对产品的认知度、兴趣、购买意愿，从而促进销售。在这个过程中，选择合适的促销渠道和方式，创造连贯且有效的沟通信息，对于建立品牌形象和吸引顾客具有重要意义。

（二）传统营销组合策略的挑战

传统营销组合策略的定义和组成为企业提供了一套系统而全面的营销执行框架。然而，随着市场环境的变化和消费者行为的演进，传统的 4Ps 模型也面临着诸多挑战。例如，数字化和网络化的发展使得信息传播速度加快，消费者决策过程更为复杂，企业促销策略需要更多考虑线上渠道和社交媒体的影响力。另外，顾客对于产品和服务的个性化、定制化需求日趋增强，这要求企业在产品策略上更加灵活和创新。

面对这些挑战，企业需要在传统营销组合策略的基础上，进行必要的调整和创新，以更好地适应市场的变化和顾客的需求。这包括但不限于引入顾客体验、顾客参与、数字化营销等新的营销要素，以构建更加全面和动态的营销组合策略。通过不断的实践和探索，企业可以发现更多有效的市场营销战略，实现持续的竞争优势。

传统的营销组合策略，通常指的是产品、价格、渠道和推广四个要素的组合，俗称 4Ps。这一理论自 20 世纪 60 年代提出以来，一直是市场营销实践和教学的核心内容。企业在应用这套策略进行市场营销活动时，往往会根据目标市场的特点和消费者需求，调整和优化这四个要素的配置，以达到最佳的市场响应和销售业绩。

在实践中，传统营销组合策略的运用早已证明其有效性，尤其是在市场环境比较稳定、消费者行为较为一致的情形下。例如，通过精确的市场定位，企业可以明确自己的目标消费群体，进而针对这个群体设计相应的产品；通过对市场的细致研究，企业能制定出有竞争力的价格策略；通过建立广泛的销售渠道，企业能确保产品能够顺利地到达消费者手中；通过有效的促销活动，企业可以增强品牌的市场知名度和品牌形象，吸引更多的消费者。

然而，随着市场环境的不断发展变化，尤其是互联网技术的迅猛发展，消费者的购买行为和偏好发生了显著的变化，单纯依靠传统的营销组合策略已逐渐不能满足企业在新市场环境下的营销需求。消费者信息获取的途径更加多样，决策过程更加复杂，对个性化、定制化产品和服务有更高的期待，这要求企业在营销策略上必须进行相应的创新和调整。

对于传统营销组合策略的运用与实效分析，有几个关键点需要深入考虑。首先，产品策略不仅要关注产品的功能和质量，更要关注产品能否满足消费者日益多样化的需求。这意味着，企业需要对产品进行不断的创新和优化，以适应市场的变化。其次，价格策略不仅仅是定价，更涉及价值的传递。随着消费者对价格敏感度的提高，企业如何通过价格策略传递产品和服务的独特价值，成为一个重要的课题。再次，渠道策略也在发生着翻天覆地的变化。互联网使得产品销售的渠道更加多元化，线上线下的结合、社交媒体的利用等，都成了企业不可忽视的渠道策略。最后，促销策略在当今社会已经不仅局限于传统的广告宣传，更多的是如何通过各种方式，建立与消费者的互动和沟通，提升品牌的影响力和忠诚度。

综上所述，传统营销组合策略在实际应用中确实取得了一定的成功和效果，但随着市场环境和消费者行为的变化，这一策略亦面临着诸多挑战。因此，对传统营销组合策略的回顾与反思，不仅能帮助我们总结过往经验，更重要的是，能够指导我们如何在新的市场环境下，对营销策略进行创新和调整，以更好地满足消费者的需求，达成企业的市场目标。

二、创新营销组合策略的构成和特点

（一）创新营销组合策略概念

市场营销组合策略的基本构成是营销管理的核心概念之一，它以系统的方式整合了企业能够控制的几个关键因素来影响消费者的购买决策。这一构成原则上包括了四个主要的方面，分别是产品策略、价格策略、渠道策略和促销策略，这四个要素合称为营销组合的4Ps模型。随着市场环境的变化及消费者行为的演化，这一模型也在不断扩展，如增加了服务、物理环境和人员等要素，构成了营销组合策略的7Ps模型。

产品策略是指企业根据市场需求和自身条件，设计、生产和改进产品，以满足消费者需求的整体规划。它不仅包括产品的种类、样式、质量、特性、品牌和包装等，还涉及新产品的开发与老产品的改进。有效的产品策略能够为企业吸引潜在客户，满足并超过他们的期望。

价格策略是指企业根据市场供求关系、竞争状况及自身成本等因素，制定的产品价格及其调整策略。它直接关系到企业的销售额和利润水平。价格策略不仅包括定价原则、定价方法、价格调整策略等，还涵盖折扣和促销活动等价格政策，以吸引消费者并对抗竞争对手。

渠道策略关注的是产品从生产者传递到消费者手中的过程和方式。它包括选择销售渠道的类型（如直销、零售商、经销商）、渠道成员的管理和渠道的物流安排。有效的渠道策略能够确保产品能够高效、快捷地到达消费者手中，同时也关系到成本控制和顾客满意度。

促销策略是通过一系列的宣传活动，将企业的产品和服务信息传递给目标消费者，以影响他们的认知和购买行为的一整套计划。这包括广告、公关、销售促销、社交媒体营销、直接邮件、赞助事件、网络营销等多种形式。通过有效的推广策略，企业能够建立品牌形象，扩大市场份额，增强市场竞争力。

随着互联网技术的发展和消费行为的变化，市场营销的环境和规则正在快速变化。在这样的背景下，创新成了企业持续发展的重要动力。因此，在营销组合策略中融入创新的元素，不仅局限于传统的4Ps或是扩展的7Ps模型，更需要企业领导者具有前瞻性的思考，以及对市场变化的快速适应能力。在产品创新层面，企业可以探索智能化、定制化的服务和产品；在价格策略上，可以尝试动态定价或价值定价策略；在推广策略方面，应用大数据和人工智能技术进行精准营销，提高促销的有效性；而渠道策略则可以通过整合线上线下资源，提供无缝购物体验等方法进行创新。

通过对这些策略的深入分析和理解，企业能够在保持竞争优势的同时，更好地满足消费者的多元化需求，实现持续增长和发展。

（二）创新市场营销组合策略的关键

创新市场营销组合策略是构筑企业市场竞争优势的关键，它涉及对产品、价格、渠道和促销四大元素的创新性调整与管理。在这复杂多变的商业环境中，理解和掌握创新市场营销组合策略的关键要素成了企业实现持续增长和竞争力提升的基石。

产品创新不仅是指新产品的开发，也包括现有产品的改进、差异化及新用途的发掘。通过对产品外观设计、功能、质量等方面的创新，满足甚至超越消费者的期望和需求，进一步提升产品的市场竞争力。同时，可持续的产品创新还需依托于深入的市场研究，不断探索和发现消费者潜在需要，利用技术进步或设计理念的创新来实现。

价格策略的创新不应被视作单纯的价格调整，而是一个涵盖价格定位、折扣政策、定价模式等多方面的综合策略。在这里，利用价格敏感度分析，采用动态定价、捆绑定价或价值定价的策略，可以有效地吸引不同细分市场的消费者，增强价格竞争力。此外，通过探索和利用数字技术，如移动支付和区块链等，也能为创新定价方式提供更广阔的空间。

渠道创新涉及如何将产品或服务更高效、更便捷地分销到消费者手中。随着互联网和移动互联网的蓬勃发展，电商平台、社交媒体等数字化销售渠道变得日益重要。在这个过程中，构建一个多渠道整合的销售网络，实现在线与离线渠道的无缝对接和互补，对于提升销售效率和客户购物体验至关重要。同时，探索新的物流配送方式，如无人机配送、自动驾驶车辆等，亦是渠道创新的重要方向。

促销创新是加强与目标客户沟通和互动的有效途径，包括传统广告及线上线下各类促销活动的创新组合。在数字时代背景下，利用大数据和人工智能技术对消费者行为进行分析和预测，可以开发出更加个性化、互动性强的营销活动。例如，通过社交媒体营销、内容营销、影响者营销等手段，不仅能够提升品牌知名度和品牌形象，还能深化与消费者的关系，激发购买冲动。

总体而言，创新市场营销组合策略的关键在于不断探索和整合新的技术、方法和理念，以适应市场的变化和消费者需求的升级。企业需要建立一个灵活的组织结构和文化氛围，鼓励创新思维和跨界合作，以快速响应市场的变化。此外，紧密跟踪和评估各项创新策略的实施效果，进行及时调整和优化，也是确保市场营销组合策略成功的重要因素。通过这样一种综合性的创新实践，企业能够在激烈的市场竞争中稳固，甚至提升其市场地位。

三、制定和实施创新营销组合策略的步骤和方法

（一）创新营销组合策略的意义

在当今这个快速变化的市场环境中，创新营销组合策略的制定与实施变得尤为关键。这种策略的核心在于通过创新的方式整合产品、价格、渠道和促销四个方面，以更有效地满足市场需求和客户期望，从而在激烈的市场竞争中获得优势。

创新营销组合策略的必要性主要体现在以下几个方面：首先，市场和技术的快速发展不断改变着消费者的需求和行为，传统的营销方法已经难以完全满足这些新变化。通过创新的营销组合策略，企业可以更灵活地调整自身的营销活动，更好地适应市场的变化，满足消费者的新需求。其次，随着竞争的加剧，单一的营销策略往往难以形成差异化的竞争优势。而创新营销组合策略能够将多种营销元素进行有效结合，创造出独特的市场定位，帮助企业在竞争中脱颖而出。再次，数字化时代的到来让营销渠道和手段呈现爆炸性增长，创新营销组合策略能够帮助企业更好地利用这些新兴的数字工具和平台，增强营销效果。

创新营销组合策略的优势同样不容忽视。从提升消费者满意度和忠诚度来看，创新的营销组合能更精准地定位目标客户群，提供更符合其期望和需求的产品和服务，从而增强消费者的满意度和忠诚度。在提高市场反应速度方面，这种策略通过整合不同的营销元素，可以更快地响应市场变化，抓住市场机会。关于成本效益方面，创新营销组合策略通过优化资源配置和营销渠道的选择，能够在确保营销效果的同时，降低营销成本。此外，这种策略还有助于加强品牌影响力，通过创新不仅可以吸引新客户，还能增强现有客户的品牌忠诚度，从而提升整体品

牌影响力。

制定和实施创新营销组合策略的步骤和方法也是成功的关键。这一过程需要企业对市场进行深入的分析，包括消费者需求的变化、竞争对手的策略及技术和市场趋势的发展。基于这些分析，企业需要明确自己的市场定位和目标客户群，然后创造性地整合产品、价格、渠道和促销四个要素，形成一套独特的营销组合策略。在实施过程中，重视数据和反馈的收集与分析，对策略进行及时的调整和优化也是非常重要的。

通过上述分析可以看出，创新营销组合策略对于企业在现代市场环境中保持竞争力和实现可持续发展具有重要的意义。这种策略不仅能够帮助企业更好地满足消费者需求，提升品牌影响力，还能够在资源利用和成本控制方面带来优势，从而在复杂多变的市场环境中取得成功。因而，企业应该重视创新营销组合策略的制定与实施，不断探索和尝试新的营销方法和手段，以应对市场挑战，实现长期发展。

（二）创新营销组合策略的制定

创新营销组合策略的制定过程是营销策略创新中至关重要的一环，它要求企业综合运用市场调研、数据分析、消费者行为研究与创新思维，以达到营销目标和提高市场竞争力。这一过程涉及多个层面，包括了解市场需求、分析竞争对手、确定目标市场、选择营销组合元素等步骤，每一步都需要精确地计划和执行。

在制定创新营销组合策略时，首要任务是进行市场调研和需求分析。深入了解目标消费者的需求、偏好及购买行为是制定有效策略的基础。通过使用问卷调查、深度访谈、社交媒体分析等方法，企业可以收集有关目标市场的详细信息，识别消费者的潜在需要。

紧接着，对竞争环境进行全面分析是确保策略有效性的关键一步。通过对竞争者的营销策略、产品特点、市场定位等方面的细致考察，企业可以发现市场缺口与机会点，从而在创新策略中占据有利位置。SWOT 分析（即优势、劣势、机会和威胁分析）在这一阶段尤其实用，它有助于企业全面理解自身与竞争对手的情况。

确定目标市场也是制定创新营销组合策略中不可或缺的环节。企业需要根据产品特性和市场调研结果，选择最有潜力的市场细分作为进入点。确定目标市场后，企业应该明确营销目标，这些目标既要具有挑战性，也要实际可行，为后续制定具体营销策略提供方向。

在明确了市场调研结果、竞争分析与目标市场之后，企业就需要选取合适的营销组合元素，这包括产品、价格、渠道和促销。在创新营销组合策略中，每一个元素都应当考虑创新的空间，从而与竞争对手区分开来并吸引目标消费者。产品创新不仅仅是改变产品外观或功能，更重要的是满足或创造消费者的需求；价格战略应充分考虑消费者的价格敏感度和市场的接受程度；渠道选择要关注消费者购买习惯的变化，如线上渠道的优化；促销策略则要创造性地结合传统和数字营销手段，提高品牌曝光度和消费者参与度。

（三）创新营销组合策略的实施

创新营销组合策略的实施是一个持续的过程，其中测试和反馈环节同样重要。实施初期，企业应该对策略效果进行小规模测试，收集数据并进行分析，识别其中的问题和不足。基于测试结果，对策略进行调整和优化是确保最终成功的关键。此外，应建立起一套完整的监控和反馈机制，确保在实施过程中能够灵活应对市场变化和消费者反馈，及时调整策略，最终达到营销目标。

通过对市场的深入了解、竞争的全面分析、目标市场的准确判断及创新营销组合元素的有效应用，企业能够制定出既创新又有效的营销组合策略。这一过程需要企业具备敏锐的市场洞察力、创新的思维模式与快速的执行能力。随着市场环境的不断变化，创新营销组合策略的制定及其实施路径也应持续演进，以确保企业能在竞争激烈的市场中脱颖而出，实现长期的业务增长和品牌价值提升。

创新营销组合策略的实施是当今市场竞争中的关键因素，是企业适应市场变化、把握消费者需求、提高市场竞争力的重要手段。此策略融合了产品、价格、渠道和促销四个要素的创新实施，不仅要求企业具备前瞻性的市场洞察力，还需要具备灵活多变的执行能力。

在制定和实施创新营销组合策略的过程中，必须紧扣市场脉搏，准确捕捉目标消费者的需求变化。产品创新不单是技术的革新，更多的是在于满足消费者日益多样化的需求。企业需要通过深入的市场调研，了解消费者的痛点和期望，进而开发出具有竞争力的新产品或服务。在此基础上，产品的功能、设计甚至是使用体验都需要不断地创新和优化，以吸引更多消费者的注意力并获得其认同。

价格策略的创新同样至关重要。在激烈的市场竞争中，传统的定价策略已经难以满足企业和消费者的需求。企业需要根据产品的市场定位、成本结构、竞争对手的定价策略及消费者的支付意愿等因素，灵活制定价格。此外，引入动态定价机制、捆绑销售或提供增值服务等价格创新策略，可以有效提升产品的市场竞争力和消费者的购买意愿。

在渠道的创新上，随着互联网技术的发展和消费者购买习惯的改变，传统的销售渠道已经无法完全满足市场的需求。企业需要探索多元化的销售渠道，结合线上和线下的优势，建立一套高效的渠道管理系统。通过社交媒体、电子商务平台、移动应用等新兴渠道扩大市场覆盖，提高产品的可达性和购买便利性，同时通过数据分析和客户关系管理优化渠道策略，提升销售效率和顾客满意度。

促销方面的创新同样不容忽视。在信息爆炸的今天，传统的广告推广方式已逐渐失去效力。企业需要探索更具创意和互动性的促销方式，如内容营销、社交媒体营销、影响者营销等，这些方式可以更直接地触达目标消费者，建立更紧密的消费者关系。通过精准的市场细分和目标定位，企业可以更有效地传递品牌价值，增强品牌的影响力和吸引力。

实施创新营销组合策略的过程中，企业还应该建立一套完善的评估和反馈机制。通过定期的市场分析和消费者反馈，及时调整策略的实施方案，确保策略的有效性和时效性。更重要的是，企业需要建立起一种以市场为导向的文化氛围，鼓励全员参与创新实践，形成快速反应市场变化的能力，从而在激烈的市场竞争中脱颖而出。

通过上述方法和步骤的实施，创新营销组合策略能够使企业在复杂多变的市场环境中找到新的生存和发展路径。这不仅要求企业拥有敏锐的市场洞察力和灵活的执行力，更要求企业在创新过程中持续学习和适应，不断探索适合自身发展的营销新模式，从而实现可持续的竞争优势。

第五节　构建持续创新的市场营销生态体系

一、市场营销生态体系的概念和重要性

（一）市场营销生态体系的概念

市场营销生态体系是一种综合性的、动态的系统，它依托于多方参与者和多层次的互动，旨在创造更大的市场价值和用户体验。在这个体系中，企业不再是单一的市场行为主体，而是与消费者、合作伙伴、竞争者，以及其他相关方如政府和社会组织等构成一个开放、动态、协同的网络结构。这个体系的核心在于通过持续的创新实践，强化参与各方之间的连接，以提升整个系统的效能和竞争力。

市场营销生态体系的构成相当复杂，主要包括但不限于以下几个核心要素：产品与服务、通信与交流平台、分销渠道、消费者关系及数据分析与技术支持等。这些要素相互作用，共同构成了市场营销的全貌。

产品与服务是市场营销生态体系的基础。企业需通过不断的产品创新和服务改进，来满足市场与消费者的需求。这不仅是市场竞争的起点，也是构建与消费者长期关系的关键。

通信与交流平台提供了信息传递与意见反馈的空间，帮助企业更好地理解市场动态和消费者需求，同时也为消费者提供了一个分享体验和意见的场所。随着社交媒体和移动互联网的发展，这些平台在市场营销生态体系中的作用愈发重要。

分销渠道的创新与优化是提升市场效率的关键。随着电商的兴起和新零售模式的发展，如何选择和整合线上线下的分销渠道，成为市场营销生态体系中的一个重要议题。

消费者关系的管理是市场营销生态体系能否成功的决定因素之一。企业需要通过持续的互动与服务，建立起与消费者之间的信任和忠诚度，形成稳定的消费者群体。

数据分析与技术支持是市场营销生态体系的核心驱动力。在大数据和人工智能技术的加持下，企业能够更准确地把握市场趋势，更有效地进行资源配置和市场预测，从而优化营销策略，实现精准营销。

市场营销生态体系的重要性体现在其能够为企业提供更加动态和全面的市场竞争策略。通过整合内外部资源，打破传统的组织边界，企业能够更灵活地应对市场变化，更有效地利用市场机会。此外，生态体系的构建有助于企业形成更加紧密的消费者关系，从而在激烈的市场竞争中获得持久的竞争优势。

在建立和维护市场营销生态体系的过程中，企业需要密切关注市场动态和技术进步，不断调整和优化自身的市场营销战略，以适应环境变化。同时，还需要强化与消费者、合作伙伴等各方参与者的互动与合作，共同推动市场营销生态体系的持续发展和创新。

综上所述，市场营销生态体系通过整合多种资源和渠道，构建了一个以消费者为中心，以创新为驱动的开放性系统。这不仅加强了企业与消费者之间的联系，提升了市场响应速度和效率，还为企业带来了更多的创新机会和竞争优势，从而在日益复杂的市场环境中获得成功。

（二）市场营销生态体系的重要性

构建持续创新的市场营销生态体系对于企业而言至关重要，因为这不仅有助于企业在日益激烈的市场竞争中保持领先地位，也是企业持续发展、适应市场变化的关键。市场营销生态体系是指企业在市场营销活动中，通过整合内外部资源，构建一个旨在持续满足顾客需求、提高顾客的参与度并创造更高价值的综合网络体系。这个体系强调的是跨部门、跨企业乃至跨行业的资源整合与合作，通过创新思维和技术应用，形成一种可持续发展的营销模式。

市场营销生态体系的重要性体现在多个方面。首先，它能够帮助企业更好地理解市场和顾客需求。在这样一个体系下，通过收集和分析大数据，企业可以更精准地识别目标客户群体、客户需求变化及市场趋势，从而提供更为个性化、高质量的产品和服务，增强顾客满意度和忠诚度。

其次，市场营销生态体系还能促进资源的高效利用。通过生态体系中的合作与共享，企业可以更有效地整合内外部资源，包括知识、技术、数据等，避免资源的重复建设和浪费，降低成本，提高运营效率。同时，这种资源的整合和共享还能激发创新，通过不断的创新来满足市场和顾客的变化需求，推动企业产品和服务的持续升级。

再次，市场营销生态体系还具有重要的战略意义。在当前快速变化的市场环境中，企业不可能独自拥有所有必要的资源和能力来应对所有挑战。因此，通过构建市场营销生态体系，企业可以与合作伙伴共担风险与共享收益，共同应对市场的不确定性。这种战略合作不仅能够加强企业对市场变化的适应能力，也能提升企业在市场中的竞争力和影响力。

在实施市场营销生态体系时，企业还需要关注体系的可持续性。这意味着企业在构建生态体系的过程中，不仅要注重短期的市场表现和经济收益，还要考虑长期的社会责任和环境影响。通过促进环境保护、社会进步和经济效益的平衡发展，构建一个真正意义上可持续的市场营销生态体系，对企业自身、顾客乃至社会都将产生深远的正面影响。

此外，市场营销生态体系的成功实施还需要企业具备开放的思维和灵活的管理机制。在这个体系中，企业需要与各种类型的合作伙伴建立紧密的合作关系，这不仅包括供应商、分销商和顾客，还可能包括来自不同行业的企业和组织。因此，企业必须拥有开放的思维，愿意听取并吸纳来自不同合作伙伴的意见和建议，以及具备灵活的管理机制来适应这种多元化合作的需求。

构建持续创新的市场营销生态体系是一个系统工程，需要企业领导者具有远见卓识，全面考虑市场变化、顾客需求、技术进步及社会责任等多方面因素，持续推进创新，在保证企业可持续发展的同时，实现企业价值的最大化。通过这种生态体系，企业可以更好地适应市场变化，实现长期发展，为顾客提供更高价值的产品和服务。

市场营销生态体系是指在市场营销活动中，企业与顾客、合作伙伴、竞争者，以及其他相关方所形成的一个相互依存、相互作用的复杂网络体系。这个体系涵盖了从产品或服务的创意、开发、推广、销售到顾客服务等一系列环节，是实现企业市场营销目标的关键。

（三）市场营销生态体系面临的挑战与机遇

在当代市场环境下，市场营销生态体系面临着前所未有的挑战与机遇。技术进步尤其是数字技术的迅猛发展，信息的高速流通，消费者行为和偏好的迅速变化，以及全球化带来的市场竞争加剧，这些都对市场营销生态体系的构建和优化提出了新的要求。

挑战方面，首先，数字化转型不仅为市场营销提供了新的渠道和工具，也引发了消费者期望的提升和消费行为的改变。消费者越来越多地依赖在线渠道获取信息和购买产品，这要求企业必须加强自身的数字营销能力，以应对消费者便捷、快速响应的需求。其次，大数据和人工智能技术的应用让市场细分和个性化营销成为可能，但同时也提高了企业在数据分析和处理上的要求。此外，全球化市场的竞争更加激烈，不仅来自国内的对手，国际市场上的竞争对手也对企业构成了威胁。

机遇方面，数字技术的发展为企业开拓新的市场和客户群提供了可能。通过社交媒体、电子商务平台等渠道，企业能够更快速、更广泛地接触到潜在消费者，并通过数据分析深入理解消费者需求，形成更符合市场需求的产品和服务。此外，技术进步也促使供应链和营销渠道的优化，提高了市场反应速度和运营效率，为企业提供了更强的市场竞争力。

面对这些挑战和机遇，企业需要构建一个能够持续创新和快速适应变化的市场营销生态体系。这要求企业不仅要加强内部资源的整合，提升产品研发、市场分析、客户服务等方面的能力，还需要与外部合作伙伴如供应商、分销商、服务提供商等建立紧密的合作关系，共同应对市场变化。同时，企业应充分利用大数据和人工智能等技术，加强对消费者行为的分析和预测，以便更精准地满足消费者需求，实现个性化营销。此外，企业还需关注全球化趋势下的市场机遇，通过国际合作扩大市场覆盖范围，提升品牌国际影响力。

构建并维护一个高效、灵活的市场营销生态体系，对于企业而言是一项长期、系统的工作。这不仅涉及技术的投入和应用，更重要的是企业文化、组织结构、商业模式等方面的协同创新和优化。通过不断调整和优化市场营销生态体系，企业才能在日益激烈的市场竞争中保持领先地位，实现可持续发展。

二、构建持续创新的市场营销生态体系的要素和步骤

（一）构建持续创新的市场营销生态体系的要素

构建持续创新的市场营销生态体系的核心组成涉及多个要素，这些要素相互

作用，共同构成了一个动态发展、自我完善的生态系统。这一生态体系以客户为中心，以数据和技术为支撑，强调跨界合作，注重文化和机制建设，以促进市场营销活动的持续创新。

在构建这一生态体系的过程中，企业首要的任务是确立以客户为中心的思维。这意味着所有的市场营销活动都应围绕满足客户需求展开，深入理解客户的痛点和愿望，通过提供定制化、高质量的产品和服务来满足这些需求。客户导向的思维能够帮助企业在竞争激烈的市场中脱颖而出，建立起牢固的客户基础。

数据和技术是构建持续创新的市场营销生态体系的另一大支柱。在数字化时代，数据成了企业的重要资产，而技术则是处理和利用这些数据的关键工具。企业需要收集和分析大量的市场和消费者数据，运用人工智能、大数据分析等先进技术对数据进行深入挖掘，以此来指导市场营销决策，提高营销效率和效果。同时，技术也使得个性化营销、社交媒体营销等新型营销模式成为可能，为市场营销创新提供了广阔的空间。

跨界合作是推动市场营销生态体系持续创新的又一关键要素。在当今互联网经济中，行业间的界限日趋模糊，跨界融合成为常态。企业可通过与不同领域的合作伙伴建立合作关系，共享资源、互换优势，从而在产品开发、渠道拓展、品牌推广等方面实现共同成长。跨界合作不仅能够带来新的思维和创意，还能够拓宽市场营销的渠道和范围，提高营销活动的效果。

文化和机制建设是持续创新的内在驱动力。一方面，企业需要培育一种包容创新、鼓励尝试的企业文化，建立起一种积极主动、敢于探索的工作氛围。员工应被鼓励提出新的想法，对现有的市场营销策略进行质疑和改进。另一方面，企业还需要完善内部管理机制，保证创新想法能够得到有效实施。这包括制定合理的激励机制，评估和奖励那些对市场营销创新作出贡献的个人或团队，同时也要建立起风险控制和错误容忍的机制，允许在创新过程中出现一定的失误。

在持续创新的市场营销生态体系中，所有这些要素相互依赖、相互促进，共同构成了一个复杂但有机的整体。通过不断的学习和适应，这一生态体系能够促进新的市场营销策略和方法的产生，帮助企业在不断变化的市场环境中保持竞争力，实现可持续发展。因此，企业要想在市场营销领域实现持续创新，就必须从整体上考虑和优化生态体系的构建，使之成为推动企业长期发展的强大动力。

（二）构建持续创新的市场营销生态体系的步骤

构建持续创新的市场营销生态体系，是确保企业在竞争日益激烈的市场中保持领先地位的核心战略之一。这一过程涉及多个关键步骤，包括市场环境分析、内部资源整合、创新机制建设、跨界合作、客户参与和反馈机制的构建等。

市场环境分析是构建持续创新体系的起点。企业需要对外部市场环境进行深入分析，包括宏观经济环境、行业发展趋势、竞争对手状况、目标顾客需求等，从而确定创新的方向和焦点。深入了解市场需求和潜在的市场机会是创新的基础，也是企业制定有效市场营销战略的前提。

内部资源整合则是实现创新战略的关键一环。企业需要评估自身的资源与能力，包括人才、技术、品牌、资金等，确保这些资源能够有效支持新的市场营销项目。同时，企业内部的各个部门之间的协同配合，如研发、产品、营销、销售等部门的紧密合作，也是推动创新实施的重要条件。

创新机制建设是持续推动企业市场营销创新的内部动力所在。企业应该建立鼓励创新的文化氛围，制定明确的创新激励政策，激发员工的创新热情和创造力。此外，建立快速响应机制，能够及时将市场反馈和客户需求转化为创新的点子和方案，是维持企业创新活力的重要手段。

跨界合作开拓了市场营销创新的新视野。通过与不同行业的合作伙伴建立合作关系，企业可以获得新的资源和技术，拓展市场营销的创新思路和实践领域。例如，与科技公司的合作可以引入最新的技术和工具，增强市场营销活动的效果。

客户参与和反馈机制的构建是完善市场营销生态体系的重要环节。通过社交媒体、客户论坛、创意大赛等多种渠道，企业可以有效地吸引客户参与创新过程，收集他们的意见和建议。这不仅有助于提升产品和服务的创新度，更能增强客户的忠诚度和满意度。

此外，数据分析在构建持续创新的市场营销生态体系中扮演着至关重要的角色。通过对市场数据、客户数据进行分析，企业可以准确把握市场动态和消费者行为趋势，进而制定更加精准有效的市场营销策略。

实施过程中，持续监控和评估创新实践的效果也是至关重要的。企业需要建立一套科学的评估体系，定期对创新项目的进展和成效进行评估，及时调整和优化创新战略，确保其能够持续适应市场的变化和发展需求。

在构建持续创新的市场营销生态体系过程中，企业需要综合考虑以上各个方面的因素和步骤，以确保市场营销创新能够持续推进，最终实现企业在竞争中的持续领先。通过这样一个系统而全面的实施过程，企业不仅能够加强其市场地位，还能够构建起具有自我更新和适应能力的市场营销生态体系，持续驱动企业向前发展。

三、维护和发展市场营销生态体系的策略和方法

理解并识别市场营销生态体系的重要性体现在多个层面，既关乎企业的持续竞争优势，也关系到品牌的持久发展与创新力的维持。市场营销生态体系是指企业在市场活动中所构建的一系列相互关联、互相支撑的营销资源体系，它包括与产品销售直接相关的营销渠道、客户服务、品牌推广等，也涵盖了影响这些活动效果的外部合作伙伴、技术平台、市场环境等因素。这一体系的建立，不仅依赖于企业的内部营销战略设计，更与外部市场环境的变化紧密相关，因而理解其重要性，以及如何有效地识别、维护和发展该体系，成为企业营销活动中的核心内容。

在当今市场竞争日益激烈的背景下，企业若想在众多竞争者中脱颖而出，必须具备能够快速适应市场变化并实现持续创新的能力。市场营销生态体系的建立和完善，就是实现这一目标的重要途径之一。通过构建一个能够灵活响应市场需求、高效整合内外部资源的营销体系，企业能够更加精准地把握消费者需求，更加有效地利用营销资源，从而在激烈的市场竞争中占据有利地位。

识别市场营销生态体系的重要性，首要表现在它对于提升营销效率和效果的作用。一个良好的市场营销生态体系能使企业更加合理地规划营销资源，比如通过准确的市场分析和预测，优化广告投放、产品推广等营销活动，避免资源的浪费，提升营销活动的投资回报率。这种体系还能增强营销活动的针对性和个性化程度，通过对市场细分和消费者行为的深入研究，实现定制化营销，从而提升消费者满意度和品牌忠诚度。

此外，市场营销生态体系的意义还在于其对企业创新能力的促进。在这一体系的支撑下，企业能够更有效地捕捉市场新趋势和消费者新需求，快速调整营销策略，甚至推动产品和服务的创新。同时，通过与外部合作伙伴的紧密联结，企业可以更容易地获取新技术、新思维，为企业的创新发展提供源源不断的动力。

理解市场营销生态体系的重要性还在于辨识其对构建企业核心竞争力的贡献。在市场竞争中，拥有一个健康、高效的营销生态体系，可以成为企业的一项核心竞争力。它不仅能够提升企业的市场响应速度和资源配置效率，更能够通过高效的信息流通、资源共享来增强整个体系的抗压能力和自我修复能力，使企业在面对市场变化时更加稳健。

综上所述，市场营销生态体系对于企业而言具有不可替代的重要性。从提高营销效率和效果，到促进企业创新，再到构建企业的核心竞争力，它的作用不容忽视。因此，企业必须深入理解和认识到构建和维护一个健康、高效的市场营销生态体系的重要性，这不仅是营销成功的关键，更是企业可持续发展的重要保障。通过不断地优化和创新，构建一个适应未来市场需求的营销生态体系，将使企业在不断变化的市场环境中始终保持竞争力。

市场营销生态体系的维护策略涉及一系列多方面的方法和步骤，目的是确保市场营销体系能够持续发展，同时具备应对各种市场变化的灵活性和韧性。在这个过程中，可持续性、创新、数据驱动和伙伴关系成为关键词。维护市场营销生态体系，需要组织充分认识到市场营销不仅是推广产品或服务，更是一种在不断变化的市场环境中，通过深入分析和理解客户需求，以及与各利益相关方建立良好合作关系，共同创造价值的全面活动。

维持生态系统平衡的基石之一是持续的创新。创新应贯穿产品开发、服务方式、市场渗透策略等各个环节。企业需要建立一个激励创新的环境，鼓励团队成员提出新想法，对失败有容忍的心态。同时，应该通过建立和优化内部流程，减少创新实施的时间和成本，从而加速产品或服务上市。利用技术进步，如人工智能、大数据分析等技术，不仅可以提升营销活动的效率和有效性，还能帮助企业更好地理解市场趋势，预测客户需求，从而引导创新方向。

数据驱动策略为市场营销生态体系的有效维护提供了有力支撑。通过收集和分析大量的市场和客户数据，组织可以更准确地把握市场动态，评估自身市场营销策略的效果，以便及时调整。数据分析结果能够帮助决策者识别最有价值的客户群体，优化营销资源分配，提高转化率和客户忠诚度。因此，构建一套高效的数据收集、管理和分析系统是维护市场营销生态体系不可或缺的环节。

在构建和维护市场营销生态体系的过程中，建立持久而稳固的伙伴关系至关重要。这包括与供应商、分销商、服务提供商，以及其他业务伙伴的合作。通过协同工作，各方可以共享资源、信息和知识，达到共赢的局面。与此同时，强有力的伙伴关系有助于企业更好地管理供应链，提高市场响应速度，同时还能利用伙伴的优势拓展新市场，吸引更多的客户。

持续学习和教育同样是维护市场营销生态体系的重要组成部分。随着市场环境的快速变化，营销人员和决策者需要不断更新知识和技能，以适应新的趋势和挑战。此外，教育和培训也应该延伸到所有参与市场营销活动的员工和伙伴。通过提供相关的培训和资源，帮助他们掌握最新的营销工具和策略，从而提高整个生态体系的效能和竞争力。

顾客体验的优化是市场营销生态体系维护策略中的另一个关键方面。在当前的市场环境下，消费者期望得到更加个性化、便捷和高质量的服务体验。因此，企业需要关注顾客的每一次互动，努力提升服务品质，确保顾客满意度和忠诚度。这不仅涉及前端的销售和服务接触点，还包括后端的支持和服务流程。通过构建一个以客户为中心的市场营销策略，促使整个生态系统围绕顾客需求进行优化和调整。

综上所述，维护和发展市场营销生态体系的策略和方法是一个系统性、多维度的过程。它要求企业不断追求创新，充分利用数据和技术，构建稳固的伙伴关系，致力于持续学习和提升顾客体验。通过这些策略的实施，可以确保市场营销生态体系的持续健康发展，从而在激烈的市场竞争中保持领先地位。

参考文献

[1] 华烨淳 . 申锡机械集团动态能力促进企业创新行为的案例研究 [D]. 长春 : 吉林财经大学 , 2023.

[2] 贾玥 .E 化市场导向、E 化客户关系管理对企业竞争优势的影响 [D]. 长春 : 吉林大学 , 2023.

[3] 范中阳 . 外资自动化企业 F 公司在华市场营销策略研究 [D]. 南京 : 东南大学 , 2022.

[4] 张茜 . 双减政策背景下猿辅导服务营销策略研究 [D]. 桂林 : 桂林理工大学 , 2022.

[5] 李秀慧 . 基于 4P 理论分析电影市场营销策略——以电影《流浪地球》为例 [J]. 新闻研究导刊 , 2021, 12(02).

[6] 操武 . 风险投资对创业企业技术商业化绩效的影响研究 [D]. 武汉 : 中南财经政法大学 , 2020.

[7] 王尧艺 . 企业市场营销管理创新路径探究 [J]. 现代盐化工 , 2020, 47(01).

[8] 郭惠娟 . 市场营销渠道管理的途径探究 [J]. 现代营销 (经营版), 2020(01).

[9] 李峰 , 马靖忠 , 张嘉威 , 李艳红 , 张頔 . 市场营销学课程思政教学改革 [J]. 中国市场 , 2019(33).

[10] 黄术芳 . 大数据时代下市场营销面临的机遇与挑战探析 [J]. 现代营销 (下旬刊), 2019(10).

[11] 刘嘉毅 . 客户关系管理在企业市场营销中的价值探讨 [J]. 中国市场 , 2019(25).

[12] 任峰 , 任维哲 . 市场营销动态调节视角下产品整合及模式选择 [J]. 商业经济研究 , 2019(13).

[13] 刘通达 , 刘娜 , 郑冬雪 . 网络经济时代市场营销策略的转变探析 [J]. 中国市场 , 2019(18).

[14] 孙穗 . “一带一路” 背景下企业市场营销战略新思路探讨 [J]. 价格月刊 , 2019(05).

[15] 苏云 , 杨璞开 . 基于 MOOC、SPOC、CDIO 教育模式的市场营销专业课程改革研究 [J]. 高等理科教育 , 2019(02).

[16] 段彦辉 . 网络经济时代下的市场营销策略探析 [J]. 中国市场 , 2019(13).

[17] 段彦辉 . 关于中小企业市场营销有效策略的研究 [J]. 中国商论 , 2019(05).

[18] 缪盛 . 我国商业银行市场营销策略研究 [J]. 市场周刊 , 2019(02).

[19] 王夏 , 蔡宝玉 . “互联网 +” 时代企业市场营销优化策略探析 [J]. 商业经济研究 , 2018(19).

[20] 王丹峰 , 黄盛建 . 新媒体环境下企业的市场营销策略 [J]. 经营与管理 , 2018(02).

[21] 杨帅 . 企业市场营销能力的评价与实证 [J]. 统计与决策 , 2017(06).

[22] 齐永钦 , 王续琨 . 市场营销学在中国 : 发展历程、学科结构和衍生趋势 [J]. 东岳论丛 , 2016, 37(10).

[23] 宋新平 , 杨阳 , 李保珍 . 市场营销员工参与市场营销竞争情报现状调查——Web 2.0 下全员情报模式视角 [J]. 情报理论与实践 , 2016, 39(03).

[24] 李晨溪 . 中小企业市场营销问题分析 [J]. 财经问题研究 , 2015(S1).

[25] 杨宜苗 . 国内市场营销研究进展分析——基于人大复印资料《市场营销 (理论版)》(2008—2013) 的数据统计 [J]. 中国流通经济 , 2014, 28(12).

[26] 张义 , 范秀成 . 市场营销视角社会公共问题研究的逻辑、范畴与方法——以 JPP&M 期刊文献为例 [J]. 外国经济与管理 , 2014, 36(11).

图书在版编目（CIP）数据

市场营销的理论分析与战略创新路径研究 / 叶蔚萍著. -- 湘潭 : 湘潭大学出版社, 2024. 12. -- ISBN 978-7-5687-1617-8
Ⅰ. F713.50
中国国家版本馆 CIP 数据核字第 2024WA1487 号

市场营销的理论分析与战略创新路径研究

SHICHANG YINGXIAO DE LILUN FENXI YU ZHANLUE CHUANGXIN LUJING YANJIU

叶蔚萍 著

策划编辑：张宝香　郭　瑜
责任编辑：张宝香　郭　瑜
封面设计：夏茜旸
出版发行：湘潭大学出版社
社　　址：湖南省湘潭大学工程训练大楼
电　　话：0731-58298960 0731-58298966（传真）
邮　　编：411105
网　　址：http://press.xtu.edu.cn/
印　　刷：长沙创峰印务有限公司
经　　销：湖南省新华书店
开　　本：710 mm×1000 mm 1/16
印　　张：15.25
字　　数：280 千字
版　　次：2024 年 12 月第 1 版
印　　次：2024 年 12 月第 1 次印刷
书　　号：ISBN 978-7-5687-1617-8
定　　价：78.00 元